Bibliothek des Widerstands · Band 7

Herausgegeben von Willi Baer und Karl-Heinz Dellwo

Die Schlacht um Chile
Der Kampf eines Volkes ohne Waffen

LAIKA-Verlag

Inhalt

I

Francisco Letelier
Nation ohne Grenzen 11

Tomás Moulián
Ein Nachruf auf Salvador Allende 59

Régis Debray
Der chilenische Filter. 69

II

Patricio Guzmán
Die Schlacht um Chile
Der Kampf eines Volkes ohne Waffen 119

Film 1 Der Aufstand der Bourgeoisie 127

Film 2 Der Staatsstreich. 193

Film 3 Die Macht des Volkes 247

Filmografie 303

Biografisches 305

Inhalt DVD 312

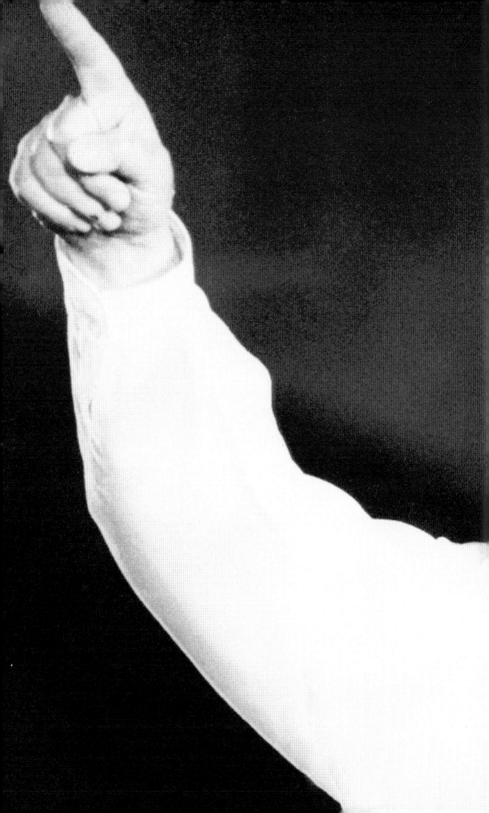

1970.
Salvador
Allende spricht
vor der Versammlung
der chilenischen Kommunistischen Partei – im Dezember 1969
hatte sich die Unidad Popular als Wahlbündnis linker chilenischer Parteien und Gruppierungen
gegründet.

I

Francisco Letelier

Nachhall/Nation ohne Grenzen

Am 21. September 1976 wurde mein Vater, Orlando Letelier, ehemaliger chilenischer Diplomat und Minister im Exil sowie Kritiker des Pinochet-Regimes, in Washington DC ermordet. Auch seine amerikanische Mitarbeiterin Ronni Karpen Moffitt kam bei dem Terroranschlag durch eine Autobombe ums Leben. Durchgeführt wurde die Operation von einer Gruppe unter Führung chilenischer Agenten, die ihre Anweisungen vom chilenischen Diktator, General Augusto Pinochet, und dem Leiter seiner Geheimpolizei, Manuel Contreras, erhielten.

Zu meinen frühesten Erinnerungen gehört die an schluchzende Frauen in unserer Küche in Washington. Es ist Montag, der 25. November 1963, das Fernsehen überträgt die Beerdigung des amerikanischen Präsidenten, zeigt, wie der Sarg von John F. Kennedy nur wenige Kilometer von unserem Haus entfernt durch die Straßen geleitet wird.

Drinnen roch es nach chilenischem Essen und Wein. Meine Mutter spielte auf der Gitarre und häufig schloss sich mein Vater an. Sie begeisterten sich für das, was sie im Norden fanden, und erweiterten so ihr musikalisches Repertoire: Folk und Arbeiterlieder aus dem ländlichen Süden der USA neben Liedern, die sie aus Chile mitgebracht hatten. Ich hatte niemals das Gefühl, meine Wurzeln zu verlieren, nur weil ich in Gringoland lebte; ich wuchs in einem Zuhause auf, in dem wir in mehreren Nationen zugleich lebten. An diesem Ort verbanden sich unsere Vorstellungen vom Norden und Süden über die gemeinsame Geschichte, die Arbeiter, Sklaven, indigene Völker und Freiheitskämpfer geschaffen hatten.

Ich erinnere mich an das ergreifende Bild des salutierenden John F. Kennedy junior, als der Sarg seines Vaters vorüberrollte. Jahre später sollte auch ich auf den Straßen Washingtons dem Sarg meines Vaters salutieren, während man ihn davontrug. Mein Salut war der der tausenden anderen Menschen, die sich zu seinem Gedenken versammelt hatten. Unsere Abschiedsgeste war die geballte Faust, Joan Baez begleitete den Trauerzug mit ihren Liedern.

Wir verließen Chile zum ersten Mal, als mein Vater seine Anstellung bei der chilenischen Wirtschaftsentwicklungsbehörde CORFO verlor. 1958 hatte er Salvador Allende in dessen zweitem Präsidentschaftswahlkampf unterstützt.Die Wahl jedoch gewann der konservative Kandidat Jorge Allesandri mit knapper Mehrheit. Als neuer Präsident konsolidierte er seine Macht, räumte auf. Meinem Vater wurde mitgeteilt, er werde in ganz Chile keine Arbeit mehr finden. Als wir das Land verließen, war ich wenige Monate alt, wir zogen nach Washington, wo mein Vater für die Interamerikanische Entwicklungsbank zu Fragen der Wirtschaftsentwicklung Lateinamerikas arbeitete.

In der Zeit unseres ersten Exils gab es immer wieder Phasen, in denen mein Vater strikt darauf achtete, dass zu Hause nur Spanisch gesprochen wurde, oder in denen er uns die Lektüre chilenischer Geschichte verordnete; regelmäßig schickte er uns auch nach Chile, damit wir einen sinnlichen Eindruck der kulturellen Realität bekamen. Die aquamarinblaue See, schneebedeckte Vulkane, Pferde, Ochsen und die Gerüche von Koriander und Obst auf den Straßenmärkten prägen meine Erinnerung an die Heimatbesuche ebenso wie Brotschlangen, Blechhütten, gestampfte Lehmfußböden, die Armen in der Stadt und auf dem Land und barfüßige Kinder in überfüllten Bussen.

Als Salvador Allende 1970 im dritten Versuch die Präsidentschaftswahl gewann, kehrten wir heim nach Santiago. Wenige Monate später jedoch traten wir bereits die Rückreise nach Washington DC an. Mein Vater wurde chilenischer Botschafter in den USA.

In seinem Büro standen gerahmte Fotografien, die ihn bei Zusammenkünften mit Richard Nixon und Henry Kissinger zeigten.

Am 15. September 1970, nachdem Allende die Wahl gewonnen hatte, aber noch bevor der chilenische Kongress ihm vor dem Zweitplatzierten Alessandri den Vorzug gegeben hatte, fand ein Treffen zwischen Richard Nixon, dem CIA-Direktor Richard Helms, dem Nationalen Sicherheitsberater Henry Kissinger und dem Justizminister John Mitchell statt. Helms wurde angewiesen, Allendes Regierungsübernahme zu verhindern. Dies war durchzuführen ohne Wissen des Außen- und des

Verteidigungsministeriums sowie des Botschafters.
Church Report **Verdeckte Aktivitäten in Chile 1963-1973**
Senat der Vereinigten Staaten, 18. Dezember 1975

Einmal in den frühen siebziger Jahren, als meine Familie im Botschaftsgebäude wohnte, war Henry Kissinger zu einem Cocktailempfang in der Botschaft geladen. Ich war zwölf Jahre alt und hatte nur vage Vorstellungen, wer er war, doch die Mitarbeiter und meine Mutter wirkten ziemlich angespannt und fragten sich, ob er auch wirklich kommen werde. Während solcher Empfänge pflegten meine Brüder und ich, vom zweiten Stock aus über den Rand der Balkone zu lugen, um Blicke auf die Gäste zu erhaschen. Ich erinnere mich daran, nach Kissingers Stimme zu horchen und auf die illustre Menge hinabzuschauen.

Es war einfach, mit den Gästen in Kontakt zu kommen, zu dieser Zeit hatte man meine drei Brüder und mich bereits hinreichend mit dem Protokoll für dieserart Begegnungen vertraut gemacht. Ich erinnere mich an große Hände und Eau de Cologne, freundliche Fragen und aufmunterndes Lachen. Damals war Mr. Kissinger für mich nichts als ein weiterer Mann im Maßanzug, später erst lernte ich, dass er ein skrupelloser, grausamer, verschlagener Krimineller im Maßanzug war. Vielleicht erkannte er beim Händeschütteln meine junge Stimme von den abgehörten Telefongesprächen und Überwachungsinstrumenten wieder, die zu dieser Zeit, wie wir später erfuhren, bereits gegen unsere Familie im Einsatz waren. Er mag gewusst haben, welche Mädchen ich mochte, wer meine besten Freunde waren, welche Geheimnisse ich arglos ins Telefon flüsterte.

Ich hatte viele Jahre eine Fantasie zu Mr. Kissinger. In dieser Fantasie erinnert sich Henry Kissinger an einen kleinen Jungen, der zu ihm aufschaut und ihm die Hand schüttelt. Er beginnt sich zu fragen, was aus dem Kleinen geworden ist; ob er aufgewachsen und ihm Zähne gewachsen sind; ein nagender Verdacht keimt auf: Vielleicht ist das Problem durch die Ermordung des Vaters doch nicht aus der Welt. Er sagt seinen Urlaub in Mexiko, die Konferenz in Spanien ab und denkt darüber nach, wie lang das Echo seiner Taten durch die Zeit hallt.

16. Oktober 1970 *CIA-Hauptquartier-Mitteilung von Thomas Karamessines, Vizedirektor für verdeckte Operationen der CIA, an den Leiter der CIA-Abteilung Santiago Henry Hecksher:* »*Die Politik, Allende durch einen Coup zu stürzen, ist verbindlich und wird fortgesetzt.*« *Gegenteilige Anweisungen seitens Botschafter Edward Korrys seien zu ignorieren.*

1973 kehrten wir nach Chile zurück. Innerhalb weniger Monate lernte ich eine andere Seite meiner Heimat kennen. In jenen Monaten vor dem Coup erlebte ich eine Gesellschaft, die meiner Generation in den vergangenen dreißig Jahren als Bild für das, was möglich ist, gedient hat. Trabajos Voluntarios waren Tage des Gemeinschaftsdienstes, die mir zum ersten Mal die Gelegenheit gaben, mit den Graffitibrigaden auf den Straßen zu arbeiten. Soziale Grenzen wurden eingerissen und die Unidad Popular repräsentierte das Herz des Landes. Mit Arbeitern und Freunden besuchten wir Versammlungen an meiner Schule zur Unterstützung der Regierung. Allerorts erwachte Chile. Wir musizierten, dichteten, organisierten und arbeiteten. Am 4. September marschierte ich mit tausenden anderer Chilenen zur Unterstützung der Unidad Popular durch die Straßen Santiagos. Dort, in Santiagos Innenstadt, öffnete sich mein Blick auf den sozialen Kampf, meine Hände umgriffen die Äste eines Baums unweit des Präsidentenpalastes, als ›El Chicho‹, Salvador Allende, zu uns sprach. Seine Rede hallte durch die Straßen, an den Ecken aufgestellte Lautsprecher verstärkten seine Stimme. Wir waren an diesem Abend trunken vom Triumph und vom poder popular – der ›Macht des Volks‹. Ich lag wach im Bett und hörte immer noch das Echo von Allendes Worten durch meinen Kopf hallen, als ich mir bewusst wurde, dass ich inmitten lebendiger Geschichte war.

Am 11. September wurde unsere Welt auf den Kopf gestellt. Teile des Militärs hatten sich unter Mithilfe von Beratern der CIA und anderer US-Behörden dazu verschworen, die sozialistische Regierung von Salvador Allende zu stürzen. Der Coup, dem eine Ära von Tod, Folter und Exil für die Chilenen folgte, war der Höhepunkt jahrelanger verdeckter Aktivitäten und Interventionen. Freigegebene Aufzeichnungen aus dieser Periode zeichnen ein komplexes Bild der Manipulation unseres Lebens durch US-Beamte. Das Weiße Haus und seine Behörden waren im Voraus über den Coup unterrichtet worden und hatten militärische Unterstützung geplant, falls sich Probleme ergeben sollten. In einem aufschlussreichen Gespräch zwischen Richard Nixon und Henry Kissinger nach dem Coup berichtet der Außenminister: »Wir waren es, niemand weiß es...«

Mein Vater erhielt am Tag des Staatsstreichs am frühen Morgen einen Anruf von

Allende: »Es gibt Berichte, dass Garnisonen in Bewegung gesetzt wurden, die Marine hat die Flotte von Valparaiso aktiviert.« Mein Vater sagte, er werde sofort in den Präsidentenpalast kommen. Allende: »Nein, ich brauche meinen Verteidigungsminister im Verteidigungsministerium.«
Der Leibwächter meines Vaters erschien an diesem Morgen nicht, angeblich weil seine Frau entbinde. Mein Vater verließ das Haus wie immer in Eile. Tagelang hörten wir nichts von ihm.
Im Radio knisterte Allendes letzte Botschaft an das Volk von Chile. Sie endete mit folgenden Worten:

»Das Volk muss sich verteidigen, aber es darf sich nicht opfern. Das Volk darf sich nicht ausradieren oder von Kugeln durchlöchern lassen, aber genauso wenig kann es sich erniedrigen.

Arbeiter meines Landes, ich glaube an Chile und seine Bestimmung. Andere Menschen werden diesen düsteren und bitteren Augenblick überwinden, in dem Verrat sich durchzusetzen sucht. Gehet voran in dem Wissen, dass eher früher als später sich die großen Straßen wieder öffnen werden, auf denen der freie Mensch schreitet, um eine bessere Gesellschaft aufzubauen.

Lang lebe Chile! Lang lebe das Volk! Lang mögen die Arbeiter leben!

Dies sind meine letzten Worte, und ich habe die Gewissheit, dass mein Opfer nicht umsonst sein wird, ich habe die Gewissheit, dass es wenigstens eine moralische Lektion sein wird, die das Verbrechen, die Feigheit und den Verrat bestraft.«

Eine Militärjunta, die die gesamten Streitkräfte und die Polizei (Carabinieros) repräsentierte, hatte entschieden, mit der Verfassung zu brechen und gewaltsam das Land vom »marxistischen Krebsgeschwür« zu erlösen, das die chilenische Gesellschaft befallen und sich in ihr ausgebreitet hatte. Die Mitglieder der Junta waren der Oberbefehlshaber der Luftwaffe Gustavo Leigh Guzmán, der Generaldirektor der Polizei César Mendoza, der Oberbefehlshaber der Marine José Toribio und Augusto Pinochet Ugarte, der Oberbefehlshaber des Heers.

Wir sahen schwarze Rauchschwaden in den Himmel steigen, hörten Jets vorüberschießen, als wenige Häuserblocks entfernt der Präsidentenpalast bombardiert wurde. Wir sahen die Hawker Hunter über uns hinwegfliegen, hörten, wie die Bomben den Palast La Moneda trafen, rochen den Rauch. Wir dachten, mein Vater wäre umgekommen. Später erzählte er uns, dass er bei seiner Ankunft im Ministerium den Weg von Soldaten versperrt gefunden hatte. Er sagte: »Ich habe hier Befehlsgewalt.« Eine Stimme kam aus dem Inneren seines Büros: »Lassen Sie den Minister hereinkommen.« Als er über die Schwelle trat, fühlte er den Schlag einer Maschinenpistole in seinem Rücken, so dass er stolperte. Der Mann mit der Waffe war sein vermisster Leibwächter. In den Tagen nach dem Coup hielt man ihn an verschiedenen Orten gefangen, einmal wurde er nach draußen gebracht, zu einer Mauer, an der Exekutionen durchgeführt wurden. Er hatte gehört, wie die Männer aus den Zellen geholt wurden, die Proteste, die Gewehrsalven und das Fortschleifen der Körper. Während man ihn dorthin brachte, wo er seinen Tod erwartete, betete er, dass er nicht zittern, nicht aufschreien und nicht stolpern würde. Zwischen zwei Aufsehern entbrannte ein Streit. Er hörte eine raue Stimme sagen: »Ich bin der Verantwortliche hier« und wurde in seine Zelle zurückgeführt.

Wir verbrannten belastende ›subversive‹ Bücher im Kamin und brachten viele der Akten meines Vaters an einen anderen Ort. Ein Armeetrupp, angeführt von einem Oberst, traf vor unserem Apartmenthaus ein. Ich erinnere mich an das Geräusch, als sie die Treppen der sechs Stockwerke hinaufmarschierten. Wir wurden unter Hausarrest gestellt, schikaniert und bedroht. Draußen auf den Straßen lagen Leichen, Panzer rollten, Maschinengewehrfeuer war zu hören. In diesen düsteren und beängstigenden Tagen endete das Leben, das wir kannten. Es wurden Ausgangssperren verhängt, Menschen tauchten unter, andere verschwanden spurlos.

Am nächsten Tag erfuhren wir von der Verhaftung meines Vaters. Ein Jahr verbrachte er in Konzentrationslagern, darunter sechs Monate als ›Kriegsgefangener‹ auf der windgepeitschten Dawson Insel am Ende der Welt, 300 Meilen vom Polarkreis entfernt. Fast dreißig führende Politiker aus der Regierung Allendes wurden neben 200 weiteren Gefangenen nach Dawson verbracht, wo sie zum Arbeiten und zu kilometerlangen Märschen ohne Schuhe durch Eis und Schnee gezwungen wurden. Sie mussten Telegrafenmasten aufstellen und Kabel installieren, Lastwagen im Steinbruch beladen, Straßen ausbessern, Kanäle graben, Unmengen an Schutt transportieren und im kurzen arktischen Sommer faulenden Farn aus einem Sumpfgebiet sammeln, das als Müllplatz genutzt werden sollte. Über das Lager und das Leben der Gefangenen habe ich mehr von Überlebenden, die meinen Vater kannten, erfahren als von meinem Vater selbst. Er war zurückhaltend, wenn er über Dawson sprach. Vielleicht war es schwer für ihn, die Erinnerungen wachzurufen, vielleicht wollte er uns auch nur schützen. Mein Vater wurde nach einem Jahr entlassen und erhielt seine Freiheit zurück; die Zeit dort war in ihn eingeätzt durch die Narben von Hautkrebs, die gebrochenen Finger und letztlich auch durch die Leidenschaft, die Nation wiederherzustellen, die er uns als Kindern versprochen hatte. Die einzigen Gegenstände, die er uns aus diesen Tagen hinterließ, waren eine Kaffeetasse, hergestellt aus einer alten Blechdose, Schilf und Draht, ein dicker Mapuche-Männerponcho und eine alte Gitarre, auf der er im Lager gespielt hatte. Auf der Gitarre waren die Unterschriften der Gefangenen, von denen einige bereits in der Gefangenschaft gestorben waren und die meisten heute alte Männer sind.

Der frühere Minister in Allendes Kabinett Sergio Bitar hat in *Isla 10* die Erfahrungen auf Dawson festgehalten. Der gefeierte Film des bekannten chilenischen Regisseurs Miguel Littin *Dawson Isla 10* aus dem Jahr 2009 basiert auf Bitars Memoiren.

Auf Dawson wurde meinem Vater erlaubt, für seine Mitgefangenen zu singen, nachdem es uns gelungen war, ihm über eine internationale Hilfsorganisation die Gitarre zukommen zu lassen. Er sang alte Lieder: Tangos, Cuecas, Sambas, aber auch neue Lieder, die er aus anderen Teilen der Welt gelernt hatte.

1973, ein paar Monate, nachdem mein Vater und andere Mitglieder der Allende-Regierung auf Dawson interniert worden waren, erhielt meine Mutter eine Audienz im Verteidigungsministerium. Sie ersuchte um Erlaubnis, meinen Vater zu besuchen. Ein Geheimbericht des Internationalen Roten Kreuzes hatte uns darüber informiert, dass er sehr krank war. Rothaarig und mit Sommersprossen, hatte er unter erbarmungsloser Sonneneinstrahlung Hautkrebs bekommen und war besorgniserregend abgemagert. Er war per Schiff nach Punta Arenas zur Behandlung gebracht worden. Im Gefängnis auf Dawson waren die Männer durch Zwangsarbeit, Unterernährung, durch die Elemente und durch psychologische und physische Folter vom Tod bedroht.

Im Ministerium sprach meine Mutter mit einem Kommandanten, dem sie gelegentlich schon vor dem Coup begegnet war. Er empfing sie steif und sagte:»Nein, Sie können nicht nach Punta Arenas reisen. Ihr Mann hat sich sehr arrogant verhalten.« Sie fragte ihn, ob Arroganz ein Verbrechen sei und ob es irgendwelche Anklagen gegen meinen Vater gebe. Er blickte sie verachtend an und erwiderte:»Sie sind ebenso wie Ihr Mann.« Daraufhin warf sie sich zu Boden; weinend, auf ihren Knien, die Hände an seinen Füßen, flehte sie ihn an, sie reisen zu lassen.

Als meine Mutter 1974 schließlich nach Punta Arenas gelangte, suchte sie erneut einen Kommandanten auf, der in einem Gebäude entlang des zentralen Platzes ansässig war. Bevor man sie zu ihm ließ, wurde sie einer gynäkologischen Untersuchung unterzogen. Die sie untersuchende uniformierte Frau erklärte ihr:»Da verstecken Kommunistinnen Rasierklingen.«

»Der Kommandant aus Santiago hat keine Zuständigkeit.«, informierte sie der Kommandant der südlichen Region.»Hier bin ich Befehlshaber, und unter keinen Umständen wird S-26 Besuchserlaubnis erteilt werden.«

Die hochrangigen Gefangenen wurden ihrer Identitäten beraubt und ausschließlich mit Nummern angesprochen. Erneut warf sie sich zu Boden und flehte um Erlaubnis, bis sie mit einem kurzen Blick den Gang hinunter meinen dürren, in Lumpen gekleideten Vater erspähte, wie er gerade von vier jungen Soldaten, Maschinenpistolen auf seinen Rücken gerichtet, vorbeigeführt wurde. Sie rannte den Gang hinunter auf ihn zu, während der Kommandant sie anschrie anzuhalten. Sie umarmte fest meinen Vater trotz der Stöße geladener Waffen. Für meinen Vater war die Umarmung wie eine Vitaminspritze. Ihm wurde klar, dass sie die Anweisungen der Verantwortlichen nicht befolgt hatte und trotzdem am Leben geblieben war.

Der Kommandant führte sie in eine kleine Zelle, wo sie auf gegenüberliegenden kleinen Feldbetten saßen. »Sie haben 15 Minuten«, befahl er. Er blieb in der Zelle und baute sich über ihnen auf. »Sprechen Sie nur über Privates.«

Mein Vater befragte sie über die Presse in den Vereinigten Staaten, darüber, was im Rest der Welt berichtet wurde. Der Kommandant protestierte. Meine Mutter antwortete: »Wir haben nie nur über Privates gesprochen. Wie könnten wir es in einem Augenblick wie diesem?« Schnell gab sie meinem Vater eine Antwort, bevor der Besuch vom Kommandanten abgebrochen wurde. »Das waren nur fünf Minuten«, sagte sie. »Nicht, seit sie das Gebäude betreten haben«, antwortete er. »Versuche, morgen wiederzukommen«, flüsterte mein Vater.

Am nächsten Tag besuchte meine Mutter die Sonntagsmesse. An diesem Morgen trug sie ein Geschenk meines Vaters, das sie über das Internationale Rote Kreuz erhalten hatte: eine Halskette mit einem flachen schwarzen Vulkanstein, in den das Bild einer Möwe geritzt war. Als sie den Mittelgang hinaufschritt, wurde sie von vielen neugierig angeblickt oder angestarrt. Nach der Messe sah sie auf der Außentreppe den Kommandanten von Punta Arenas. Er ging in Paradeuniform, begleitet von seiner fein gekleideten Frau. Er gestikulierte meiner Mutter, um, so wie sie es verstand, sie davon abzuhalten, öffentlich mit ihm Kontakt zu suchen.

Nichtsdestoweniger trat meine Mutter an ihn heran, und so war er verpflichtet, sie freundlich zu grüßen und sie mit seiner Frau bekannt zu machen. Die Frau des Kommandanten fragte, ob Isabel aus Punta Arenas komme.

»Nein«, antwortete meine Mutter. »Ich lebe in Santiago. Ich bin hier, um meinen Mann zu besuchen, der auf Dawson interniert ist. Gestern habe ich ihn für nur fünf Minuten gesehen und hoffe, dass Ihr Mann mir heute einen Besuch erlauben wird.«

Die Frau war peinlich berührt und suchte nach einem Ausweg aus ihrer unangenehmen Lage, indem sie ihren Mann anblickte. Um die Situation aufzulösen, sagte der Kommandant: »Selbstverständlich werden wir einen weiteren Besuch arrangieren, Frau Letelier.«

Als meine Mutter nun durch die Menge lief, streckten viele der Kirchengänger ihre Hände nach ihr aus, tätschelten ihren Arm, flüsterten, dass sie ihren Mut bewunderten, murmelten ihr Ermutigungen zu, blickten mit Bewunderung auf ihre Halskette. Meine Mutter wusste, dass die Häftlinge auf Dawson, wenn sie schwere Lasten transportieren mussten, an der Küste Steine sammelten, in die sie später mit gespitzten Nägeln Motive ritzten. Was sie nicht wusste, war, dass die Steine seit kurzem in Punta Arenas verboten und die alten Nägel der Gefangenen konfisziert worden waren. Die geritzten Steine waren zum Symbol des kulturellen Widerstands und laut der Obrigkeit zum Symbol der Subversion geworden. Der Stein meiner Mutter prangte eingefasst in Gold und Bronze und wurde von einer kunstvollen Kette gehalten. Für die Leute auf der Straße und in der Kirche war es ein kühner Akt des Widerstands und der Schönheit.

Auf Dawson sahen wir, wenn wir im Laufschritt Säcke voll mit Steinen im Regen transportieren mussten, die Gefangenen aus der Provinz Magallanes, die auch auf Dawson einsaßen und die man regelmäßig zur Befragung nach Punta Arenas brachte. In diesem Konzentrationslager traf ich keinen einzigen Gefangenen aus Punta Arenas, der nicht gefoltert worden war; ich traf keinen einzigen Gefangenen, der nicht gefoltert worden war. Dort waren mehr als 280 Häftlinge aus der Provinz Magallanes, junge Männer, gerade einmal 16 Jahre alt, wie Luis España, der, in meiner Erinnerung aufgrund der Folterung, einen psychischen Totalzusammenbruch erlitt und mit dem ich im Krankenhaus in Punta Arenas für einige Tage ein Zimmer teilte. Junge Männer wie die Garcia Brüder, 17 und 18 Jahre alt, die ein Kriegstribunal ohne jede Möglichkeit zur Verteidigung zu 13 und 20 Jahren Haft verurteilt hatte. Sie wurden schuldig gesprochen auf Grundlage von Stellungnahmen, die sie mit verbundenen Augen unterschreiben mussten, nachdem man sie, natürlich, gefoltert hatte.

Orlando Letelier – Internationale Kommission über die Verbrechen der Militärjunta in Chile, Mexiko-Stadt, 1975

Montag, 4. Oktober 1973, St. George's College, Vitacura, Santiago, Chile

Ich war wie immer zu spät. Es war unmöglich weit und es gab nur einen Bus, der bis zur Schule durchfuhr. Die anderen ließen uns mehrere Blöcke entfernt hinaus, wo wir noch einen steilen Anstieg vor uns hatten. Alle Busse waren an diesem Tag zu voll gewesen, um anzuhalten, aber schließlich hatte ich doch noch einen Griff erwischt und hing mit vielen anderen am unteren Tritt des hinteren Ausstiegs. Ich war zu spät, aber an diesem Morgen war es egal.

Die ganze Schule versammelte sich an der Rotunde nah des Vordereingangs, so dass ich leicht zwischen die Reihen schlüpfen konnte. In der Nähe des Eingangstors waren Kartons gestapelt, auf denen einige von uns standen. Ein Herr im Anzug, der wie ein Lehrer aussah (niemand von uns hatte ihn je zuvor gesehen), informierte uns in der neuen offiziellen Sprache, dass wir von einem Oberst Vargas Besuch erhalten sollten. Der Oberst würde unser neuer Schuldirektor werden und wir sollten ihn mit Dank empfangen.

Die amerikanischen Priester, die die Schule gegründet, aufgebaut und geleitet hatten, waren fort. Die Prinzipien der Befreiungstheologie, an die sich Vater Gerardo, »Father Gerard«, der Schuldirektor, gehalten hatte, hatten ihm den Ruf eines ›Kommunisten‹ eingebracht. Die patriotischen Streitkräfte Chiles würden die Schule aus dem Chaos wieder aufbauen, das die vorigen Verwalter hinterlassen hatten. Viele Schüler schienen die »Neuerung« zu begrüßen, doch die meisten zeigten keinerlei Regung, verharrten teilnahmslos, Zeichen der überall herrschenden Unsicherheit. Kurz darauf fuhr eine graue Mercedeslimousine mit dem Staub und Sand von der Straße ein. Dahinter folgte ein Wagen mit Soldaten. Sie sprangen herunter und brachten sich um die Versammlung herum in Stellung. Sie liefen auf uns zu, ihre Gewehre im Anschlag.

Unsere ganze Aufmerksamkeit wurde auf die Limousine gezogen, als sich deren Türen öffneten. Zuerst stiegen zwei große Männer in Anzügen mit militärischem Schnitt auf Fahrer- und Beifahrerseite aus, nahmen ihre Positionen ein, der eine sondierte die Umgebung, der andere öffnete dem Oberst die Tür. Der stieg so ruhig wie möglich aus und ging direkt zu einer Stelle, von der wir ihn alle hören konnten. Der Staub hatte sich gelegt und die Frühlingssonne funkelte auf Chrom und Stahl von Auto und Waffen. Makellos und elegant in seine Uniform gekleidet übernahm er das Kommando.

Er war da, um Ordnung in eine Schule zu bringen, die von marxistischer Ideologie korrumpiert worden war.

Er werde herausbekommen, was sich zugetragen hatte. Die Schuldigen wüssten, wer sie waren, und würden bestraft werden. Der Oberst befahl seinen Leuten, die am Eingangstor gestapelten Kartons zu holen. Der Mann im Anzug trat an den Oberst heran und sie unterhielten sich. Der Mann drehte sich um, machte mit seinem rechten Arm eine vage Geste, als ob er Fliegen wegwischen würde, und wandte sich an uns. Auf die vorderen Reihen deutend sagte er: »Alle ihr hier vorne, folgt mir, lasst eure Taschen stehen. Ich brauche eure Hilfe.« Neugierig schloss ich mich der Gruppe an, die in geordneter Reihe dem fremden Mann in die Schule folgte.

In der rustikalen Bibliothek waren Schubkarren und Holzeimer für den Schulgarten untergestellt. In einigen davon befanden sich Zwiebeln und Bündel alter Säcke. Die Bücher waren alle aus den Regalen genommen und auf den Fliesenboden gestapelt worden. Er deutete auf die Stapel von Büchern, Zeitschriften, Magazinen und Zeitungen in der Nähe des Schreibtischs der Bibliotheksaufsicht. »Die müssen alle nach vorne rausgebracht werden.« Die Gruppe setzte sich schnell in Bewegung, stapelte Wälzer in Schubkarren und stopfte Zeitungen und Magazine in Säcke und Eimer. Als wir unsere Ladungen dorthin zurückbrachten, wo die anderen versammelt waren, roch ich Rauch; mitten auf dem Hof schütteten Soldaten Bücherkisten in ein schwelendes Feuer. Als wir uns für eine zweite Fuhre wieder in Richtung Bibliothek wandten, zündelte das trockene Papier in eine lodernde Flamme auf, Ascheflocken und glimmende Seiten wirbelten in den grauen Morgen. Unter den wachenden Blicken des Aufsehers stapelte ich Bücher in eine Schubkarre; viele waren englische Textbücher oder Romane. Viele waren von Autoren, die ich kannte, Mark Twain, Upton Sinclair, Charles Dickens. Viele waren während der Regierungszeit Allendes von der staatlichen Druckerei veröffentlicht worden.

Alle waren für den Scheiterhaufen bestimmt.

Als ich mit der zweiten Ladung ankam, brannte ein kräftiges Feuer. Einige Soldaten richteten nun ihre Waffen auf die Schüler, während andere die restlichen Kisten auf den brennenden Haufen warfen. Der Oberst verlas eine Liste verbotener Bücher, die ich schon in der Zeitung veröffentlicht gesehen hatte. Werke von Karl Marx, Fidel Castro, Lenin, Pablo Neruda und anderer Denker führten die Liste an.

Eine Gruppe Soldaten wandte sich vom Feuer ab und lief durch die Menge, um unsere Büchertaschen und Rucksäcke einzusammeln. Sie warfen sie neben dem Auto des Oberst auf einen Haufen und begannen, unsere Habseligkeiten zu durchsuchen. Immer wieder wurde ein Gegenstand herausgegriffen und einem Soldaten zugeworfen, der ihn dann in das flackernde Feuer schleuderte. Wir standen da als stumme Zeugen, während der Oberst an der Kühlerhaube seines Wagens lehnte, auf seine Uhr sah und gelegentlich die Stirn in Falten zog.

Als sie mit unseren Taschen fertig waren, ließ er uns in Gruppen kommen, um unsere Sachen einzusammeln.

Ich sah meine Tasche nur einen Meter vom Oberst entfernt im Staub liegen und fluchte im Stillen, weil ich so nah an ihn herantreten musste, um sie bekommen. Als ich an der Reihe war und in die Hocke ging, um meine Tasche aufzuheben, sagte er: »Usted (Sie)«. Ich sah auf, er blickte mich an und zeigte mit der Spitze seines glänzenden Stiefels in meine Richtung. Mit einem Tritt stieß er die Tasche um, sah aber nichts von Interesse. »Nimm, Beeilung!«

Schnell griff ich das, was herausgefallen war, stopfte es zurück in die Tasche und huschte wieder zu meinem Platz zwischen den Schülern. Bevor die Soldaten abrückten und der glänzende Wagen des Oberst den Schotterweg wieder zurückfuhr, sangen wir die Nationalhymne einschließlich der kürzlich erst hinzugefügten dritten Strophe, die die Tugenden von Männern in Uniform besang. Wir wurden für diesen Tag entlassen, der Unterricht sollte am nächsten Morgen wieder aufgenommen werden.

Als ich den Weg vom Schulgebäude hinunterging, sah ich, wie Soldaten Schüler beim Verlassen des Geländes am Eingangstor anhielten. Jetzt, da der Oberst nicht mehr hier war, würden sie auf ihre eigene Weise ihre Autorität spielen lassen.

Schnell schob ich mich zwischen die Bäume am Fuße der Hügel, die einen Halbmond um die Schule herum bildeten. Ich wusste, wie ich über die Hügel kommen und den Kontrollpunkt umgehen konnte.

Um die Militärkontrollen auf dem Hauptweg zu meiner Schule zu umgehen, benutzte ich in den folgenden Wochen einen über Bewässerungsgräben und Weidezäune führenden Pfad durch die Felder.

Einmal hörte ich dabei ein Rascheln und sah im Mais einen Freund. Sein Vater hatte an der Schule gearbeitet und war in den ersten düsteren Tagen des Putsches verschwunden. Er blutete an seinem Kopf aus tiefen Wunden, Soldaten hatten ihn gefangen, dieselben, von denen sein Vater verschleppt worden war. Sie hatten ihm mit ihren Bajonetten den Kopf rasiert. Er wusch sich im Bewässerungsgraben. Er trug keine Schuhe, seine Zehen waren schmutzig, hart und sahen aus wie Krallen, seine Fußsohlen hatten Schwielen. Ich erinnere mich, ihn dafür bewundert zu haben, er war Tom Sawyer in einem verrückten Oz. Er beschrieb mir eine sichere Route, sagte, ich sollte auf mich Acht geben. Ich habe ihn niemals wiedergesehen.

> 2004 schrieb und verfilmte Andrés Wood ›Machuca‹, eine fiktionale Darstellung der Ereignisse am Saint George's College in der Zeit des Staatsstreichs ‚73.

*Die Haende meines Vaters waren gebrochen und er litt an Unterernährung, als er aus der Haft entlassen und in ein Flugzeug gesetzt wurde, das ihn ins Exil bringen sollte. Er wartete auf uns in Venezuela, bis auch uns die Ausreise gestattet wurde. Wir kehrten nach Washington DC zurück, wo mein Vater sich ganz der Koordination der internationalen Widerstandsbewegung gegen Pinochets Diktatur widmete. Er reiste in dieser Zeit sehr viel, trat vor internationalen Untersuchungskommissionen als Augenzeuge auf, sammelte Informationen zu den Verbrechen der Junta.

1976 waren alle Länder des »Südkegels« – Chile, Argentinien, Bolivien, Paraguay, Uruguay und Brasilien – unter diktatorischer Militärherrschaft. Sie starteten ein Programm, um Oppositionelle im Exil ›zum Schweigen zu bringen‹. Dieses Programm hieß »Operation Condor«.

Der erste Aufsehen erregende Mord fand am 30. September 1974 statt, als General Carlos Prats, ehemaliger chilenischer Verteidigungsminister unter Allende, und seine Frau in Buenos Aires, Argentinien, durch eine Autobombe starben. Im Oktober 1975 überlebte Bernardo Leighton, Allendes Vizepräsident und führender Christdemokrat, in Rom nur knapp einen Anschlag auf sein Leben.

Jahre später, 2001, war in einem Bericht der New York Times aus einem freigegebenen Dokument des US-Außenministeriums zu lesen, dass die USA die Kommunikation zwischen den südamerikanischen Geheimdienstchefs vermittelt hatten, die mit dem Ziel zusammenarbeiteten, linke oppositionelle Gruppen in ihren Ländern auszuschalten, und zwar als Teil des Geheimprogramms Operation Condor.

Das Dokument aus dem Jahr 1978 ist ein Telegramm des US-Botschafters in Paraguay Robert E. White an den Außenminister Cyrus Vance. Darin bezieht sich White auf ein Gespräch mit General Alejandro Fretes Davalos, Stabschef der Streitkräfte Paraguays, der ihm erzählte, dass die an Condor beteiligten südamerikanischen Geheimdienstchefs »über eine in der Panamakanalzone befindliche US-Kommunikationseinrichtung, die ganz Lateinamerika abdeckt, miteinander in Kontakt stehen.« Diese Einrichtung »dient dazu, Geheimdienstinformationen zwischen den Ländern des Südkegels zu koordinieren.« White ist besorgt, dass die »Verbindung der Vereinigten Staaten zu Condor bei der laufenden Untersuchung des Todes des früheren chilenischen Außenministers Orlando Letelier und seiner amerikanischen Mitarbeiterin Ronni Moffitt, die durch eine Autobombe in Washinton DC getötet worden sind«, aufgedeckt wird. »Es scheint ratsam«, schlägt er vor, »dieses Arrangement zu überprüfen, um sicherzugehen, dass die Fortführung im Interesse der USA ist.«

Mein Vater hatte in den Tagen vor dem Staatsstreich eng mit Augusto Pinochet zusammengearbeitet.

Am Montag, den 10. September hatte ich mehrere Treffen mit meinen wichtigsten

Mitarbeitern im Verteidigungsministerium. Am Morgen des 10. hatte ich ein mehr als zweistündiges Treffen mit dem Oberbefehlshaber des Heeres, General Augusto Pinochet. Ziel dieses Treffens war, gemeinsam das Programm zu diskutieren, das die Armee bei ihren militärischen Missionen an verschiedenen Orten der Welt verfolgte. An einer Stelle sprachen wir über die Situation im eigenen Land und General Pinochet betonte erneut seine demokratischen Werte, drückte seine große Bewunderung und Loyalität gegenüber Präsident Allende aus und sprach über seine Entscheidung, zu seinem Soldateneid zu stehen und Verfassung und Präsidentenamt der Republik bis zur letzten Konsequenz zu verteidigen. General Pinochet hatte nach eigener Aussage in den 48 Stunden vor diesem Treffen mit Vertretern der Marine und der Luftwaffe gesprochen und eingewilligt, sich an der Verschwörung zu beteiligen, die darauf zielte, die Verfassung zu brechen, die Macht an sich zu reißen und das Land militärisch zu besetzen. Tatsächlich könnte man häufig, wenn man auf General Pinochets Äußerungen sieht, an seinen geistigen Fähigkeiten zweifeln. Ich kann nur sagen, was Betrug angeht, ist er ein Genie.

In der Nacht des 10. September traf ich Präsident Allende gegen 21 Uhr. Anwesend waren außerdem Carlos Briones, zu diesem Zeitpunkt Innenminister, und zwei Berater. Der Präsident hatte uns zusammengerufen, um mit uns eine Rede vorzubereiten, die er am 11. September halten wollte. In dieser Rede erklärte er dem Land seine Entscheidung, ein Referendum abzuhalten, in dem das chilenische Volk mit dem demokratischen Mittel einer allgemeinen Wahl zum Ausdruck bringen sollte, wie es zu den Uneinigkeiten zwischen der Regierung und ihren Gegnern stand.

Die Mitglieder der Verschwörung erfuhren von diesem Plan des Präsidenten, und um seinen Aufruf zu einer demokratischen Äußerung des Volks zu verhindern, verlegten sie die Entscheidung für den Angriff auf die Verfassung, der ursprünglich am 14. September stattfinden sollte, vor.

Bei einem historischen Konzert im Madison Square Garden erfuhr mein Vater, dass ihm die chilenische Militärregierung seine Staatsbürgerschaft entzogen hatte. Die militärischen Machthaber betrachteten ihn als Verräter. Tage vor dem Dekret spielte er eine entscheidende Rolle bei der Ablehnung eines wichtigen Kreditpakets an Chile. Das Dekret verwies auf »seine unehrenhafte und illoyale Einstellung« und die »Durchführung einer öffentlichen Kampagne im Ausland, die die politische, ökonomische und kulturelle Isolation Chiles zum Ziel hat.«

Seine Antwort war: »*Heute hat General Pinochet ein Dekret unterschrieben, mit dem der Entzug meiner Staatsbürgerschaft beschieden wird. Ein dramatischer Tag in* meinem Leben, an dem mich die Tat der faschistischen Generäle gegen mich mehr denn je als Chilene fühlen lässt. Denn wir sind die wahren Chilenen in der Tradition von O'Higgins, Balmaceda, Allende, Neruda, Gabriela Mistral, Claudio Arrau und Victor Jara, und sie – die Faschisten – sind Chiles Feinde, die Verräter, die unser Land an die Auslandsinvestitionen verkaufen. Ich bin als Chilene geboren, ich bin ein Chilene und ich werde als Chilene sterben. Sie sind als Verräter geboren, sie leben als Verräter und sie werden für immer als faschistische Verräter im Gedächtnis bleiben.«

Ich bin als Chilene geboren – ich bin ein Chilene – ich werde als Chilene sterben – steht eingraviert auf dem Stein, der heute sein Grab auf dem Nationalfriedhof in Santiago markiert, nur einen Steinwurf von dort entfernt, wo Allende liegt. Seine Worte klingen bis heute nach.

In jenen Wochen des Jahres 1976 hielten wir eine Familienversammlung ab und beschlossen, dass wir die Arbeit meines Vaters gegen die Junta weiter unterstützen wollten, Todesdrohungen und ominöse Telefonanrufe hatten zugenommen.

In den vorangegangenen Jahren in Chile hatten wir uns daran gewöhnt, dass uns jemand folgte und unsere Telefonate und Korrespondenz beobachtet wurden. Im Jahr nach dem Staatsstreich machten wir Bekanntschaft mit der gelangweilten und wütenden Geheimpolizei, die meinen Brüdern und mir durch die Straßen folgte. Wir hatten schon damals beschlossen, offen und ohne Geheimnisse zu leben. Wir waren nicht die Kriminellen.

Wie wir später erfuhren, stellten Agenten aus Chile zu dieser Zeit Kontakt mit Mitgliedern der exilkubanischen Nationalistenbewegung her, Männern, die von der CIA dazu ausgebildet worden waren, Befehle aus Santiago auszuführen. Es ist bekannt, dass die meisten Kollaborateure der chilenischen Geheimpolizei Mitglieder der Operation 40 und der konterrevolutionären CORU (Koordination der Vereinigten Revolutionären Organisationen) waren. Operation 40 war eine von der CIA in den frühen Sechzigern eingerichtete verdeckte Operation. Ihre Hauptaktivitäten erstreckten sich auf Kuba, Mittelamerika und Mexiko. Als Antwort auf die kubanische Revolution ins Leben gerufen, waren ihre Mitglieder zentrale Akteure in der Schweinebuchtinvasion, dem erfolglosen Versuch exilkubanischer, von der CIA ausgebildeter Kräfte, in Kuba einzufallen. Operation 40 wurde anfangs von Vizepräsident Richard Nixon geleitet und zählte zu ihren Mitgliedern eine Reihe von Terroristen, die auch später weiterhin an terroristischen Aktivitäten beteiligt waren. Einige Schlüsselfiguren, die auch 16 Jahre später direkt an der Planung des Mords an meinem Vater zusammen mit chilenischen Agenten und der Geheimpolizei beteiligt waren, sind Luis Posada Carriles, Virgilio Paz Romero, Guillermo Novo Sampol und sein Bruder Ignacio.

Frank Sturgis, eine zentrale Figur der Gruppe und Organisator eines großen Teils der Rekrutierung für das Elitekommando, äußerte sich dazu folgendermaßen: »Diese Attentatsgruppe ermordete, natürlich auf Kommando, entweder Mitglieder des Militärs oder politischer Parteien des anderen Landes, das man infiltrieren wollte, und wenn nötig auch die eigenen Leute, die verdächtigt wurden, ausländische Agenten zu sein...«

Sturgis ist hauptsächlich für seine Rolle als einer der verhafteten Einbrecher in das Hauptquartier der Demokratischen Partei im Watergate-Gebäudekomplex bekannt. Der Skandal führte letztlich zum Rücktritt Richard Nixons, dem früheren Vorgesetzten der ›Soldaten‹ der Operation 40. Sturgis taucht in Zusammenarbeit mit Oliver North wieder in Reagans Amtszeit auf. Das ehemalige Mitglied der Operation 40 Marita Lorenz hat angegeben, dass wenige Tage vor der Ermordung John F. Kennedys eine Gruppe, zu der auch Sturgis, Novo, Orlando Bosch, Ignacio Novo und Pedro Diaz Lanz gehörten, nach Dallas reiste. Sie hat auch behauptet, dass sich Sturgis in einem Motel in Dallas aufhielt, wo Kennedys Ermordung geplant wurde.

Ein anderes Mitglied war Orlando Bosch, der berüchtigte Bombenattentäter, der zahlreicher Anschläge und Morde verdächtigt wird, darunter der Sprengung des Cubana-Flugs 455 von Barbados, durch die im Oktober 1976 alle 73 Passagiere ums Leben kamen. Schließlich wurde Bosch, auch bekannt als Dr. Death, am 18. Juli 1990 von Präsident George Bush begnadigt und ging nach Venezuela, wo er seine Aktivitäten fortführte.

Eine weitere Figur der Operation 40 war Felix Rodriguez, der vor der kubanischen Revolution für Fulgencio Batista arbeitete. Er wurde CIA-Offizier und später, als bolivianischer Major getarnt, nach Bolivien entsandt, wo er an der Exekution Che Guevaras beteiligt war. Rodriguez war in die Iran-Contra-Affäre verwickelt und ist bekanntermaßen mit George Bush befreundet. Angeblich hat er Guevaras Rolex als Erinnerung an seine Heldentaten in Bolivien behalten.

Dies sind die Männer, die Manuel Contreras, Kopf der DINA und enger Freund von Pinochet, umwarb und mit denen er verhandelte. Freigegebene Dokumente zeigen, dass Contreras damals Geld von der CIA erhielt. Mein Vater war der nächste auf der Condor-Todesliste und wurde von chilenischen Agenten unter Beobachtung genommen.

*

Drei Herren haben in meinem Gedächtnis eine hervorgehobene Stellung: Henry Kissinger, Augusto Pinochet und Michael Townley. Für diese Männer ist das Echo derjenigen, die sie ermordet haben, besonders beunruhigend.

1995 warteten wir mit anderen Mitgliedern meiner Familie in einem Gerichtssaal, voll von Journalisten und großer Medienaufmerksamkeit, auf die Entscheidung des obersten chilenischen Gerichtshofs in einem Prozess gegen zwei der engsten Mitarbeiter Pinochets. Als seine Untergebenen schuldig befunden wurden, den Mord an Orlando Letelier befohlen zu haben, hörten wir die Menge draußen gegen die Polizeiabsperrung drücken und einen Prozess auch gegen Pinochet fordern.

General Manuel Contreras Sepúlveda, Leiter der DINA, der Geheimpolizei, wurde zu sieben Jahren Haft verurteilt; sein Stellvertreter, Oberst Pedro Espinoza, zu sechs Jahren. Contreras wurde schließlich am 24. Januar 2001 entlassen. Wenig später wurde er für das Verschwinden von Miguel Angel Sandoval haftbar gemacht, jenes jungen Aktivisten der MIR, der 1975 von Agenten der DINA festgenommen worden und nach Folterung spurlos verschwunden war. Der ersten Verurteilung folgten weitere.

Das chilenische Berufungsgericht verurteilte ihn am 11. Januar 2008 wegen Kriegsverbrechen zu zehn Jahren Haft. Am 17. April wurde er für das Verschwindenlassen eines politischen Gegners zu 15 Jahren verurteilt. Damit lag seine kumulative Haftdauer bei 57 Jahren.

Am 30. Juni 2008 wurde er für das tödliche Autobombenattentat von 1974 in Buenos Aires auf General Prats und seine Frau zu zweifacher lebenslanger Haft verurteilt. Michael Townley und Armando Fernandez Larios hatten den Anschlag ausgeführt.

Unter seinem Regime gab Pinochet dem Land eine neue Verfassung. Als er als Oberbefehlshaber des Heers abtrat, machten ihn seine neuen Gesetze zum ungewählten, permanenten Mitglied des chilenischen Senats, was ihm Immunität und Schutz vor zukünftiger Strafverfolgung garantierte.

In einem beispiellosen Vorgang wurde General Pinochet, der sich in einer Klinik in London von einer Rückenoperation erholte, im Oktober 1998 von der britischen Polizei unter Arrest gestellt, nachdem ein spanischer Richter seine Auslieferung nach Madrid beantragt hatte, wo er wegen Genozid, Folter und Entführung angeklagt werden sollte. Der ›Präzedenzfall Pinochet‹ führte zu einem 16 Monate dauernden Rechtsstreit. Pinochet wurde schließlich zurück nach Chile gelassen, mit der Begründung, dass seine körperliche und psychische Verfassung eine Verhandlung nicht zuließen.

Nachdem sein Vermächtnis vor internationalen Gerichten und der Weltöffentlichkeit demontiert worden war, kehrte Pinochet in Schande nach Chile zurück. In der Vergangenheit hatte er seine Macht dazu benutzt, seine Familie und Verbündete vor der Verfolgung und Verurteilung wegen Korruption zu schützen, doch jetzt ließ der sozialistische Präsident Ricardo Lagos hunderte von Klagen gegen Pinochet zu. Junge Offiziere der Armee distanzierten sich von ihm so weit wie möglich. Nach dem erzwungenen Rücktritt vom Senat, verlor Pinochet seine Immunität. Enthüllungen im Jahr 2004 über geheime Konten bei der Riggs Bank in Washington DC führten zu einer Untersuchung, die ergab, dass Pinochet auf geheimen Konten in mehreren Ländern 28 Millionen Dollar liegen hatte. Auch wenn Pinochet bis zum Ende Unterstützer hatte, musste der General den Rest seines Lebens Prozesse führen und machtlos zusehen, dass die Presse »seines Landes« ungestraft über seine Verbrechen berichtete. Pinochet starb am 10. Dezember 2006 im Alter von 91 Jahren. Im März 2006 wurde die Sozialistin Michele Bachelet, frühere politische Gefangene und Exilantin, ins Präsidentenamt gewählt. Ihr Vater, ein Luftwaffengeneral und loyal gegenüber Allende, war von seinen eigenen Mitarbeitern gefangen genommen und gefoltert worden, ehe er im Gefängnis starb.

1976 suchte Michael Townley, der für Pinochet und DINA arbeitende amerikanische Auftragsmörder, unser Haus am Ogden Court in Bethesda, Maryland, unweit von Washington DC heim. Ich war 17, und vor dem Morgengrauen befestigte Townley wenige Meter von meinem Fenster entfernt eine Bombe mit Plastiksprengstoff unter dem babyblauen Malibu Classic, der in der Einfahrt parkte. Ich stelle ihn mir als böse Zahnfee vor, als Weihnachtsmann auf Crack und staatsterroristische Pathologie. Er trieb sich draußen herum, kroch unter das Auto nur wenige Meter von dort entfernt, wo mir der Atem durch die Lippen strich. Townley schlich sich durch eine begrenzte und zerbrechliche Welt, die ich mir in diesem Augenblick warm und golden ausmalte. Es war der Sommer von Crosby, Stills and Nash, Victor Jara und Quilapayun, die psychedelischen und unbeschwerten Led-Zeppelin-Monate meiner Jugend. Townley und seine terroristischen antikommunistischen kubanischen Verbündeten saßen in ihren Autos an der Straße, die zu unserem Haus führte. Ich stelle mir vor, wie ich am Morgen auf dem Weg zur Schule an ihnen vorbeilief. Ich stelle mir vor, was sie dachten, als sie uns vorbeigehen sahen, unsere Stimmen hörten und Gesprächsfetzen aufschnappten.

Nachhall

1987 bekannte sich Townleys Komplize, Major Armando Fernandez Larios, der Beihilfe zum Attentat von 1976 an Orlando Letelier schuldig. Während Castro-feindliche Kubaner, mit denen Townley einen Deal eingefädelt hatte, bei dem Mord halfen, kundschaftete Larios unser Haus und den Arbeitsplatz meines Vaters aus. Er folgte ihm auf dem Weg zur Arbeit und erstellte eine Karte seiner täglichen Routen. Später, als er dem FBI übergeben wurde, handelte er im Austausch für seine Zeugenaussage eine vorteilhafte Abmachung aus. Er saß fünf Monate von den sieben Jahren ab, zu denen er verurteilt worden war, und erhielt die Zusicherung, niemals nach Chile ausgeliefert zu werden. Dennoch lebte Larios für viele Jahre auf Messers Schneide. Von chilenischen Gerichten wurde er für seine Mitwirkung an der *Todeskarawane* gesucht, einer Militärschwadron im Auftrag Augusto Pinochets. Pinochet hatte sechs Offiziere mit dem Helikopter von Santiago aus auf eine mörderische Mission in vier Städte im Norden des Landes entsandt. In Zusammenarbeit mit lokalen Beamten ließ das Kommando 72 politische Gefangene aus ihren Zellen holen und tötete sie; durch Zertrümmerung der Schädel, Messerstiche, Aufschlitzen und Erschießen. Der chilenische Richter Juan Guzmán machte bei der Verfolgung Pinochets alle seine Komplizen ausfindig, einschließlich jener, die sich in Miami in Sicherheit wogen. Chile hat beim Justizministerium der USA einen Auslieferungsantrag gestellt, über den noch nicht entschieden ist. Der Major im Ruhestand war auch in Miami angeklagt wegen der Folterung und des Todes von Winston Cabello, dem Leiter der Wirtschaftsplanung für zwei von Chiles nördlichen Regionen unter der Regierung Allende. Das Geschworenengericht sprach der Familie Cabellos vier Millionen Dollar Schadensersatz zu und befand Armando Fernandez Larios als Mitglied der Todeskarawane aller vorgebrachten Vergehen für schuldig: Verbrechen gegen die Menschheit, illegaler Tötungen, Folter sowie grausamer, unmenschlicher und erniedrigender Behandlung von Gefangenen.

Michael Townley verbüßte fünf von zehn Jahren seiner Freiheitsstrafe und erhielt dann eine neue Identität vom FBI, nachdem er eingewilligt hatte, gegen seine Mitterroristen auszusagen. Townley erreichte eine Verständigung mit den Staatsanwälten, die für ihn die Verpflichtung beinhaltete, wahrheitsgemäß über andere Verbrechen auszusagen, an denen er beteiligt war.

Im Februar 2005 ließ der chilenische Richter Alejandro Solis Michael Townley unter Eid aussagen. Townley gab zu, den chilenischen General Carlos Prats und seine Frau in Buenos Aires ermordet zu haben, allerdings habe er nur »Befehle befolgt«.

»Ich schickte mit dem Sendegerät ein Signal zum Empfänger und der elektrische Impuls aktivierte die Bombe«, erklärte er. Für Larios und Townley liegen wegen Morden, an denen sie beide beteiligt waren, Auslieferungsanträge von Gerichten aus Italien und Argentinien vor. Argentinien hat die Auslieferung von Fernandez Larios wegen seiner Rolle bei der Ermordung von General Carlos Prats in Buenos Aires 1974 bereits drei Mal beantragt.

*

1976. Wieder zog der September vorüber, Chile war präsenter als jemals zuvor, in Kunst und Worten und Gedichten und Musik. Mein Vater und meine Mutter tanzten Cueca, den Nationaltanz Chiles, im Hinterhof auf einer Feier zum Nationalfeiertag am 18. September.

Die Erinnerung an ein freies Chile ließ sich weder durch die Entfernung noch per Dekret zum Schweigen bringen, daher mussten andere Maßnahmen ergriffen werden.

Am 21. September 1976 fuhr mein Vater mit seinen Kollegen Ronni Karpen und Michael Moffitt ein paar Häuserblocks vom Weißen Haus entfernt in einem Auto, als eine Bombe die Illusion eines friedlichen und ruhigen Botschaftsviertels platzen ließ. Virgilio Paz, ein Exilkubaner aus Miami, folgte ihnen in einem Wagen und drückte auf dem Sheridan Circle den Knopf auf einem Gerät, das in den Zigarettenanzünder gestöpselt war. Der Funkempfänger aktivierte den Zünder der Bombe, hergestellt aus C4 und TNT. All das war in eine Backform von Sears gestopft und mit Isolierband an der Unterseite des Wagens befestigt worden.

Es war der unverfrorenste internationale terroristische Anschlag, der bis zu diesem Zeitpunkt in der US-Hauptstadt verübt worden war. Die Bombe trennte die Beine meines Vaters ab, so dass er in dem ausgebrannten Autowrack verblutete. Ronni rettete sich auf den Bürgersteig und ertrank an ihrem eigenen Blut. Nur ihr Mann Michael entkam lebensgefährlich verletzt dem schwelenden Wrack.

An diesem Morgen war ich in der Schule. Ich wurde früh aus der Klasse geholt. Tante Cecilia erwartete mich und meinen Bruder Juan Pablo im Sekretariat. Sie erzählte uns, ohne viel durchdringen zu lassen, dass es einen Unfall gegeben hatte. Als wir auf dem Weg zum George-Washington-Krankenhaus am Sheridan Circle vorüberkamen, sah ich Rettungs- und Streifenwagen. Feuerwehrleute spritzten die Straßen ab.

Im Krankenhaus erwartete uns meine Mutter Isabel. Sie erklärte uns, dass mein Vater getötet worden war. Sie nahm mich und meine drei Brüder in einen Kreis zusammen und flüsterte:»Lasst euch das nicht das Hassen lehren.«

Als wir an diesem Tag aus dem Krankenhaus mit der bedrückenden Düsternis der Morde heimkehrten, wartete das FBI auf uns. Einer nach dem anderen wurden wir in das Wohnzimmer unseres Nachbarn gerufen. Wie sich herausstellte, war der Nachbar ein FBI-Agent, der ein ›Auge‹ auf uns gehabt hatte. Später erfuhren wir, dass das FBI schon eine Akte über meinen Vater führte, seit er 1960 mit Salvador Allende an einem Wirtschaftsgipfel in Havanna auf Kuba teilgenommen hatte. Unser freundlicher Spion von nebenan hatte offenbar die Nächte durchgeschlafen, in denen stille Männer in parkenden Autos, Zigaretten rauchend, nur Meter entfernt Mordpläne geschmiedet hatten. Kaum zu glauben angesichts der Überwachungsmethoden des FBI.

Die FBI-Agenten befragten uns einzeln. Mit mir sprachen sie über die Verbindungen meines Vaters zu Kuba und den Russen, sie sprachen über eifersüchtige Geliebte und Sprengstoff, den er mit sich geführt haben könnte. Wenige Stunden nach dem Tod meines Vaters, das Blut und die Fleischfetzen waren noch nicht von der Massachusetts Avenue entfernt, arbeitete das FBI bereits an seiner eigenen Version des Attentats. Einer nach dem anderen aus meiner Familie gab ihnen dieselbe Antwort: »Wir wissen, wer es gewesen ist. Es war die chilenische Geheimpolizei auf Befehl von Pinochet.« Zu dieser Zeit war George Bush Leiter der CIA.

Am 6. Oktober 1976 explodierte in Barbados kurz nach dem Abheben ein kubanisches Passagierflugzeug mit dem olympischen Fechtteam Kubas und anderen Passagieren an Bord, die sich auf dem Weg nach Kuba befanden. Alle Insassen kamen ums Leben. Die Indizien wiesen auf kubanische Extremisten mit Verbindungen zur CORU und der CIA. An diesem Tag schickte ein CIA-Informant in Chile von dem CIA-Sender in Santiago einen Bericht über Pinochets Aburteilung Leteliers, dessen Kritik an seiner Regierung er »inakzeptabel« nannte. Die Quelle »ist überzeugt, dass die chilenische Regierung direkt in Leteliers Tod verwickelt ist und befürchtet, dass eine Untersuchung des Vorfalls entsprechende Hinweise liefern wird«, so heißt es im CIA-Feldbericht.

Aber Bushs CIA setzte die seit langem etablierte Linie fort, ihre Aktivposten abzusichern und Desinformation zu streuen. Im Oktober 1976 berichtete Newsweek, dass »die chilenische Geheimpolizei nicht beteiligt war. […] Die [CIA] kam zu dieser Einschätzung, weil die Bombe zu primitiv für die Arbeit von Profis war und weil der Mord zu einem Zeitpunkt, an dem Chiles Machthaber um die Unterstützung der USA werben, dem Regime in Santiago nur schaden kann.« Am 1. November 1976, dem Tag vor der Präsidentenwahl, berichtete die Washington Post: »Agenten der gegenwärtigen Militärjunta in Chile waren nicht an der Ermordung Leteliers beteiligt« und berief sich auf Äußerungen von CIA-Mitarbeitern: »CIA-Direktor Bush äußerte diese Ansicht Ende letzter Woche in einem Gespräch mit Außenminister Henry Kissinger.«

Orlando und Isabel Letelier, Salvador Allende 1959 – in diesem Jahr trat Orlando Letelier der chilenischen Sozialistischen Partei (PS) bei. Während seiner Präsidentschaft berief Salvador Allende ihn zuerst zum Botschafter seines Landes in den USA, später nachfolgend zum Außen-, Innen- und Verteidigungsminister. Am 21. September 1976 wurde Orlando Letelier in Washington D.C. durch eine

Autobombe ermordet. Allende war bereits drei Jahre zuvor beim Putsch in Chile ums Leben gekommen. Der Mord an Letelier geschah im Rahmen der Operation Cóndor, einer Geheimdienstoperation zwischen Argentinien, Chile, Paraguay, Uruguay, Boliven, Brasilien und den USA, die sich zum Ziel setzte, jeweilige Regimekritiker auch im Exil zu verfolgen und zu ermorden.

Salvador Allende schickte seinen Freund Orlando Letelier nach Washington, um – wie hier im März 1972 – mit der Nixon-Regierung zu verhandeln. Zu dieser Zeit verfolgte das State Department (Außenministerium) unter dem Außenminister Henry Kissinger zusammen mit der CIA und dem amerikanischen Konzern ITT eine Strategie der Destabilisierung Chiles und zum Sturz Allendes. Nach Dokumenten, die 1999 und 2000 veröffentlicht wurden, war die CIA schon zwei Monate vor der Tat vom Mordplan unterrichtet. Die Nixon-Administration setzte alles dran, um in Chile einen Putsch zu organisieren.

Begräbnis von Orlando Letelier 1976

Nachhall

Guillermo Novo Sampoll, einer der in die Ermordung meines Vaters involvierten Castro-feindlichen kubanischen Auftragsmörder, war auch einer der vier Terroristen, die 2003 in Panama vor Gericht gestellt werden sollten, weil sie geplant hatten, Fidel Castro und hunderte mit ihm während eines Auftritts des kubanischen Präsidenten zu ermorden.

Allerdings wurden Guillermo Novo Sampoll, Gaspar Jiménez Escobedo, Pedro Remón und der berüchtigte Luis Posada Carriles von der panamaischen Präsidentin Mireya Moscoso wenige Tage, bevor sie aus dem Amt schied, aus dem Gefängnis entlassen. Die Männer wurden in ein Flugzeug mit dem Ziel USA gebracht. Luis Posada Carriles wurde in Honduras abgesetzt, die anderen Männer wurden in Miami als Helden empfangen.

Rädelsführer der Gruppe war Luis Posada Carriles, »Bambi«, der mit Orlando Bosch zusammenarbeitete. Posada und Bosch waren für die Bombe auf dem Cubana-Flug 455 am 6. Oktober 1976 verantwortlich. Bosch verbrachte wegen dieses Verbrechens elf Jahre im Gefängnis in Venezuela, wurde aber schließlich nach Intervention der USA für unschuldig erklärt und freigelassen. Nach Posadas Verhaftung in Venezuela für das Flugzeugattentat fanden Ermittler im Büro seiner Detektei eine Karte von Washington, auf der die täglichen Fahrtrouten meines Vaters und insbesondere die Strecke von seinem Arbeitsplatz nach Hause eingezeichnet waren. 1985 gelang ihm die Flucht aus dem Gefängnis, er tauchte dann wieder in El Salvador an der Seite seines Kumpanen Felix Rodriguez auf, um ihn bei der Operation, die als Iran-Contra-Affäre bekannt wurde, zu unterstützen. Aus praktischen Gründen hießen sie jetzt Ramon Medina und Max Gomez. Auf der Llopango-Landebahn empfingen sie Flugzeuge mit Waffenlieferungen und sandten sie mit Kokain beladen wieder in die USA zurück. Die Operation wurde publik, doch nach den Anhörungen von Oliver North bzw. zu Iran-Contra wurde Bambi von George Bush begnadigt. 1997 explodierten mehrere Bomben in kubanischen Hotels. Nach dem Tod eines italienischen Touristen wurde ein junger Salvadorianer namens Raúl Ernesto Cruz León von den kubanischen Behörden festgenommen. Der Bombenattentäter behauptete, dass ihm Posada für jede Bombe 4500$ gezahlt hatte. Später prahlte Posada gegenüber der New York Times, dass das Geld für diese Bomben von der Kubanisch-Amerikanischen Nationalstiftung stammte.

Laut Michael Townley nahm Luis Posada Carriles an dem Treffen teil, auf dem Details für den Mord an meinem Vater und das Attentat auf den Cubana-Flug zwei

Wochen später entschieden wurden. Ein freigegebener FBI-Bericht vom 29. April 1986 bestätigt, dass am 17. März 1975 ein Treffen zwischen Exilkubanern und Pinochet stattfand. Pinochet bot finanzielle Unterstützung unter der Bedingung an, dass sie die diversen konterrevolutionären Gruppen vereinen würden. Ein anderes FBI-Dokument vom 17. Dezember 1974 hält fest, dass Chile den Kubanern paramilitärisches Training anbot.

Nachdem sie Panama verlassen hatten, wurde Posada Carriles in Honduras abgesetzt. Im März 2005 machte er sich wieder Richtung Norden auf und schlich sich an Bord eines Florida anlaufenden Krabbenfängers in die USA ein.

Die Einwanderungsbehörde griff ihn auf und klagte ihn wegen Einwanderungsbetrugs an, obwohl er international von mehreren Ländern wegen Terrorakten gesucht wurde. Nach einer Reihe von Anhörungen in El Paso in Texas wies Bundesbezirksrichterin Kathleen Cardone die Anklage wegen Einwanderungsbetrugs zurück. Danach kehrte Posada nach Miami heim, wo er als Held der Castro-feindlichen Rechten gefeiert wurde, obwohl ihn kürzlich veröffentlichte Regierungsdokumente mit Terroraktivitäten in Verbindung brachten.

Bambi beantragte dann gleichzeitig zu einem Auslieferungsantrag Venezuelas Asyl in den USA. Am 28. September 2005 urteilte ein Richter der Einwanderungsbehörde, dass Posada nicht ausgeliefert werden dürfe, weil ihm in Venezuela Folter drohe. Doch Posada kommt nicht ungestraft davon.

2009 wurde er angeklagt, 2005 gegenüber dem Heimatschutzministerium gelogen zu haben, was seine Verwicklung in die Attentatsserie von 1997 in kubanischen Touristengebieten betraf. Das Verfahren gegen Posada wegen des Einreisevergehens sollte ursprünglich im März beginnen, wurde dann aber verschoben, die Gerichtsakten verschlossen.

Bundesbezirksrichterin Kathleen Cardone hat nun die Eröffnung der Verhandlung wegen Meineids, Strafvereitelung und Einwanderungsbetrugs – die Anklagen ergeben sich aus Informationen, die er der Regierung in seinem Einwanderungsverfahren gegeben hat – auf den 11. Januar 2011 festgelegt.

Die vielen Bombenanschläge, die Posada finanziert und ausgeheckt hat, hallen nach, auch wenn das kommende Verfahren ihn nicht dafür belangt, dass er versucht hat, ein Staatsoberhaupt zu ermorden, dass er ein Passagierflugzeug gesprengt hat oder dass er Kubaner und Touristen mit einem Bombenanschlag auf ein Hotel verstümmelt hat. Posada wird lediglich vorgeworfen, die Behörden angelogen zu haben, doch weitere Fragen werden aufkommen. Präsident Obama hat bislang so wie sein Vorgänger Bush die Anträge ignoriert, doch Venezuela fordert weiterhin seine Auslieferung im Zusammenhang mit dem Flugzeugattentat. Panama hat nun entschieden, dass seine Freilassung durch die frühere Präsidentin Mireya Moscoso illegal war, und bemüht sich ebenfalls um seine Auslieferung, um ihn wegen des Mordkomplotts gegen Castro bei dessen Besuch im Jahr 2000 anzuklagen.

Posada, heute 82 Jahre alt, hält sich auf Kaution frei in Miami auf, doch wie Pinochet mag er dem langen Arm der Gerechtigkeit nur entfliehen, wenn er nicht mehr atmet.

Am 1. August 1978 wurden Guillermo Novo Sampol und sein Mitverschwörer zur Ermordung meines Vaters in zehn Anklagepunkten schuldig befunden. Sampol wurde zu zwei lebenslänglichen Haftstrafen in einem Hochsicherheitsgefängnis und zu zwei fünfjährigen Haftstrafen wegen Falschaussage verurteilt.

Am 15. September 1980 hob ein Berufungsgericht die Schuldsprüche auf. Begründet wurde dies mit einer Entscheidung des obersten Gerichtshofs im vorangegangenen Frühling, die die Benutzung von Beweismaterial verbot, wenn der Informant mit dem Angeklagten eine Zelle geteilt hatte. Das Gericht befand das Beweismaterial hinreichend für den Schluss, dass Novo Sampol und Ross Diaz »als Hauptverantwortliche des Mordes schuldig waren«, entschied aber, dass die Verhandlung neu aufgerollt werden musste, weil sich die Schuldsprüche auf unzulässige Zeugenaussagen von Mitgefangenen stützten, die als Informanten für die Regierung arbeiteten.

Michael Townley hatte als Hauptzeuge für die Regierung ausgesagt, für seine Kooperation mit der Staatsanwaltschaft erhielt er im Gegenzug eine milde Strafe von drei Jahren und vier Monaten.

In ihrer Abschlusserklärung bemerkte die Jury: »Die Gefahr für sein [Townleys] Leben besteht fort durch diejenigen, über die er ausgesagt hat und die weiter auf freiem Fuß sind, und diese Gefahr wird fortbestehen, solange er lebt und in der Lage ist, als Zeuge auszusagen.«

Verschwörung zur Ermordung eines ausländischen Staatsvertreters
Ermordung eines ausländischen Staatsvertreters, schwerer Mord
Mord mittels Sprengstoff
Falschaussage – schuldig

Am 30. Mai sprach ein Bundesgericht Guillermo Novo Sampol und Alvin Ross Diaz frei. Die Jury befand Guillermo für schuldig, die Grand Jury über sein Wissen über den Mordplan belogen zu haben. Der Richter urteilte allerdings, dass er die entsprechende Strafe bereits verbüßt habe. Nach 1981 nahm Guillermo Novo Sampol seine Aktivitäten bei der Kubanischen Nationalistenbewegung (CNM) wieder auf.

1991 erhielt ich einen Anruf von der Fernsehshow America's Most Wanted. Sie baten mich um Mitarbeit an einem Beitrag über den Mord an meinem Vater und den letzten flüchtigen Täter, Virgilio Pablo Paz Romero.

Als Frank Baez lebte er in einer Vorstadt in Florida und führte ein Gärtnereigeschäft. Er engagierte sich immer noch gegen Castro. Die Show wurde an einem Freitag Abend ausgestrahlt, es wurden eine Reihe von Szenen aus dem Leben meines Vaters und die flammenreiche Rekonstruktion der Autoexplosion gezeigt. Es wurde auch ein Bild von Baez ausgestrahlt. Am darauffolgenden Dienstag wurde er vom FBI in der Nähe seines Warenlagers festgenommen.

Die Bundesstaatsanwaltschaft verhandelte mit ihm und ließ vier Anklagepunkte einer 13 Jahre alten Klage gegen ihn fallen, damit er sich im Ausgleich des einen Kapitalverbrechens schuldig bekannte, sich an der Verschwörung zur Ermordung eines ausländischen Staatsvertreters beteiligt zu haben. Sein Schuldbekenntnis war eine Ohrfeige für seine Unterstützer, die seine Unschuld beteuerten.

»Virgilio Paz hat nicht die Bombe gezündet, die Orlando Letelier und seine Assistentin Ronni Moffitt getötet hat«, war die Behauptung Ignacio Novos.

Nachdem er sieben von zwölf Jahren seiner Gefängnisstrafe abgebüßt hatte, wurde Paz vorzeitig aus der Haft entlassen. Danach kam er in ein Lager für Migranten, in dem er bis 2001 festgehalten wurde.

In den Tagen vor Orlandos Tod war der Kampf in Chile in die Herzen und Gedanken vieler Amerikaner und von Millionen überall auf der Welt gedrungen. Lieder waren über die Kontinente geeilt und unsere Geographie der menschlichen Wärme, unser Kampf und die verletzten Menschenrechte wurden zunehmend anerkannt. Chile flog in Millionen Teilen um die Welt, aber jeder Teil trug, wie es schien, eine Geschichte mit sich, die, wohin immer sie auch kam, die Herzen entflammte.

General Pinochet war bei uns Zuhause in Santiago zum Abendessen eingeladen, es war im Jahr 1973. Mein Vater war zu dieser Zeit Verteidigungsminister. Von der Armee waren uns ein Fahrer und ein Hausmädchen zugewiesen worden. Die Angestellten schienen vor dem Abendessen nervös und ängstlich. Ich war schon ein Experte in der Begrüßung von Ehrengästen und erinnere mich, wie ich hinaustrottete, um den »General« zu treffen. Er erinnerte mich an einen großen huaso (einen chilenischen Cowboy), jemanden vom Lande wie mein Onkel Ramon aus San Alfonso. Andere fanden seine blauen Augen einnehmend, auf mich wirkten sie kühl und unheimlich. Später, nachdem Pinochet Salvador Allende getötet und meinen Vater und tausende andere in Konzentrationslager geschickt hatte, wurden die Hausbediensteten unsere Aufseher, sie überwachten unseren Hausarrest und berichteten ihren Vorgesetzten.

Ich kann jetzt den General im Arbeitszimmer meines Vaters sehen, im Fenster hinter ihm die Anden. Ich erinnere mich, dass er sonderbar befremdet aussah inmitten der Bücherregale und Ledereinbände. Vielleicht machte er bereits Pläne für die Zukunft.

Wie Townley drang auch Pinochet in unser Leben ein und kundschaftete unser Zuhause aus. Ein Spion auf der Suche nach irgendetwas Belastendem, einem Bruchstück nützlicher Information, mit dem er dich besser beschmutzen konnte, mit dem er dich besser foltern konnte, mein Lieber, mit dem er dich besser töten konnte. Wartend, geduldig wie ein Virus. Wartend auf den Augenblick, in dem er der Mann mit den Büchern und der Macht sein würde.

Es gibt eine bemerkenswerte Aufnahme von dem Gespräch, das Henry Kissinger und Augusto Pinochet bei ihrem ersten Zusammentreffen geführt haben. Darin wird deutlich, wie weitgehend die Vereinigten Staaten bereit waren, korrupte Herrscher moralisch zu entlasten, wenn sie gewissen ideologischen Linien folgten. Henry Kissinger lobte den General für sein erfolgreiches Belauern und Eliminieren derselben Männer, die er selbst für einige Jahre belauert und zu täuschen versucht hatte. Es hatten sich zwei gefunden. Staatsmänner, die Herrschaftsstrategien diskutierten.

Washington DC, 10. April 2010 – Freigegebene, durch das National Security Archive zugänglich gemachte Dokument zeigen, dass fünf Tage, bevor die Autobombe die eleganten Villen des Botschaftsviertels um ihre Ruhe und meinen Vater um sein Leben brachte, Außenminister Henry Kissinger die für die Botschafter im Südkegel bestimmte Weisung zurückzog [HYPERLINK auf http://www.gwu.edu/Prozent7Ensarchiv/NSAEBB/NSAEBB312/2_19760916_Actions_Taken.pdf], die Militärführungen dieser Länder vor der Durchführung »einer Serie internationaler Morde« zu warnen.

Damit beendete er die Bemühung führender Beamter des Außenministeriums, eine von ihm selbst zuvor gebilligte Demarche zu übermitteln, die »unsere tiefe Besorgnis« über »Pläne zur Ermordung von Staatsfeinden, Politikern und bekannten Figuren innerhalb und außerhalb der nationalen Grenzen gewisser Länder des Südkegels« ausdrücken sollte. Die Demarche, gerichtet an die Präsidenten von Chile, Argentinien und Uruguay, wurde nie überstellt. In einer Stellungnahme hat Herr

Kissinger behauptet, das National Security Archive habe den Sinn der Anweisung »verdreht«. Er sagte, ihr Zweck sei gewesen, dem Botschafter der USA in Uruguay einen anderen Weg zu eröffnen, formalen Einspruch gegen Condor zu erheben, nachdem er Furcht um sein eigenes Leben zum Ausdruck gebracht hatte. Glücklicherweise sind die Dokumente mittlerweile öffentlich und andere mögen sich selbst ein Urteil bilden, in welchem Maß der Sinn »verdreht« worden ist.

Möglicherweise hätte eine Warnung an Pinochet die Mörder, die in Washington DC ihr Werk verrichteten, abgehalten. Aus freigegebenen Dokumenten ist seit Jahren bekannt, dass Kissinger von Condor und seinen Operationen wusste.

Am 30. August 1976 schrieb Shlaudeman an Kissinger: »Was wir verhindern wollen, ist eine Serie von internationalen Morden, die dem internationalen Status und der Reputation der beteiligten Länder schweren Schaden zufügen könnte«. Die CIA hatte Kissinger bereits über »beunruhigende Entwicklungen« informiert, so waren bereits die Oppositionsführer gegen bestimmte südamerikanische Regierungen identifiziert, ausfindig gemacht und ins Visier genommen worden.

Christopher Hitchens dokumentiert in »Die Akte Henry Kissinger« anhand von über die CIA vermittelten Regierungsanweisungen und Dokumenten aus dem Außenministerium und dem Weißen Haus Kissingers direkte Verstrickung in die Leitung, Planung, Finanzierung und von Seiten der US-Regierung allgemeine Unterstützung des Komplotts zur Eliminierung General Schneiders. Das Mordopfer war General René Schneider, Oberbefehlshaber des chilenischen Heers und bekannt als Verteidiger der chilenischer Verfassung sowie als Gegner eines Staatsstreichs gegen den neu gewählten sozialistischen Präsidenten Salvador Allende durch eine rechte Junta aktiver und früherer chilenischer Offiziere, über die Gerüchte in Umlauf waren.

Kissinger ist bekannt für seine berühmte Antwort an Chile: »Ich sehe nicht ein, wieso wir stillhalten und nur zuschauen sollten, wenn ein Land aufgrund der Unverantwortlichkeit seines Volks kommunistisch wird.« Er ist auch bekannt für viele weitere schlaue Beobachtungen, darunter: »Macht ist das ultimative Aphrodisiakum.« Laut meiner Mutter Isabel begegnete sie ihm in ihrer Zeit in der chilenischen Botschaft in Washington, gerade als Aphrodisiaka und Macht seine Visitenkarte waren. Sie erinnert sich an eine kleine Cocktailparty mit meinem Vater, auf der Herr Kissinger in Begleitung einer langbeinigen Blonden in Hot Pants zugegen war. Bei einer Gelegenheit nahm Henry meinen Vater Orlando beiseite und sagte: »Ich möchte ihnen versichern, dass unsere Regierung sich nicht in die inneren Angelegenheiten Chiles einmischt.« Später, als Enthüllungen zeigten, wie tief die Regierung der Vereinigten Staaten und Henry Kissinger in die Destabilisierung der Allende-Regierung verwickelt waren, erzählte sie die Geschichte in einem Interview. Henry Kissingers Antwort war, dass er sich nicht an eine Party oder das Gespräch erinnern konnte. Er fügte hinzu: »Es überrascht mich, dass es Äußerungen solcher Art gegeben haben soll, da ich keine geringe Rolle bei seiner [Leteliers] Entlassung aus dem Gefängnis gespielt habe.«

Am 5. November 1970 informierte Kissinger, besorgt über den Wahlsieg Allendes vom 3. November, Präsident Nixon:»Das Beispiel einer erfolgreich gewählten marxistischen Regierung in Chile hätte sicher Einfluss auf – und sogar Vorbildcharakter für – andere Teile der Welt, insbesondere Italien; die nachahmende Verbreitung vergleichbarer Phänomene in anderen Ländern würde in der Folge das Gleichgewicht auf der Welt und unsere Position darin beträchtlich verschieben.«

Außenminister Henry Kissinger ist nach wie vor als Weltstaatsmann und Meisterstratege ein gefragter Mann. In Capitol Hill in Washington DC sprach er am 25. Mai 2010 vor dem Komitee für Außenbeziehungen, das eine Reihe von Anhörungen zum New-START-Abkommen (Vertrag zur Reduzierung strategischer Waffen) durchführte, über »die Rolle der Kontrolle strategischer Waffen nach dem Kalten Krieg.«

Anders allerdings auf der Jahreskonferenz der von David Rockefeller gegründeten Trilateralen Kommission am 8. Mai 2010 in Dublin. Auf der Konferenz wurden Vorbereitungen für die wichtige Bilderberg-Konferenz im Juni 2010 in Barcelona getroffen. Auch Henry Kissinger nahm teil. Eine Delegation von Iren und Bürgern anderer Staaten übte Druck auf die irische Polizei aus, Kissinger zu verhaften. Es liegen internationale Haftbefehle aus Frankreich und Spanien gegen ihn vor, die ihn über seine Verstrickung in den Tod französischer und spanischer Staatsangehöriger während des Staatsstreichs in Chile befragen wollen. Vielleicht wird es Kissinger wie Pinochet gelingen, dem Recht zu entkommen. Aber sein Vermächtnis bröckelt, jeden Tag ein wenig mehr. Wenn die Nationen, in denen seine Außenpolitik verheerende Auswirkung hatte, ihre Vergangenheit aufarbeiten, wird sein Name in Gerichtssälen und in der Erinnerung in den Vordergrund treten.

*

Nach dem Tod meines Vaters wurde klar, dass wir seine Arbeit fortsetzen mussten. Meine Mutter Isabel nahm ihr Engagement gegen die Diktatur mit neuer Leidenschaft wieder auf. Die Untersuchung der Morde erwies sich als beste Waffe gegen Pinochet.

Einen ›Tag der Abrechnung‹ prophezeite In *These Times* bereits 1978, als dort in einem Artikel berichtet wurde, dass »an der Untersuchung des Letelier-Attentats beteiligte Beamte des Justizministeriums und des FBI sowie oberste Beamte der Carter-Regierung davon überzeugt sind, dass es nicht den geringsten Zweifel an Pinochets Verantwortung für die Ermordung Leteliers gibt.« Als Chile die Übergabe Manuel Contreras' und Pedro Espinozas an das Justizministerium der Vereinigten Staaten verweigerte, kühlten die diplomatischen Beziehungen mit der Carter-Regierung ab. Bald stimmten Menschenrechtsorganisationen wie Amnesty International mit der UN in die Verurteilung Chiles wegen seiner Menschenrechtsverletzungen ein.

Mein Bruder Jose und ich gründeten zusammen mit anderen jungen Chilenen die Brigade Orlando Letelier, ein Kulturkollektiv, das in einem Stil, der als der »chilenische« bekannt geworden ist, Wandgemälde schuf. Wir begannen mit einem Wandbild zum ersten Jahrestag des Mords an meinem Vater und Ronni Karpen Moffitt im Rock Creek Park in Washington DC. Zusammen mit dem chilenischen Künstler René Castro produzierten wir öffentliche Wandbilder und reisten für Solidaritätsveranstaltungen herum. Gemeinsam malten wir Wandbilder, solche, die jetzt in Chile übertüncht und verboten waren. Wir informierten auch über Chile und die Kämpfe im Land. Bis 1983 hatten wir in zwölf Städten in den USA gemalt und waren nach Nicaragua gereist, um mit der Alphabetisierungskampagne der Sandinisten Wandgemälde zu schaffen; wir hatten mit tausenden Leuten zusammen an Gemälden gearbeitet, auf denen wir unsere kollektiven Kämpfe feierten.

1984 kehrte ich zum ersten Mal nach zehn Jahren im Exil nach Chile zurück und schloss mich Künstlern mehrerer Generationen bei spontanen nächtlichen Politkunstevents an, bei denen wir schnell mit Schablonen auf Zeitung aufgebrachte großartige Widerstandsbilder heimlich entlang der Fußgängerwege und Bänke in der Innenstadt Santiagos entrollten. Im Kerzenlicht wurden Flugblätter verteilt. Polizisten und Soldaten kamen und manchmal harrten wir ein kleines bisschen länger aus. Es gab Pistolen und Hunde und Gasgranaten, wir hatten Angst vor Folter und Tod, aber das hatte keine Bedeutung, Menschen erschienen an den Orten, sie kamen und riefen und wurden fortgebracht. Meine Kunstausstellung »Zeugnis« im französischen Kulturinstitut würdigte kurz zuvor begonnene Aktivitäten der Opfer des Pinochet-Regimes. Die Menschen kamen zusammen und teilten miteinander ihre persönlichen Geschichten, insbesondere bei La Agrupacion de Familiares de Detenidos y Desaparecidos (Gruppe der Familien der Inhaftierten und Verschwundenen). Die Ausstellung erhielt Bombendrohungen und wurde geschlossen. Doch die Entfaltung einer neuen Art des Widerstands setzte sich fort.

Die Schlacht um Chile

Vielen, die in diesen Jahren heimkehrten, erging es nicht so glücklich wie mir.

Nach meiner Rückkehr in die USA besuchte ich Familienfreunde, Veronica de Negri und ihren Sohn Rodrigo Rojas, und erzählte ihnen von meiner Erfahrung. Rodrigo, ein junger Fotograf, ging ein paar Monate später zurück nach Chile. Bei einer Demonstration, auf der Rodrigo fotografierte, wurde er mit einer Freundin von einer Gruppe Soldaten gefangen genommen und später mit Benzin übergossen und angezündet. Rodrigo starb. Seine Freundin Carmen Gloria Rojas erlitt schwere Verbrennungen und Entstellungen. Sie führt bis heute ihren Kampf um Gerechtigkeit fort; der Tod meines Freundes Rodrigo ist eine der vielen weiter schwelenden und unbeantworteten Fälle von Unrecht, die seit all diesen Jahren fortbestehen.

*

Am Sonntag, den 10. Dezember 2006, als General Augusto Pinochet in Santiago starb, erlaubte die Regierung weder Staatsbegräbnis noch Staatstrauer.

Mein Vater wurde zuerst mit staatlichen Ehren in Venezuela beerdigt. Es war eine Offerte lebenslanger Freunde, die er kennengelernt und denen er geholfen hatte, als sie auf der Flucht vor der Diktatur von Marcos Perez Jimenez waren.

Als Pinochet 1990 aus dem Amt gewählt wurde, entstanden Pläne, die Überreste meines Vaters von Venezuela auf den Nationalfriedhof in Santiago zu überführen. Die Familie hatte entschieden, dass er nur nach Chile zurückgebracht werden sollte, wenn die Demokratie wiederhergestellt war.

1992 wurde ein Staatsbegräbnis geplant. Mein Bruder Jose flog in einem chilenischen Flugzeug nach Venezuela, um die Exhumierung der Überreste zu beaufsichtigen. Venezolanische Beamte trafen ihn am Flughafen und brachten ihn zum Friedhof auf einem Hügel von Caracas. Ein neuer Sarg war für das Staatsbegräbnis in Santiago vorbereitet worden; seine Überreste waren seit 16 Jahren unter der Erde. Das Grab wurde freigelegt. Friedhofsarbeiter brachten den alten Sarg nach oben und wischten den Dreck herunter. Sie öffneten vorsichtig den Deckel. Mein Bruder Jose berichtet, dass der Leichnam meines Vaters nicht verwest war. Er sah aus wie 1976. Sein Gesicht und die Hände hatten sich nicht verändert.

Die Arbeiter hoben den Leichnam heraus und betteten ihn in den neuen Sarg. Er war leicht wie Luft. Eine Brise blies über die Hügelspitze über Caracas, der Stadt von Bolívar.

Es gibt viele Chilenen wie mich. Viele haben große Teile ihres Lebens außerhalb der Grenzen ihres Landes verbracht, aber sich einen Sinn für die Nation, die Kultur und die Zugehörigkeit durch all die Jahre bewahrt. Während der Pinochet-Diktatur haben Schätzungen zufolge etwa eine Millionen Chilenen das Land verlassen.

Überall auf der Welt wurden Exilgemeinschaften gegründet. Wir lernten, zur Welt zu sprechen, als wir in die größeren Kämpfe eintraten, denen sich so viele überall auf dem Planeten gegenübersehen. Heute lebe ich in derselben Nation, die für mich geschaffen wurde, als ich ein Kind war, eine Nation ohne Grenzen.

Teil der Geschichte meiner Nation ist die wahre Rolle von Männern wie Kissinger, Townley, Pinochet.

Als eines der Kinder derjenigen, die getötet wurden, sind die Zähne, die mir gewachsen sind, Weisheitszähne. Breit und beständig helfen sie, die Dinge klar auseinander zu nehmen. Ich weiß, dass es für jede Einsicht und Spur, die in die verschlossenen Leben und Tätigkeiten dieser Männer führen, zweifellos noch verstörendere Geheimnisse gibt. Geschichte ist ein zerbrechliches Netz aus schiefen Beobachtungen und kurzfristigen Zielen, jedenfalls ist es das häufig genug, und diese Männer wissen das besser als sonst irgendjemand.

Während Pinochet auf Besuch bei Maggie Thatcher ist und mit der Macht-›Schickeria‹ in London verkehrt, wird er wegen Menschheitsverbrechen verhaftet. Solche Dinge können geschehen. Wahrheit, Gerechtigkeit und Würde sind immer eine Möglichkeit. Ich stelle mir Kampagnen für Kongressuntersuchungen zu Massenvernichtungswaffen, zum Irak, Guantanamo und Abu Ghraib vor, und wie bei Watergate, wie bei Nixons Lügenwerk, wie beim Wallstreetcrash, kann ein Enron- oder BP-Aroma bald die Witterung aufnehmen lassen.

In die Jahre gekommen aus Klugheit und Geduld, hart geworden aus Wahrheitssinn und Gedenken
an meine Familie und all die Familien, die nicht die Überreste ihrer Lieben beerdigt haben,
weil nie auch nur ein Haar gefunden wurde.
An ganze Dörfer und Familien, die verschwunden sind, in Indochina,
Afghanistan, Guatemala, überall auf der Welt.
Menschlichkeit und Kultur, Fortentwicklung ausgelöscht an einem Nachmittag
mit US-Army-Werbespot: sei alles, was du sein kannst
Kampfhubschrauber Napalm
An die Zwillingstürme, an Ronni Karpen Moffitt und die zerbrechliche Welt.
Klug, strategisch, kollektiv, geduldig
mit starkem Willen, mit Bestimmtheit.
Gesetze schaffen, die Verbrechen gegen die Menschheit nicht ungestraft lassen.

Nachhall

2003 reichte die Familie von Chiles früherem Oberbefehlshaber des Heers, René Schneider, am Bundesbezirksgericht von Columbia Klage gegen Henry Kissinger und andere wegen der Planung der Verschleppung und Ermordung des Generals im Jahr 1970 ein.

Am 11. November 2002 reichten Opfer der Menschenrechtsverletzungen von 1973 am Bundesbezirksgericht von Columbia Klage gegen Henry Kissinger unter anderem wegen Verbrechen gegen die Menschheit, gewaltsamen Verschwindenlassens, Folter, willkürlicher Verhaftung und widerrechtlicher Tötung ein.

Am Freitag, den 13. Dezember 2002, trat Henry Kissinger als Vorsitzender der vom Präsidenten eingesetzten Kommission zu den Ereignissen des 11. September 2001 zurück. Er erklärte, ihm sei nicht bewusst gewesen, dass er Kissinger Associates, sein ›Public-Relations‹-Unternehmen für internationale Realpolitik, hätte aufgeben müssen. Er behauptete, als er den Posten annahm, hätten seine Beziehungen keinen potenziellen »Interessenkonflikt« dargestellt; dass die Firma keine Kunden hatte, die auch nur entfernt mit den Ereignissen verbunden waren. Vielleicht war der Grund für seinen Rücktritt, dass die Position Reisen überall in der Welt erforderlich machte.

Während des Staatsstreichs in Chile starben über 3000 Chilenen. Innerhalb der 17 folgenden Jahre unter Pinochet starben über 100.000 durch Staatsterrorismus. Doch hunderttausende starben in Süd- und Mittelamerika nach 1973 auf Grundlage des Modells, das Kissinger in Chile etabliert hatte. Das sind im Kern die Anschuldigungen des laufenden Verfahrens gegen Henry Kissinger. Er weiß, dass ihm in London, Dublin oder Frankreich die Verhaftung aufgrund spanischer, französischer oder chilenischer Haftbefehle droht. Heute verlangen Gerichte aus sechs Nationen seine Auslieferung, um ihn verhören zu können.

Echo

Am 11. September 2001 wurde in Santiago eine Klage gegen Ex-Außenminister Henry Kissinger, den früheren CIA-Direktor Richard Helms, den früheren stellvertretenden CIA-Direktor Vernon Walters, die ehemaligen Diktatoren von Argentinien, Jorge Videla, Bolivien, Hugo Banzer, Paraguay, Alfredo Stroessner, und Chile, Augusto Pinochet, sowie andere wegen der Planung und Durchführung der Operation Condor eingereicht.

Noch in derselben Woche sandte der chilenische Richter Juan Guzmán ein Rechtshilfeersuchen an Kissinger zur Ermittlung im Mordfall des US-Journalisten Charles Horman, der im September 1973 durch das chilenischen Militär exekutiert wurde. Neun Jahre später steht Kissingers Antwort noch immer aus.

Ein Fluss fließt durch das Herz Amerikas, der auch in die übrige Welt fließt. Ich habe Glück, weiterhin auf das Vermächtnis der Unidad Popular bauen zu können.

Auf Solidarität, auf Kollektivität, die über die verschiedenen kulturellen Grenzen in der Welt hinweg verbinden und den Schlüssel für eine Verallgemeinerung, eine Globalisierung von Menschenrechten, Selbstbestimmung, den Mitteln für Leben, Gesundheit, Sicherheit in sich bergen.

Nachhall

Im Juni 2004 verkündete ein französischer Richter, dass aufgrund der Ergebnisse einer Vorprüfung Anklage gegen Pinochet und andere chilenische Militärs wegen des Verschwindenlassens eines französischen Staatsbürgers in Chile erhoben werde. Das Gericht hat internationalen Haftbefehl gegen Pinochet erlassen. Gemäß französischem Recht ist die Verhandlung sowie die Verurteilung auch in Abwesenheit des Angeklagten möglich.

In Chile laufen die Ermittlungen zum Mord an Eugenio Berríos weiter. Berríos, ein Chemiker in Pinochets Geheimpolizei, war aus Chile geflohen, als er vor chilenischen Gerichten zum Mord an meinem Vater aussagen sollte. 1995 wurde seine Leiche an einen Strand in Uruguay gespült, mit gefesselten Händen und Kugeln im Schädel. Berríos steht im Verdacht, für die Vergiftung des ehemaligen chilenischen Präsidenten Eduardo Frei verantwortlich zu sein, der 1982 nach einer harmlosen Nierenoperation plötzlich verstarb.

Am Dienstag, den 8. Dezember 2009, eine Woche vor der Präsidentenwahl zwischen Senator Eduardo Frei, dem Sohn des ermordeten Präsidenten, und dem rechten Milliardär und Geschäftsmann Sebastián Piñera, urteilte der Santiagoer Richter Alejandro Madrid, dass der frühere Präsident Eduardo Frei Montalva im Jahr 1982 durch eine Vergiftung zu Tode kam, die ihm Agenten des Pinochet-Regimes im Santa-Maria-Klinikum in Santiago zugefügt hatten.

Piñera gewann die Wahlen und beendete damit eine Mitte-Links-Koalition, die 20 Jahre lang an der Macht gewesen war. Als Piñera im März 2010 das Amt übernahm, sah er sich mit einer gewaltigen Herausforderung konfrontiert; zwei Wochen

Die Schlacht um Chile

zuvor war das Land von einem schweren Erdbeben erschüttert worden.

*

2007 veröffentlichte Naomi Klein *Die Schock-Strategie: Der Aufstieg des Katastrophen-Kapitalismus*. In diesem internationalen Bestseller beschreibt sie, wie die Politik des »freien Markts« Länder und Individuen in Zeiten sozialer oder politischer Krisen oder Naturkatatrophen ausgebeutet hat. Ihre Ideen sind besonders erkenntnisreich nach den globalen Ereignissen der näheren Vergangenheit. Sie schreibt: »*Unmittelbar nach dem 11. September lagert die Bush-Regierung im Stillen die Führung des ›Kriegs gegen den Terror‹ zu Halliburton und Blackwater aus.... Nachdem ein Tsunami die Küste Südostasiens verwüstet hat, werden die unberührten Strände für Ferienanlagen versteigert.... Die Einwohner von New Orleans, von Hurrikan Katrina auseinandergetrieben, müssen feststellen, dass ihre Sozialwohnungen, öffentlichen Krankenhäuser und Schulen nie wieder öffnen werden.... Diese Ereignisse sind Beispiele für ›die Schock-Strategie‹*«.

Klein schreibt über den Ökonomen Milton Friedman und die Chicagoer Schule. Friedmans Wirtschaftspolitik wurde kurz nach dem Staatsstreich in Chile in die Tat umgesetzt. Klein zitiert in ihrem Buch eine Äußerung meines Vater über die »innere Harmonie« zwischen ökonomischer Freiheit und politischer Repression. Orlando hat dieses Verhältnis in zwei Aufsätzen näher beschrieben: in *Economic Freedom's Awful Toll*, veröffentlicht in *The Nation* kurz vor seinem Tod, und in *Chile: Economic ›Freedom‹ and Political Repression*, veröffentlich in *Transnational Institute Pamphlet Series 1*, 1976. Mein Vater war überzeugt, dass auch Milton Friedman Verantwortung für die Verbrechen des Regimes trug, und wies dessen Argumentation zurück, er gäbe lediglich »technischen« Ratschlag.

Obwohl ich mit dem autoritären politischen System in Chile grundsätzlich nicht einverstanden bin, erachte ich es nicht als böse, wenn ein Ökonom die chilenische Regierung in technischen ökonomischen Fragen berät, genauso wenig, wie ich es als böse erachten würde, wenn ein Arzt die chilenische Regierung in technischen medizinischen Fragen beraten würde, um eine Seuche bekämpfen zu helfen.
Milton Friedman in Newsweek (14. Juni 1976)

»*Nur eine Krise, ob wirklich oder vorgestellt, hat wirkliche Veränderung zur Folge*«
Milton Friedman

Während Chile in eine Ära mit einer rechten Führung eintritt, die die Politik des freien Markts verehrt, und sich einer der schlimmsten Naturkatastrophen, die das Land je ereilt haben, gegenüber sieht, kann man nur neue Varianten des »Schocks« erwarten.

*

Unsere Helden und Geschichten begreifen, dass, wenn wir uns an die Stelle des Flusses begeben, wo das Wasser tief und dunkel und die Strömung stark ist und die Wellen wogen, wir die Kräfte sammeln und uns schnell und wahrhaftig überall in der Welt bewegen können. Der Fluss erkennt die Grenzen und Nationen als zweckdienliche Einrichtungen, aber er, der Fluss, war hier vor langer Zeit schon und wird uns weiter durch die Zeit bewegen, durch natürliche und auch vernünftige Strömungen, die uns alle tragen.

Lasst uns weiterhin Geschichte und Leben hochhalten, wie wir es immer getan haben.
Miteinander sprechen und wissen, dass früher eher als später –
sich breite Straßen der Freiheit und Gerechtigkeit eröffnen werden.
Wir müssen weiterhin Wege bahnen für freie Frauen und Männer,
so dass ihnen möglich wird, eine bessere Gesellschaft aufzubauen, eine bessere Welt.

Das Versprechen Chiles hallt weiter nach
Von den widrigsten Orten stehen wir auf und singen weiter
Wir müssen weiter aufstehen jetzt, in Chile
und überall auf der Welt.
Wir müssen das, was natürlich ist,
was menschlich und gerecht ist,
aufstehen lassen
in Erwartung, dass das Echo zurückkehrt,
damit wir den Nachhall unserer Geschichte auffangen,
die wie ein Fluss dahineilt,
anschwillt, um uns gerecht zu werden.

Francisco Letelier 2010

Aus dem Amerikanischen von Daniel Fastner

Der Putsch am 11. September 1973 gegen den demokratisch gewählten Präsidenten Allende. Wenig später bombardierte die Luftwaffe den Palast. Damit begannen die Jahre des Terrors in Chile, in dessen Folge eine unbekannte Anzahl von Menschen ermordet wurden. Die heutigen Schätzungen belaufen sich auf 5000 Tote. Die überwiegende Zahl von ihnen wurde in den ersten Tagen und Wochen der Diktatur ermordet.

Zehntausende von Chilenen wurden während der Diktatur gefoltert, die Anzahl der Verhafteten lag im ersten Jahr bei ca. 14 000 Menschen. Der Putsch wurde von den USA unter Präsident Richard Nixon und Außenminister Henry Kissinger politisch, finanziell und auf Geheimdienstebene initiiert und unterstützt.

Der deutsche Bundesnachricchtendienst (BND) wurde von der CIA vorab vom Putsch unterrichtet. Der CSU-Chef und Bayerische Ministerpräsident Franz Joseph Strauß erklärte unmittelbar nach dem Putsch:»Angesichts des Chaos, das in Chile geherrscht hat, erhält das Wort Ordnung für die Chilenen plötzlich wieder einen süßen Klang.« Die Farbwerke Hoechst AG, schrieben intern:»Der so lang erwartete Eingriff der Militärs hat endlich stattgefunden … Säuberungsaktion ist immer noch im Gange … Wir sind der Ansicht, daß das Vorgehen der Militärs und der Polizei nicht intelligenter geplant und koordiniert werden konnte, und daß es sich um eine Aktion handelte, die bis ins letzte Detail vorbereitet war und glänzend ausgeführt wurde … Chile wird in Zukunft ein für Hoechster Produkte zunehmend interessanter Markt sein … Die Regierung Allende hat das Ende gefunden, das sie verdient...«.

Tomás Moulián[1]

Ein Nachruf auf Salvador Allende

Genosse Präsident

Analysiert man Salvador Allendes politische Entwicklung und speziell seine Haltung in der Zeit der Unidad Popular, lässt sich eine angemessene Erklärung für sein Ende geben: Weder war sein Selbstmord am 11. September 1973 im Präsidentenpalast La Moneda ein Akt der Verzweiflung noch der romantische Versuch, mit aller Macht als Held in die Geschichte einzugehen. Vielmehr fand in dieser Tat das Leben eines großen Politikers und Realisten seine Fortsetzung. Salvador Allende war innerhalb einer Linken, die sich als marxistisch bezeichnete, und einer Sozialistischen Partei, die in den Sechzigerjahren in den »Maximalismus« abglitt, ein politischer Revolutionär besonderer Art. Einer, der seine Hoffnung auf die Wahlen, mithin auf die Macht des Volkes setzte und glaubte, den Sozialismus innerhalb des bestehenden politischen Systems einführen zu können.

Allende war kein Volkstribun oder Maulheld der Revolution. Sein Profil als Politiker gewann er im täglichen Kampf um volksnahe Politik im Rahmen einer repräsentativen Demokratie, in der durchaus Spielraum für eine Bündnispolitik zugunsten der Linken bestand. Doch nie nahm er Abstand von seiner Kapitalismuskritik und vom Ziel des Sozialismus. Das ist der fundamentale Unterschied zwischen ihm und der Sozialistischen Partei Chiles von heute, die seit dem Ende der Diktatur an der Regierungskoalition »Concertación Democrática« beteiligt ist. Realist sein, das bedeutete für Allende noch lange nicht, sich mit einer pragmatischen Politik zufrieden zu geben.

59

Seine politische Vision entstand in der Zeit der Mitte-links-Koalitionen zwischen 1938 und 1947, insbesondere unter der Volksfrontregierung von Pedro Aguirre Cerda, der er als Gesundheitsminister angehörte. Damals entdeckte er, was von 1952 an im Mittelpunkt seiner Strategie stand: das Bemühen um eine Einheit der beiden großen Volksparteien, der Sozialistischen und der Kommunistischen Partei. Deren wechselseitige Rivalitäten hatten in der Vergangenheit die Regierungskoalition geschwächt und Reformen verhindert, da sie dem Koalitionspartner, der Zentrumspartei Partido Radical, die Rolle des Züngleins an der Waage zuschoben. Diese Regierungen vertraten ein bürgerlich-demokratisches Programm, oder anders gesagt: Sie standen für eine kapitalistische Modernisierung mit Sozialgesetzgebung und Schiedsrichterrolle des Staates, was Allende im Gegensatz zu anderen Sozialistenführern nie in Frage stellte.

Um seine Politik der Einheit von Sozialisten und Kommunisten umzusetzen, sah sich Allende 1952 zu einem paradoxen Schritt gezwungen: seine eigene Partei zu entzweien. Deren ganzes Trachten galt damals einem lateinamerikanischen Weg zur Revolution, inspiriert durch die Idee eines »dritten Weges« von Haya de la Torre und den Apristen[2], der damals jedoch durch Juan Perón in Argentinien und dessen *justicialismo* verkörpert wurde. Allende widersetzte sich diesem Abstieg in den Populimus und zog sich innerhalb der Sozialistischen Partei zurück, um mit den Kommunisten, deren Partei noch verboten war, die »Frente de la patria« zu organisieren. So kam es zu Allendes erster Präsidentschaftskandidatur 1952. Dieser Schritt machte ihn zur Leitfigur der Einheit mit den Kommunisten und zum Wortführer des – theoretisch noch ungenau formulierten – Konzepts, durch Wahlsieg an die Macht zu gelangen und eine revolutionäre Koalitionsregierung zu bilden. Diese Politik stellte eine Fortführung der Positionen der Befreiungsbewegungen dar, die damals von fast allen kommunistischen Parteien Lateinamerikas vertreten wurde.

Bei den Wahlergebnissen von 1958 verfehlte Allende den Sieg nur knapp. Damals herrschte ein Richtungsstreit zwischen den Befürwortern eines institutionellen Übergangs – auch friedlicher oder nichtmilitärischer Weg genannt – und den Anhängern der gewaltsamen Entmachtung der herrschenden Klasse und der Zerschlagung des bürgerlichen Staates, die auf den Erfolg in Kuba verwiesen.

Allende blieb in den Sechzigerjahren der Bannerträger der chilenischen Linken, stand aber den Kommunisten geschichtsphilosophisch näher als den Positionen der eigenen Partei. Von dem Linksruck, der unter den chilenischen Sozialisten nach der Niederlage bei den Präsidentschaftswahlen von 1964 einsetzte, ließ er sich nicht mitreißen. Damals preschten zahlreiche Politiker der Sozialistischen Partei mit der Behauptung vor, man könne nicht länger auf den Sieg durch Wahlen setzen; keiner von ihnen untersuchte allerdings eingehender die Besonderheiten der chilenischen Situation mit dem komplexen Klassengefüge des Landes, seinem Parteiensystem und seiner langen und kontinuierlichen demokratischen Tradition. Allende blieb auf Distanz zu diesem Wirbel. Er war, ohne von seiner Wertschätzung und Unterstützung für Kuba abzurücken, fast der Einzige in der Sozialistischen Partei, der an der Überzeugung festhielt, dass man die Präsidentschaftswahlen gewinnen und auf diese Weise durch einen institutionellen Übergang zum Sozialismus gelangen könne. Diese Haltung trug ihm viel Kritik ein.

Die triumphale Stimmung der Sechzigerjahre – einer optimistischen Zeit, was die Aktualität der Revolution und deren historische Notwendigkeit betraf – verhinderte, dass sich die marxistischen Parteien und Intellektuellen die entscheidenden Fragen zu einem institutionellen Übergang zum Sozialismus in Chile stellten. War denn angesichts des breiten Grabens, der sie von den fortschrittlichen Teilen der Christdemokratischen Partei trennte, an eine Verwirklichung des Sozialismus überhaupt zu denken? Wie sollte man denn in den Institutionen und in der Bevölkerung eine Mehrheit erreichen, wenn es nicht gelang, ein Bündnis für den Fortschritt zu schmieden?

Es war die Hochphase der Unidad Popular, eine zukunftsverheißende und im Keim tragische Zeit. 1971 definierte Allende den chilenischen Sozialismus als freiheitlich, demokratisch und mit einem Mehrparteiensystem vereinbar. Damit wurde er zum Vordenker des Eurokommunismus. Er ging wesentlich weiter als die chilenischen Kommunisten, die von der orthodoxen Auffassung des zu errichtenden Sozialismus nicht abrücken wollten und sich an die Logik des »historischen Moments« klammerten, in dem die »totale Macht« übernommen werden müsse. Zwar schoben die Kommunisten diesen Zeitpunkt hinaus, hielten ihn aber für unverzichtbar. Parteichef Corvalán kleidete diese Perspektive in die bekannt gewordene und vielsagende Parabel: Der Zug des Sozialismus werde bis Puerto Montt im tiefen Süden Chiles kommen, doch einige Verbündete würden unterwegs aussteigen.

Allende gelang es jedoch nicht rechtzeitig, seinen Weg vom institutionellen Übergang durch ein breites strategisches Bündnis aller progressiven gesellschaftlichen Kräfte zu verankern und eine solide Mehrheit in der Bevölkerung zu finden. Sein Weitblick war vergebens.

Zu keinem Zeitpunkt seiner Regierungszeit war er bereit, seine humanistische Gesinnung zugunsten der Anwendung autoritärer Machtmittel preiszugeben, wie dies fast alle Präsidenten seit 1932 getan hatten, indem sie zu allen erdenklichen – legalen wie illegalen – Zwangsmaßnahmen griffen. Meines Erachtens war dies richtig, auch wenn es dazu führte, dass seine Gegner die »Revolution« nicht fürchteten. Angesichts der sich Anfang 1973 zuspitzenden Krise hätte er nicht nur mit aller Härte des Gesetzes gegen oppositionelle Kreise, sondern auch gegen jene Teile der Linken vorgehen müssen, die sich seiner Politik widersetzten; was ihn in eine politische Sackgasse geführt hätte. Er war durch und durch Demokrat, selbst in der Zeit permanenter Bedrohung durch unverhohlene ausländische Interventionen und durch terroristische Attacken der Ultrarechten.

Zweifellos hätte Allende in die Rolle des starken Präsidenten schlüpfen müssen, ohne in Autoritarismus zu verfallen: sich über die Parteien stellen und in den entscheidenden Momenten seine Positionen durchsetzen müssen. Die Unidad Popular war durch das katastrophale Patt zwischen dem Lager derer, die die Notwendigkeit von Verhandlungen einsahen, und jener, die auf dem Standpunkt »Vorwärts immer, rückwärts nimmer« standen, lahm gelegt.

Das Hauptproblem war, dass es Allende (und seinem auf diesem Gebiet sehr aktiven politischen Berater Joan Garcés) nicht gelang, den »neuen Weg« zum Sozialismus theoretisch zu untermauern und ihn kulturpolitisch durchzusetzen. Sie wollten nicht nur eine neue Reformphase einläuten oder einen sozialdemokratischen Weg beschreiten. Es ging ihnen darum, die radikale Demokratisierung aller Bereiche des sozialen Lebens zum Dreh- und Angelpunkt der gesellschaftlichen Veränderung zu machen. Darin bestand der revolutionäre Charakter des »neuen Wegs«, nicht in der Anwendung von Gewalt zur Lösung der Machtfrage.

Allende geht nicht durch seinen Tod, sondern durch sein Leben in die Geschichte ein, wenn auch der Tod seinen Mythos begründete. Dank seines politischen Instinkts und seines geschichtsphilosophischen Realismus konnte er zur Symbolfigur eines »anderen« Weges zum Sozialismus werden, und dies zu einer Zeit, da die Krise des real existierenden Sozialismus sich bereits bemerkbar machte.

Allende beging Selbstmord. Heute verstehe ich nicht mehr, warum dieses Faktum so viele Jahre geheim gehalten wurde. Er entschied sich für einen selbstbestimmten Tod, gegen den zufälligen Tod im Kampf. An jenem furchtbaren Morgen des 11. September fand der Präsident von der Verzweiflung zur Klarheit. Zunächst schmerzte ihn der Verrat. Viele Zeitzeugen sprechen von seinem Kummer über »Augusto«. In einer der Reden an diesem Morgen forderte er sogar die loyalen Militärs auf, zur Verteidigung der Regierung auszurücken. An welchen General könnte er dabei gedacht haben, wenn nicht an Pinochet, dem er immerhin persönlich den »Marschallstab« des Oberkommandierenden der Armee anvertraut hatte?

Tatsächlich glaubte Allende in keinem Moment, dass er die Moneda lebend verlassen würde. Ich glaube aber, er rechnete mit einem Tod im Kampf. Allende dachte an Widerstand, an Militärs, die ihren Schwur halten würden, an Parteien, die fähig wären, den eigenen Worten auch Taten folgen zu lassen. Er hatte nicht erwartet, allein zu sein, verlassen, nur von seinen treuesten Anhängern umgeben, während die Unidad Popular Waffenruhe verkündete.

Angesichts der unerwarteten Situation – er hatte die Bombenangriffe auf den Präsidentenpalast überlebt, die Niederlage blieb ohne Gegenwehr – sann Allende auf größtmögliche politische Wirkung. Das Exil kam für ihn nicht in Frage; er suchte nach einer Reaktion, die seine Ideale am adäquatesten ausdrücken und denjenigen am empfindlichsten treffen würde, der Chiles Tragödie betrieb.

Quelle und mit freundlicher Genehmigung von:
Le Monde diplomatique Nr. 7155 vom 12.9.2003, Seite 18, 287 Dokumentation,
TOMÁS MOULIÁN
Taz Entwicklungs GmbH & Co. Medien KG, Berlin
deutsch von Christian Hansen
www.monde-diplomatique.de

Anmerkungen

1 Soziologe an der Universidad Arcis Santiago; Autor von »En la brecha. Derechos humanos, críticas y alternativas« [etwa: »Auf dem Posten. Menschenrechte, Kritiken und Alternativen«], Santiago (Editorial Lom) 2002.

2 Victor Haya de la Torre gründete 1924 die Alianza Popular y Revolucionaria Americana (Apra) und stieß mit seinem nationalistischen und anfangs marxistisch gefärbten Programm bei der indianischen Bevölkerung und den Intellektuellen Perus gleichermaßen auf Begeisterung.

Zahlreichen Demonstrationen zur Unterstützung der Regierung Salvador Allendes. Machtvolle Demonstrationen ändern nichts an einem Volk ohne Bewaffnung. Dieses scheiterte am Ende daran, dass die Bourgeoisie die Waffen in der Hand hielt und zu jeder Gewalt bereit war.

Régis Debray

Der chilenische Filter

»Auf die reaktionäre Gewalt werden wir mit der revolutionären Gewalt antworten.« Salvador Allende

Ches Rückkehr

Mit dem Gewehr in der Hand und dem Stern an der Mütze hat sich Ches Gespenst von neuem auf den Weg gemacht. Als die faschistischen Generäle in Santiago bei Tagesanbruch seine Statue sprengten, haben sie dem steinernen Traum zu einem zweiten Leben verholfen. Die Revolution auf der Tagesordnung – dies wird nun zweifellos und für lange Zeit der Inhalt der neuen Periode sein, die im September 1973 mit dem chilenischen Opfer eingeleitet wurde. Die entfesselte bürgerliche Gewalt, die mit ihrem Auftreten die Hoffnung auf eine »milde« Revolution zu »minimalen sozialen Kosten« zuschanden gemacht hat, rückt, indem sie so brutal die Frage der Staatsmacht und ihrer Zerschlagung aufwirft, die Frage der revolutionären Gewalt wieder an die vorderste Stelle. »Staat und Revolution« wird wieder ein Text von heute und »Der Guerillakrieg, eine Methode« ein Text von morgen.

Nur, ganz so einfach ist das nicht.

Legaler Weg und bewaffneter Weg – so sagen wir – sind keine für sich schon entscheidende Wesenheiten, und ihr Beisammensein entwirft eine falsche Symmetrie.

Nähme man – unter der chilenischen Schockeinwirkung – erneut seine Zuflucht zu diesem abstrakten, alternativen Gegensatzpaar, so bewiese das nur, dass die Diskussion in den letzten zehn Jahren nicht einen Schritt vorangekommen ist. Welche Gestalt ein Klassenkampf in einem bestimmten Augenblick und Land annimmt, ist durch eine vorher abgelaufenen Geschichte und durch ein globales Kräfteverhältnis bedingt. Jede Epoche eines geschichtlichen Prozesses ist durch die vorhergegangenen bedingt und schafft ihrerseits wieder die Möglichkeit zu ihrer Überwindung. Chile, das den institutionellen und legalen Weg bis ans Ende gehen musste, damit sich die Tür zu einem massenhaften bewaffneten Widerstand weit öffnen konnte, ist eine Lektion, ja, aber eine Lektion in Geschichte und also in Demut. Die Geschichte handelt von Prozessen (mit Etappen, Schwellen, Brüchen), und zwar konkreten (einmaligen, nicht wiederholbaren) Prozessen. Zu viele haben aus dem chilenischen Prozess (wie ihn so treffend die am Ort befindlichen Beteiligten nannten) ein transportables Ding (mit Modellcharakter für die einen, Antimodellcharakter für die anderen, immer aber als Vorwand dienend, einen schon mitgebrachten Slogan zu skandieren: Einheitsprogramm oder Bewaffnung des Proletariats) gemacht, einen ideologischen Reklameartikel, der sich in seine Bezeichnungen und Embleme exportieren ließ. Gerade sie sind es, die Chile heute Lehren erteilen. Wir wollen bescheidener sein: Hören wir zuerst, was die Träger der Unidad Popular uns zu sagen hatten – und auch gesagt haben. Denn schließlich hatten sie in dieser Geschichte das erste Wort zu sprechen und werden zusammen mit vielen anderen auch das letzte zu sprechen haben.

Wo führt der chilenische Weg entlang

Um herauszufinden, was die Konterrevolution am 11.9.1975 widerlegt hat, muss man zunächst einmal wissen, was diejenigen beweisen wollten, die die Bildung einer Volksregierung am 4.11.1970 als eine Revolution darstellten, für die die Übernahme einer auf dem Weg der Wahl gewonnenen und rechtmäßig ausgeübten Staatsmacht keine Taktik, sondern eine Strategie mit internationaler Tragweite verkörperte – nämlich, dass eine »demokratischer, freiheitlicher und pluralistischer« Übergang zum Sozialismus möglich ist.

»Chile ist heute die erste Nation der Erde, die dem zweiten Modell vom Übergang zur sozialistischen Gesellschaft Gestalt gibt.« So heißt es in der ersten Ansprache des Präsidenten Allende an den zur Plenarsitzung versammelten Kongress (21.5.1971), in der man das erste Manifest dieser historischen Ambition sehen darf. In ihr wird die chilenische Perspektive als die endlich gefundene Alternative zur Diktatur des

Proletariats, als echte theoretische Herausforderung und als ein Vorstoß in unbekannte Regionen dargestellt, bei dem allein »unsere Treue zum Humanismus aller Epochen und insbesondere zum marxistischen Humanismus« die Richtung wies.

Ebenso sind Juan Garcés' Analysen heranzuziehen, deren herausragendes Verdienst darin bestand, dass sie den theoretischen Anspruch einer alltäglichen Regierungspraxis bei jedem Schritt nachzuweisen versucht haben. Garcés verdanken wir die theoretische Argumentation, vor deren Hintergrund die große Ambition zu sehen ist. Seine Analyse mit dem Titel »Insurrektionaler Weg und politischer Weg: zwei Taktiken« liefert uns, neben anderen Arbeiten des gleichen Verfassers, in Bezug auf das erwähnte Manifest, was der Begriff in Bezug auf das Bild ist.

Das Wesentliche an der chilenischen Herausforderung bestand nicht darin, dass man den Sozialismus auf der wirtschaftlichen und gesellschaftlichen Basis der Produktionsverhältnisse aufbauen und den politischen Überbau des bürgerlichen Staates auf unbestimmte Zeit unangetastet lassen wollte. Die (eigentliche) chilenische Hypothese bestand darin, dass man ihn zunächst so, wie er war, übernehmen wollte und ihn danach, unter dem unwiderstehlichen Druck der veränderten ökonomischen Basis, zerschlagen wollte. (Oder auch sich selbst als bürgerliche Regierung vernichten und als revolutionäre Regierung wieder auferstehen wollte.) Dass man glaubte, weil sich das Zentrum der politischen Macht, die Regierung, in den Händen der antikapitalistischen gesellschaftlichen Kräfte befand, sei es möglich, die grundlegende Funktion des Staates als Reproduzent der gesellschaftlichen Verhältnisse kapitalistischer Produktion abzuändern. Parallel zu dieser Änderung müsse *schrittweise* der Charakter des Staates geändert werden.

1970 habe – immer dieser Auffassung folgend – das Volk den entscheidenden Teil der politischen Macht errungen – ihren ausführenden Arm, die Exekutive -, der kurzfristig den größten Handlungsspielraum gewährt. Der chilenische Staat – so meinte man – ist weder irgendein Staat noch eine Idee des Staates. Eine komplexe nationale Vergangenheit und fünfzig Jahre Arbeiterkämpfe hatten die herrschende Klasse genötigt, weitergehende politische Rechte einzuräumen, während die Bedürfnisse des Staatskapitalismus zu einem Regierungssystem geführt hatten, in dem der Präsident mit den allergrößten Vollmachten ausgestattet ist. Wer also auf dem Präsidentenstuhl der Republik saß, brauchte bloß die bestehende Gesetzgebung umzukehren, um eine ökonomische Offensive gegen die Position des ausländischen und einheimischen Monopolkapitals zu starten und so die materiellen Grundlagen der bürgerlichen Herrschaften zu untergraben – den Baum also an seiner Wurzel ausreißen zu können.

In Chile wusste also jeder, dass nur *ein Teil* der Macht errungen worden war, und das gemeinsame Ziel aller an der Unidad Popular beteiligten Organisationen war es, von der Regierung *ausgehend* und sich auf sie *stützend* die *ganze* politische Macht zu gewinnen. Einige stellten sich diesen Übergang von der »institutionellen demokratischen« Phase zur Phase des neuen »Volksstaates« als eine sich ausbreitende zweite Volksmacht vor, die unabhängig und außerhalb des vorherigen Staatsapparates bestehen würde, und als eine stufenweise Überführung der Herrschaftsgewalt auf diese die Arbeiter vertretende Organe, bis schließlich der Zusammenstoß mit den Trägern des alten Herrschaftssystem als nicht mehr vermeidbar angesehen würde. Diese Strategie war die Strategie der Sozialistischen Partei und des linken Flügels der Unidad Popular. Andere stellten sich den Übergang so vor, dass das ökonomische und finanzielle Potential der monopolistischen Großbourgeoisie geschwächt, die Mittelschicht neutralisiert und allmählich sogar gewonnen, bei Wahlen die absolute Stimmenmehrheit errungen und so Senat und Abgeordnetenhaus zu einer einzigen Kammer zusammengefasst würden. Dies war die Strategie der Kommunistischen Partei und des rechten Flügels der Unidad Popular. Zwischen beiden gab es mehr als eine Schattierung.

Die erste ging – hinter ihrer Parole »Weitergehen, um abzusichern« – von dem Grundsatz aus, dass der Staat nach wie vor seine bürgerlichen Charakter behält und man daher notgedrungen zu einer doppelten Macht greifen muss, um ihn zurückzudrängen. Die zweite Strategie skandierte die Losung »Absichern, um weiterzukommen« und lehnte es ab, einen sicheren und greifbaren Besitz – die Kontrolle der Regierung – zugunsten einer hypothetischen Volksmacht zu gefährden, und bestand allem Augenschein zum Trotz darauf, dass es notwendig sei, die Wirtschaftsmaschine vernünftig zu verwalten und heil über die Runden zu bringen. Für sie hatte sich die Doppelherrschaft nicht gegen den bestehenden Staatsapparat zu richten, sondern im äußeren Fall sollte es eine Doppelmacht nur innerhalb dieses Apparates geben. [1]
Von dem Augenblick an, da die Unidad Popular die Herrschaft über das Nervenzentrum, das der Regierungsapparat darstellte, erlangt hatte, sei es undenkbar, dass sie zu sich selber in Widerspruch treten und einen Konflikt zwischen ihrer revolutionären gesellschaftlichen Macht und ihrer institutionellen politischen Macht heraufbeschwören sollte. Die Beziehung, die zwischen beiden herrschen sollte, sollte die einer relativen, unter der Pflege und der Verantwortung der Regierung festgelegten dosierten Verträglichkeit sein. Darum beabsichtigten die Anhänger der letzten Strategie, die »cordones industriales« (»Industriegürtel«) und andere, im Verlauf des großen Unternehmerstreiks vom Oktober 1972 spontan gebildeten Mobilisierungsorgane

wieder in den Rahmen der bestehenden gewerkschaftlichen und politischen Institutionen zurückzuholen, während die Anhänger des »Weitergehen, um abzusichern« es nicht nur für unvermeidlich, sondern sogar für wünschenswert hielten, dass die Arbeiter diesen Rahmen sprengten und es auf eine Konfrontation mit dem Justiz- und Unterdrückungsapparat ankommen ließen.

Wenn man diese Differenzierung – die vor allem in der letzten Etappe (nach dem Oktober 1972) deutlich hervortritt, latent aber schon lange vorher vorhanden ist und nur nie über die Bewahrung des Bündnisses zwischen Kommunisten und Sozialisten, das beide für fundamental ansahen, die Oberhand gewonnen hat – außer Acht lässt, dann stellt man fest, dass der chilenische Versuch *drei* Voraussetzungen als gegeben angenommen haben muss:

1. Dass der *Regierungsapparat* innerhalb des Staates einen beherrschenden Stellung einnimmt und dass über ihn zu herrschen der kostensparendste und kürzeste Weg ist, um die Kontrolle über die ganze politische Macht zu übernehmen.

2. Dass das »*Legalitätsprinzip*« während der Übergangsperiode vollauf respektiert eingehalten werden könnte. In einer ersten Zeit könnten die bürgerlichen Gesetze gegen die Bourgeoisie gewendet werden, und wenn dann ein gewisser Punkt überschritten sei, würden der Mobilisierungsgrad der Massen und ein neues Kräfteverhältnis zur Aufgabe besagter Rechtsstaatlichkeit zwingen und den Weg für eine neue sozialistische Rechtsstaatlichkeit (per Volksentscheid) freigeben.

3. Dass die *Kontinuität der Verfassung* erhalten bleiben könnte, indem man die politischen Institutionen und die geltenden juristischen Normen dem neuen gesellschaftlichen System anpassen und die Basis, auf die sich die Regierung stützt, nach und nach auf bestimmte Sektoren des Kleinbürgertums ausdehnen würde, die mit der Großgrundbesitzer – oder Monopolbourgeoisie keinen gemeinsamen Interessen haben. So würde jeder gewaltsame Riss im sozialen und institutionellen Gewebe vermieden. Um es mit Worten aus Allendes Anspruche zu sagen, war das 1971 anvisierte Ziel »ein selektives Hinausgehen über das jetzige System. Indem wir seinen negativen oder bedrückenden Dimensionen zerstören oder aufgeben. Indem wir seine positiven Faktoren bestärken und ausweiten.« Eine Zukunft, die übrigens weder Allende noch seine Berater je als verbürgt und gesichert ausgegeben haben. Jedermann wusste und sagte, dass es für einen solchen Ausgang in letzter Instanz auf die Operation der herrschenden Klasse ankam.

Drei Lektionen in einer

A) Der Staat befiehlt der Regierung

Staat und Regierung dürfen nicht durcheinandergebracht werden. Was wir neu dazugelernt haben, ist, dass die Regierung auch nicht das »Nervenzentrum« noch der »Konzentrationspunkt« der Staatsgewalt ist, oder noch mehr, dass die institutionelle politische Macht (Regierung und öffentlicher Dienst) nicht die Macht ist. Über sie hinaus ragt – wie über Parlament und Justiz – eine andere Stellung, die der militärische Apparat besetzt und unter Beschuss hält.

Sicher erlaubt die Kontrolle über die Exekutive, überall dort, wo der Staatskapitalismus bereits beherrschende Höhen der Produktionsweise eingenommen hat, eine beachtenswerte Wirtschaftsoffensive zu entfalten. Daher die anfängliche Illusion der Übermacht. Aber die konsequent verfolgte bzw. erfolgreiche erste ökonomische Offensive stößt früher oder später an die Mauern der bestehenden Institutionen. Anfang 1972 war in Chile eine Phasenverschiebung zwischen der ökonomischen Offensive der Unidad Popular, die erfolgreich verlief, und ihrem politischen Wirken, mit dem sie auf der Stelle trat, festzustellen. Wenn sich die anfänglichen wirtschaftlichen Erfolge in Schwierigkeiten und Misserfolge verwandeln konnten, dann eben deshalb, weil der politische Weg blockiert war. Hebt man eine kapitalistische Volkswirtschaft aus den Angeln, ohne zugleich auch den kapitalistischen Staat aus den Angeln zu heben, so scheint das dazu zu führen, dass beide sich gegenseitig lahmlegen. Man schaltet praktisch eine Maschine ab, ohne eine andere anzustellen, man zerstört, ohne auf kürzere Sicht wieder aufbauen zu können. Fehlt es dann an einer wirksamen Zentralisierung der wirtschaftlichen Ressourcen und an einer realen Planung, so geht die kapitalistische Arbeitsdisziplin dahin, ohne dass eine proletarische Disziplin an ihre Stelle tritt. Parlament und Justiz mit ihrer Verschleppungstaktik decken und legitimieren dann die Wirtschaftssabotage, indem sie es einfach ablehnen, sie zu einem gerichtlich strafbaren Vergehen zu machen. Das Steueraufkommen kann nicht zum Nachteil der Privilegierten umverteilt werden, die Investitionen der Unternehmensleiter können nicht umgelenkt werden, solange den »verstaatlichten« Eigentümern hohe Entschädigungssummen gezahlt werden müssen, und die Finanzierung der staatlichen Projekte wird damit blockiert. Kurz, die erweiterte Reproduktion der kapitalistischen Produktionsverhältnisse lässt sich ohne politische Revolution nicht beenden, das heißt bevor nicht zuerst und vor allem anderen der militärische Macht der Bourgeoisie ein Ende bereitet worden ist.

Daraus folgt: Eine herrschende Klasse kann, beispielsweise durch eine Wahlniederlage, dem Schein nach vorübergehend die Kontrolle über den sichtbaren politischen Prozess verlieren, ohne deshalb die Herrschaft über den Staat zu verlieren. Dessen wahres Nervenzentrum, das von zugespitzten politischen Krisen – Augenblicken der Wahrheit für den Klassenkampf und schonungslosen Röntgenaufnahmen der Gesellschaft – bloßgelegt wird, ist der bewaffnete Repressionsapparat. Im Augenblick der Krise (das ist: Wenn der Widerspruch zum *Antagonismus* wird und Konflikte sich in der simplen Konstellation des Duells kristallisieren.) hat eine Volksregierung ohne Volkspolizei und ohne Volksarmee nicht mehr die materiellen Mittel, um zu regieren, das heißt um sich an der Regierung zu halten. Bloße Ministerwechsel können dem Körper der Staatsbürokratie noch viel weniger anhaben als eine kosmetische Operation und nur wenig mehr als eine Hautreinigung. Und es ist eine voluntaristische Illusion, wenn man vom Staatsapparat eine physiologisch neue Funktionsweise erwartet, ohne an seinem anatomischen Bau etwas zu ändern. Die »Neutralität« des bürgerlichen Staates, die sich im »Gehorsam der öffentlichen Gewalt gegenüber der rechtmäßig konstituierten Macht, welche auch immer es sei«, äußert, kommt streng genommen nur in den Grenzen eines normalen politischen Verlaufs zum Zuge. Nun ist es aber einer Volksregierung einmal eigen – und sei sie auch die Leibesfrucht der parlamentarischen Demokratie und der lebendige Beweis für deren Gesundheit -, dass sie mit ihren Reformen eine Dynamik von Widersprüchen freisetzt, die den normalen Ablauf aus der Bahn werfen, indem sie ihn in einem unerhörten, nie dagewesenen, »anormalen« Ausmaß erhitzen. Auch wenn die Eroberung der realen politischen Macht komplizierter vor sich geht und länger braucht und darum über die bloße Zerschlagung des alten repressiven Staatsapparats (seines militärischen, politischen und juristischen Apparats) hinausgeht; und auch wenn diese Zerschlagung nie von einem Tag auf den anderen, sozusagen in der schlagartig erhellten *Großen Nacht des Aufstands* erfolgt, so kommt man doch nicht darum herum. Das eine ist die, wenn auch noch so unzureichende, notwendige *Vorbedingung* für das andere.

Ein Jahrhundert nach der Pariser Commune, von der Marx lernte, dass das Proletariat »nicht einfach eine ›fix und fertige‹ Staatsmaschine mit Beschlag belegen kann, sondern die militärische und bürokratische Maschine des bürgerlichen Staates zerbrechen muss«, zwingt Herr Pinochet die Vergesslichen, die Klassiker noch einmal zur Hand zu nehmen. Das Gründungsdekret der chilenischen Militärjunta vom September 1973 – dessen durch und durch pädagogische Deutlichkeit man nicht genug hochschätzen kann – ist nur die strenge Schlussfolgerung aus dem berühmten marxistischen Lehrsatz bzw. seine umgekehrte Wahrheit: Wer die Maschine nicht zerbricht, wird von ihr zerbrochen.

»[...] In Anbetracht 1. dass die verfassungsmäßig von Heer, Marine und Luftwaffe sowie dem Polizeikorps gebildete öffentliche Gewalt den organisatorischen Verband darstellt, den der Staat sich gegeben hat, um seine physische und moralische Integrität und seine historisch-kulturelle Identität zu sichern,

2. dass es folglich seine oberste Sendung ist, die bleibenden Werte der chilenischen Nation hochzuhalten,

3. dass sich Chile infolge der Einführung eines dogmatischen, von den fremdländischen Prinzipien des Marxismus-Leninismus geleiteten Ideologie in einem Prozess der systematischen Zerstörung eben dieser Werte befand,

hat die Militärjunta im Bewusstsein des Auftrags, der den staatserhaltenden Organen obliegt, folgende Notverordnung erlassen: Mit dem heutigen Datum ist eine Regierungsjunta gegründet. [...]« usw.

(Santiago, AFTP, 19.September)

B) Das Gesetz behält seine Macht

Die Frage der Rechtsstaatlichkeit ist nie eine Grundsatzfrage – am wenigsten für die, die die Gesetzestafeln fabrizieren. Sie gewinnt nur Sinn in Bezug auf die Etappen eines Prozesses. Dass es in Ermangelung einer revolutionären Situation, welche die hergebrachten Rechtsnormen über den Haufen werfen würde, zunächst einmal eine unersetzliche und richtige Taktik ist, wenn man den Rechtsstaat dem Gegner nicht einfach zum Geschenk macht, darf uns nicht vergessen lassen, dass die bürgerlichen Mechanismen politischer Legitimierung (wie allgemeines Wahlrecht, Respektierung der Mehrheit, Einhaltung der Rechtswege u.ä.) für eine Volksregierung nicht mehr gelten, sobald diese die Lebensinteressen der herrschenden Klasse in Frage stellt und gefährdet.

Schon deswegen, weil eine entwickelte bürgerliche Gesellschaft in normal verlaufenden Friedenszeiten ein Übergangssystem nur in ihrem eigenen Schoß, im objektiven Rahmen der etablierten Institutionen, hervorbringen kann, laufen die Kräfte des Volkes schon aufgrund ihres verfassungsmäßigen Zugangs zur Regierung auf lange Sicht Gefahr, sich selbst im eisernen Korsett der gegnerischen Gesetzlichkeit einzuschnüren. 1970 und 1971 war die Allende-Regierung, die fand, dass sie die schönste Blüte des liberalen chilenischen Staates sei, dessen Biegsamkeit und Toleranzfähigkeit sie gerade bewies, unleugbar im Vorteil dadurch, dass sie das geltende Institutionennetz beibehielt. So konnte sie darangehen, ihr Programm auszuführen, indem sie die Bourgeoisie mit ihren eigenen Waffen schlug und ihr im Namen von Gesetz und Ordnung den Ast abzusägen, auf dem sie saß. Sie gebrauchte bestimmte Gesetzestexte, nutzte die zu einem Präsidialsystem gehörenden Sondervollmachten, schlüpfte durch sämtliche »Gesetzeslücken«, und konnte damit tatsächlich zahlreiche Verstaatlichungen durchziehen und zugleich den herrschenden Interessen für eine gewisse Zeit die Argumente entziehen. So hatte sich der Staat gegen seine ehemaligen Besitzer gekehrt, und die Gesetze der Ausbeuter dienten objektiv den Interessen der Ausgebeuteten.[2] Auf einen Streich waren also die Unterdrückungsapparate aus dem Spiel geworfen und der parlamentarischen Opposition die Hände gebunden worden.

»Die Ironie der Geschichte stellt alles auf den Kopf«, schrieb Engels in einem fraglos »revisionistischen« Text (der Einleitung von 1885 zu den »Klassenkämpfen in Frankreich«). »Wir, die ›Revolutionäre‹, die ›Umstürzler‹, wir gedeihen weit besser bei den gesetzlichen Mitteln als bei den ungesetzlichen und dem Umsturz. Die Ordnungsparteien, wie sie sich nennen, gehen zugrunde an dem von ihnen selbst geschaffenen gesetzlichen Zustand. Sie rufen verzweifelt mit Odilon Barrot: la légalité nous tue, die Gesetzlichkeit ist unser Tod, während wir bei dieser Gesetzlichkeit pralle Muskeln und rote Backen bekommen und aussehen wie das ewige Leben.« Er fügte allerdings vorausahnend hinzu: »Und wenn wir nicht so wahnsinnig sind, ihnen zu Gefallen uns in den Straßenkampf treiben zu lassen, dann bleibt ihnen zuletzt nichts anderes, als selbst diese ihnen so fatale Gesetzlichkeit zu durchbrechen.«

Es ist durchaus nicht irrelevant, Montesquieu auf seine Seite zu ziehen in einer auf das Gleichgewicht der drei Gewalten gebauten liberalen Demokratie. Leider ist die Bourgeoisie nur weder von Natur aus noch aus Berufung liberal, sondern aufgrund einer konkreten Situation, nämlich nur so lange und in dem Maße, wie der politische Liberalismus sich mit der Aufrechterhaltung ihrer Herrschaft vereinbaren lässt. Ist ein gewisser kritischer Punkt in der Entfaltung der Klassenwidersprüche überschritten, so schneiden sich Herrschaft und Gesetzlichkeit – und wer wollte es der Bourgeoisie zum Vorwurf machen, wenn sie letztere der ersteren opferte? Wie aber soll man von den Volkskräften verlangen, dass sie nicht Gleiches mit Gleichem vergelten, wo es doch nicht ihre Gesetzlichkeit ist, die geopfert wird? Zum Teufel mit der Verfassung und Gewaltenteilung, sobald es darum geht, ein Präsidialsystem abzuschießen (das eine Minderheitsregierung zulässt, wie es alle chilenischen Regierungen waren, und die Allendes noch weniger als die früheren)! Zum Teufel mit den

Parlamentswahlen, wenn man sie nicht gewinnen kann! Zum Teufel sogar mit dem Parlament, wenn die von der Verfassung vorgeschriebene Zweidrittelmehrheit, um den Präsidenten zu stürzen, nicht erreicht werden kann! Zum Teufel auch mit dem Verfassungsgericht, wenn es doch meist nur der Exekutive gegen die Legislative recht geben muss! Die Bourgeoisie ist instinktiv leninistisch und weiß genau, dass in einer politischen Auseinandersetzung die Ultima ratio im Kräfteverhältnis und nicht in der Verfassungsauslegung steckt. Wir müssen es ihr gleichtun. Wir müssen es fertigbringen, nicht bis zuletzt »rechtmäßig« zu bleiben, denn die da Pfänder und Beweise eurer republikanischen Rechtmäßigkeit sehen wollen, glauben selber nicht daran. Sonst verdeckt Montesquieu am Ende noch Lenin und bringt ihn in Vergessenheit.

Die Gesetzlichkeit, die bislang die Bourgeoisie band, legt sich dann bald über das Proletariat. Es hat eine Grube gegraben und ist selbst hineingefallen. Die bürgerliche Opposition genießt größere Handlungsfreiheit, die mit den Tugenden der Beweglichkeit und der Verantwortungslosigkeit ausgestattet ist, die sonst das revolutionäre Handeln charakterisieren. Sie kann den Kampfplatz wählen und, wo und wann es ihr beliebt, zu ungesetzlichen Aktionen schreiten. Die Volksregierung verharrt in der Defensive, ist ideologisch blockiert und respektiert als einzige noch die Regeln eines Spiels, das zu spielen doch am wenigsten in ihrer Absicht liegt. Eine Gefangene ihres Hochkommens, kann sie der proletarischen Initiative schwer über den institutionellen Rahmen hinaus freien Lauf lassen, ohne dem Vorwurf des Doppelspiels und der Gesetzesmissachtung die Flanke zu bieten, denn gerade das sind ja die Hauptargumente gegen die bürgerliche Opposition. Die bestehende Gesetzlichkeit, zu deren Beschützerin und Wortführerin sich die Volksregierung gemacht hat, wendet sich auf längere Sicht gegen die strategische Mobilisierung der Massen außerhalb von ihr, die in der Tendenz die Schranken des »Erlaubten« bzw. »Vertretbaren« übertritt. So ist die Regierung des Volkes verantwortlich für die Erhaltung der bürgerlichen Ordnung geworden. Währenddessen geht die Bourgeoisie auf die Straßen, pfeift auf die Ordnung und schreit Zeter und Mordio, wenn die Regierung sie daran hindert, und Anarchie!, wenn die Regierung sie machen lässt.

1970 fand der Klassenkampf in Chile in einer Präsidentenwahl und einer parlamentarischen Auseinandersetzung im Kongress um die definitive Ratifizierung des Wahlergebnisses statt. Dies nicht begriffen zu haben, war der »Irrtum« der äußersten Linken – die deshalb auch bald Selbstkritik geübt hat.[2] 1973 hingegen war mit einer Absprache zwischen Parteistäben, einer Debatte über die Auslegung eines Verfassungsartikels, einem ausgeklügelten parlamentarischen Verfahren ernsthaft nichts mehr zu gewinnen, weder für die Volkskräfte noch – und dies in erster Linie – für die Kräfte der Reaktion. Die parlamentarischen Debatten waren gegenstandslos, die politische Auseinandersetzung zur physischen Konfrontation geworden. Der Ort, an dem man sie austrug, war nun die Straße und nicht mehr Kongressgänge; und ihre Instrumente waren nunmehr Schusswaffen statt Advokatenfedern. Daraus nicht alle Konsequenzen gezogen zu haben, war der »Irrtum« der Reformisten in der UP. Als die Junta den Senat und die Abgeordnetenkammer auflöste und Gerichte und Verfassung auf den Müllhaufen warf, hat sie damit nichts gelästert, was es nicht schon gewesen wäre. Sie hat damit nur längst dahingeschiedenen Organen nachträglich den offiziellen Totenschein ausgestellt. Als ein abgestuftes Generalstrio von einem Tag auf den anderen eine Verfassung als überholt und ungültig erklärte, unter deren Banner die Opposition drei Jahre lang in den heiligen Krieg gezogen war, hat es damit die beste Lektion in historischem Materialismus erteilt, die man sich denken kann. Diese scheinbare Inkonsequenz ist die schönste Ehre, die das Laster des Legalismus der Tugend des Leninismus erweist. In einer Klassengesellschaft wird der rechtsstaatliche Überbau von Kräfteverhältnissen vorgeschrieben und getragen, hat der Inhalt den Vortritt vor der Form.

Im schlagartigen Wechsel der Taktik, in der Kombinierung von ideologischer, politischer und militärischer Aktivität, in der Verknüpfung von legalem und illegalem Kampf, in der Fähigkeit, um der Rettung des Wesentlichen willen, sich in seinen eigenen Aktionsformen zu widersprechen, in der Unterordnung aller Mittel unter das anvisierte Ziel, in dem Vermögen, seine eigenen Götzen zu zertrümmern und verknöcherte Traditionen abzuschütteln, in dem Bedacht, im gegnerischen Lager Frieden und Eintracht zu predigen und gleichzeitig das eigene auf den Krieg vorzubereiten, in dem Mut, Stufe um Stufe das Niveau des Kampfes anzuheben und dabei jedes Mal die Initiative zu behalten, etwa als man von der Parlamentsblockade (1971) zum zivilen Widerstand (Unternehmerstreiks 1972) und schließlich zur insurrektionalen Offensive (1973) überging, ohne vor dem äußersten zurückzuschrecken – in all dem bietet uns die Bourgeoisie ein Beispiel. Von ihrer Kunst, ihren Klassenkampf zu führen, haben wir noch viel zu lernen.

Und zuallererst dies: Dass das revolutionäre Lager genauso schnell wie sein Gegner das Terrain wechseln können muss – und bei diesen Kurswechseln möglichst die Initiative hat und sich nicht zuvorkommen lässt. Ist die Revolution nicht selber ein Auswechseln eines historischen Bauelements? Wie können sie dann also mit dem Wohlwollen, der Neutralität oder der menschlichen Respektierung durch jene rechnen, deren Interessen sie verletzten?

Eine der Schwächen der UP-Regierung, die schon aus ihrer Art, an die Macht zu kommen, herrührte, war, dass sie versuchte, die Ideologie ihrer Feinde gegen ihre

Feinde zu kehren, statt sich aus ihren Fallstricken zu lösen und eine andere zu produzieren. So antwortete Präsident Allende oft eigenhändig und auf die niederträchtigsten Attacken der oppositionellen Presse, die seine Familie, sein Privatleben, seine Freunde nicht verschonten, als wollte er die Bourgeoisie öffentlich der Unmoral ihrer Lügen überführen – als dürfe man von ihr Wahrheitsliebe und Gutwilligkeit erwarten. Als könnte man von einem Gentleman noch weiter gute Manieren verlangen, wenn man Einsicht in sein Bankkonten genommen hat! Wie kann man den »Mercurio« bekämpfen, wenn man sich auf sein Terrain begibt! Dieses Festhalten am fairen Spiel hatte etwas Lachhaftes und Herzzerreißendes an sich. Man kann nicht zugleich den Sozialismus aufbauen und mit dem anderen Lager auf du und du stehen wollen. Wir sind nun also gewarnt: Wenn man sich mit der Bourgeoisie aller Länder auf das Spiel der »Markenimages« (auf die sie nun einmal das Monopol haben) einlässt, kann man nur Zug um Zug verlieren. Wenn ihr als Sozialisten an die Macht kommt, werden sie euch bald vor folgendes Dilemma stellen: Entweder ihr respektiert ihre Freiheiten, ihre Presse, ihren Rundfunk, ihre Richter und ihre Saboteure – dann kommt es bald zur Anarchie, zum Chaos, zur allgemeinen Autoritätskrise (darin darf man sich auf sie verlassen: Sie sorgen schon selber dafür), und sie werden im Namen von Ordnung und Disziplin ihren Terror entfesseln. Oder ihr schlagt in Notwehr zurück, bewacht eure Grenzen, gesteht dem Volk zu, dass es selber für seinen Schutz sorgt (etwa durch Komitees zur Verteidigung der Revolution wie in Kuba), wendet die Methoden eurer Feinde auf sie selber an, Auge um Auge, Zahn um Zahn, bis sie sich nicht mehr rühren können – dann verhindert ihr die Diktatur der Bourgeoisie, die tausendmal schrecklicher und blutiger Rache nimmt als die Diktatur des Proletariats, werdet dafür aber zu totalitären und paranoiden Despoten, zu Neostalinisten, die man im Namen der Freiheit und der Menschenrechte in der »objektiven« Presse abkanzelt, denen man Agenten infiltriert, die Küsten blockiert und gegebenenfalls, wie in Kuba, ein Expeditionskorps von »Befreiern« schickt. Und die europäischen Linksintellektuellen, die so eifrig das Urmeter der Weltrevolution hüten, werden euch sogar allen Ernstes ihren »Abscheu« und ihre »Empörung« bezeugen, weil ein Dichter 37 Tage lang eingesperrt war, ohne dass ihm ein Haar gekrümmt wurde.

Da man auf diesem Terrain ja doch nur verlieren kann, ist es schon besser, man verliert seinen Ruf eines Humanisten als die Macht und das Leben. Besser ruft man Tränen der Wut als Krokodilstränen hervor. Ihr müsst euch entscheiden, ob ihr die geheuchelte Trauer wollt, mit der die Komplizen – wie im »Figaro« für Allende – euren moralischen Adel bereitwillig feiern, sobald ihr keine politische Gefahr mehr für sie seid, oder ob ihr sie in Schach halten und dafür Hass – wie er Fidel Castro traf

– auf euch ziehen wollt. In einem Wort, wer immer den Sozialismus aufbaut, mit den unzureichenden Mitteln, über die er verfügt, und den Fehlern, die er unfehlbar begehen wird, muss sich damit abfinden, dass er von seinen natürlichen Feinden keine gute Presse bekommen und von rechts und links gleichzeitig unter Beschuss stehen wird. Man wird entweder kugelsicher oder man wird erschossen. Allende hat sich persönlich nie damit abgefunden, dass er drei Jahre lang von der großen Presse seines Landes durch den Kot gezogen wurde. Und diese immer wache und immer verletzte Empfindsamkeit zeugte für mehr als nur ein Temperament: für illusorischen Edelmut, für eine grundlegende politische Verwundbarkeit.

Die Wahl fällt schwer, und es liegt uns fern, uns über die empfindsame Seele lustig zu machen. Die Diktatur des Proletariats ist – besonders in den Formen, in denen sie bislang existiert und die bekanntlich nicht die allerbegeisterndsten oder marxgetreuesten sind – selber voller Härten und Belastungen, vor allem für uns Intellektuelle. Wo aber steht geschrieben, dass die Revolution ein Fest ohne Ende sei? Vielleicht eines fernen Tages ... in einem oder zwei Jahrhunderten.

C) Die Krise als einzige Lösung

Der Übergang zum Sozialismus ist insofern kritisch, als er in jeder Etappe die Errungenschaften der vorausgegangenen wieder in Frage stellt. Der Übergang von einer Produktionsweise zur anderen gleicht, wenn er willentlich und gezielt vollzogen wird, nicht einer gleichmäßig ansteigenden Kurve, sondern einer gebrochenen Linie. Zwischen den verschiedenen Etappen eines revolutionären Prozesses gibt es keine Kontinuität, nichts, was einer unendlichen, gradlinigen Addition oder Anhäufung gliche:

weder auf der politischen Ebene mit durchkomponierten Sequenzen (der Art: Erarbeitung eines gemeinsamen Programms, Wahlsieg, Regierungswechsel, demokratische Reformen, Gewinnung weiterer Gesellschaftsschichten, Annahme einer sozialistischen Verfassung auf der Grundlage einer umfassenden Volksmobilisierung und Zustimmung der Mehrheit usw.), wo jede Etappe die folgende so vorbereiten würde, dass die Wahrscheinlichkeit der Blockade mit der Zeit abnimmt und die objektiven und subjektiven Voraussetzungen für einen »Übergang zum Sozialismus« zunehmen;

noch auf der ökonomischen Ebene, wo sich die Nachteile des Kapitalismus nicht allmählich beseitigen lassen, indem man sie einfach nach und nach durch die Vorteile des Sozialismus ersetzt. Erinnern wir uns an Allendes Bonmont vom Ende 1972: »Wir haben von keinem der beiden Systeme die Vorteile, statt dessen von beiden die Nachteile.« Der erbitterte und wachsende Widerstand, den die enteigneten Klassen national und international während des Enteigungs-Prozesses leisten, kann zur Paralyse der alten Wirtschaft führen, ohne dass es schon möglich wäre, sie sofort durch eine andere zu ersetzen, da der alten noch genug bleibt, um das Funktionieren der neuen zu verhindern, und die neue noch nicht stark genug ist, um die alte unschädlich zu machen.

Kurz, die sukzessiven Etappen eines erbitterten Klassenkampfes sind nicht mechanisch, sondern dialektisch miteinander verbunden. Bei jeder Wegbiegung spitzen sich die Krisen zu, bis es zum Bruch kommt, bis man so radikal in die Enge getrieben wird, dass man nur noch springen kann: Nach vorn oder nach hinten, nach »links« oder nach »rechts«. Vor einer größeren historisch-kulturellen Kontinuität hebt sich ein diskontinuierlicher Weg voller Brüche ab, ähnlich einer Treppe, auf der man, um von einem Absatz zum nächsten zu gelangen, jedes Mal über fehlende Stufen oder gar ein Loch *springen* und dabei alles wagen müsste.

Was unter anderem besagen will, dass die Zeit nicht unbedingt für die Volksregierung arbeitet; dass es nicht immer vorteilhaft ist, gewisse Entscheidungen aufzuschieben, in der Annahme, sie seien etwas später weniger riskant, dass man nicht glauben darf, man werde immer Zeit genug haben (da man ja Sinn und Ziel der Geschichte verkörpere), und die Gerechtigkeit müsse am Ende über die Ungerechtigkeit siegen. Mitunter handelt man besser in den allerersten Monaten sehr schnell – bevor die gegnerische Klasse ihre Einheit wiederherstellen und die Initiative wieder an sich reißen kann, denn eine Krise, die man nicht in ihrem Augenblick bewältigt hat, lässt sich mit der Zeit vielleicht gar nicht mehr bewältigen. Für die Praxis gilt, dass die Zeit für revolutionäre Politik sich nach dem »Jetzt oder nie« bemisst und nicht abwarten darf, bis die Wetterlage vielleicht günstiger ist. In einem linearen und arithmetischen Begriff von der geschichtlichen Zeit, wie er allen reformistischen und elektoralistischen Illusionen zugrunde liegt, darf man also den unbewussten ideologischen Kern eines Regimes sehen, in dem die Entscheidungen jedes Mal zu spät gefällt werden (und die UP-Regierung kann nach mancherlei taktischen Gesichtspunkten die Regierung der verpassten Gelegenheiten genannt werden).

An anderer Stelle haben wir anhand des Begriffs der »Krise« auf theoretischer Ebene versucht, eine Kritik dieser spekulativen, religiös oder hegelianisch untermauerten Zeitauffassung zu leisten, deren empirische Fortsätze in der Geschichte der Arbeiterbewegung sich »Revisionismus« und »Ökonomismus« nannten.[4] Wenn es gestattet ist, sich zu wiederholen: »In der Geschichte einer Gesellschaft vollzieht sich der Übergang vom Alten zum Neuen nicht durch Addition oder Subtraktion getrennter Elemente, sondern durch Zunahme (der neuen Elemente innerhalb der alten Gesamtheit) oder Abnahme (der veralteten Elemente). In einem bestimmten Moment eines kontinuierlichen, latenten, im stillen »arbeitenden« Umwandlungs-Prozesses kommt es dann zur offenen, sichtbaren Kristallisierung aller in Konflikt befindlichen historischen Elemente, kommt es zum Bruch, zum kritischen Augenblick der Krise. Zwar gibt es dann keine Rückkehr mehr zum alten Gleichgewicht, aber seine Ablösung durch ein neues, über dem vorigen stehendes und historisch fortschrittlicheres Gleichgewicht wird deswegen noch nicht unumgänglich.« Um diese *strategischen Knoten*, die man »Krisen« nennt, an denen eine ganze Geschichte alles aufs Spiel setzt, führt also kein Weg *herum*.

Die Krise, in der sich Russland 1917 unter Kerenski befand, veranlasste Lenin zu sagen: »Entweder Diktatur Kornilows ... oder Diktatur des Proletariats – von einem anderen Ausweg kann gar nicht die Rede sein für ein Land, das eine ungewöhnlich schnelle Entwicklung mit ungewöhnlich schroffen Wendungen durchmacht, angesichts der fürchterlichen Zerrüttung, die dieser qualvolle Krieg hervorgerufen hat.«5 Wenn sie auch weniger umfassend war, so konnte doch auch die ökonomische und politische Krise von 1973 in Chile einige Wochen vor dem Militärputsch zu folgender Aussage veranlassen: »Entweder Diktatur des Proletariats oder Diktatur des Militärs.« Tatsächlich treten gerade Krisen meist als gordische Knoten auf, die man unverzüglich durchhauen muss, sind sie strategische Alternativen, die sich als taktische Option präsentieren, wo man für lange Fristen sehr kurzfristig entscheiden muss. Der Schwarzmarkt ließ sich in Chile nur noch mit drastischen Zwangsmaßnahmen unterbinden. Ebenso hätten die Lastwagen der kleinen und großen Fuhrunternehmer beschlagnahmt, eine egalitäre Rationierung eingeführt (was unter anderem die Verstaatlichung des Kleinhandels vorausgesetzt hätte), die Arbeitsdisziplin wieder gestrafft und die Wirtschaftssabotage bestraft und verhindert werden müssen. In dieses heillose Durcheinander musste tatsächlich wieder Ordnung gebracht werden. Darin ist die jetzige Militärdiktatur sicher mit uns einer Meinung, da sie jedem, der unerlaubt Schlange steht oder dem Schwarzhandel frönt, mit standrechtlicher Erschießung gedroht hat. Nur, eine »Ordnung« im Abstrakten gibt es nicht. Die Ordnung der Militärs besteht darin, die Löhne zu stoppen, die Gewerkschaften aufzulösen, das Streikrecht zu unterbinden und, wie man sich schamhaft ausdrückt, die »Preiswahrheit« wieder einzusetzen. Die Militärs schaffen Ordnung auf dem Rücken der Arbeiter. Die Proletarier hätten die ihre auf dem Rücken der Bourgeois geschaffen: Indem sie den wohlhabenden Vierteln Rationierungskarten aufgezwungen, die von der *Patria y Libertad* behelmten Söhne vermögender Eltern, die auf den Straßen Autos anzündeten, vor Gericht gestellt, indem sie die Beschlusssperre im Parlament aufgebrochen und die Reichen zum Steuerzahlen gezwungen, indem sie die Siegel von den Läden abgenommen und ihre betrügerisch gehamsterten Warenlager umgesetzt hätten, und indem sie den weißen Garden, die in den Landgebieten des Südens Terror verbreiteten, Einhalt geboten hätten.

Ja, Ordnung musste her, und zwar schnell. Nur dass die Bourgeoisie über ihr materielles Mittel – eine Armee – schon fertig verfügte, während die Arbeiter gerade anfingen, sich die ihre zusammenzubasteln. Und während der proletarische Kommandoapparat zersplittert war, war der der Armee in den Händen einer einheitlichen Führung konzentriert.

Die klassischen Merkmale einer globalen und entscheidenden Krise sind: Polarisierung der gesellschaftlichen Kräfte in zwei antagonistische Lager, Radikalisierung der politischen Positionen unter Ausscheidung der Schattierungen und Schlupfwege; schwindelerregende Temposteigerung im Ablauf der Ereignisse. Eine solche Krise ist unvermeidlich, lösen sich doch die Widersprüche – Motoren jedes gesellschaftlichen Prozesses – nicht einfach in der Natur auf, sondern spitzen sich so lange zu, bis ihre alte Einheit auseinanderbirst. So will es das Gesetz des Widerspruchs »im Wesen der Dinge«, auch Dialektik genannt. Man ist kein Reformist, weil man Reformen durchführt, anstatt »die Revolution zu machen«. Man ist Reformist, wenn man sich einbildet, Reformen führten nicht eines Tages zu einer revolutionären Situation und mit den gleichen Methoden, die Reformen ermöglichen, ließe sich auch eine revolutionäre Krise bewältigen, in der es doch nicht mehr um die Abänderung eines Verfassungsartikels oder die genaue Anzahl der zu verstaatlichenden Unternehmen geht, sondern um Leben oder Tod, um Niederlage oder Sieg eines der beiden Lager.

Eine revolutionäre Situation ist keine Situation, in der man nach der Revolution nur die Hand auszustrecken braucht wie nach einer schönen reifen Frucht, die nur darauf wartet, gepflückt zu werden. Eine Situation darf noch nicht revolutionär genannt werden, wenn die Revolution in ihr unvermeidlich ist, sondern sobald es unvermeidlich wird, sich zwischen einem revolutionären Sprung nach vorn und einem konterrevolutionären Sprung nach hinten zu entscheiden, sobald mit Kompromisslösungen und Zwischenpositionen nichts mehr auszurichten ist. In diesem Sinne ist jede revolutionäre Situation auch eine konterrevolutionäre Situation; denn die Krise kann nach der einen oder der anderen Richtung entschieden werden, je nach den

Kräften, die sich gegenüberstehen, oder je nach dem Geschick und der Entschlussfähigkeit ihrer politischen Führungen.

1970, als die Übergänge noch beweglich waren, ließ sich grob unterscheiden zwischen den Anhängern des gesellschaftlichen Fortschritts (denen, die »Änderungen« akzeptierten, den Demokraten) – und allen übrigen. 1973 hatten sie sich in der für Krisen typischen Alternative zwischen Sozialismus und Faschismus, Revolution und Konterrevolution messerscharf voneinander abgegrenzt. Wohl hatten sich die in der ersten Periode noch neutralen Mittelschichten zum Lager der Konterrevolution geschlagen, und insofern war das Kräfteverhältnis dem Lager des Volkes nicht günstig. Der grundlegende Plan einer Allianz zwischen Arbeiterklasse und Kleinbürgertum in einer gemeinsamen monopolistischen und patriotischen Front war damit vereitelt. In der Zwischenzeit waren verschiedene Formen der »Volksmacht« aufgekommen, in denen sich nun eine Umschichtung der Bündnisse vollzog. Marginalisiertes Subproletariat und Industrie- und Landarbeiter schlossen sich dort zusammen. Wie dem auch sei, taktische Manöver oder subtile Transaktionen, wie sie 1970-1971 nötig gewesen waren, um an die Regierung zu kommen (Unterzeichnung des »Garantiestatuts«, bevor der Kongress den gewählten Präsidenten im Amt bestätigte), um die nicht festgelegten Kräfte der Christdemokratie zu binden, um die Hindernisse und Hinterhalte der parlamentarischen Opposition zu umgehen, ließ die Krisensituation von 1973 nicht mehr zu. 1973 hatte sich die politische Auseinandersetzung zu einem unmittelbar strategischen Duell zwischen zwei Klassenfronten zugespitzt, deren jede auf unlösbar verhärteten Positionen stand.

Und da wollte ein beträchtlicher Teil der UP eine revolutionäre Krise mit Methoden und Kategorien angehen, die zu einem normalen Verlauf gehören, nämlich mit denselben, die sich 1971 als tauglich erwiesen hatten, mit denen aber die jetzige Dynamik nicht mehr in den Griff zu bekommen war. Sie waren hinfällig, ohnmächtig, ja sogar lächerlich geworden. Denn was anders soll man von jenen Klageschriften gegen den Bürgerkrieg halten, die Tage vor dem Putsch zirkulierten, von den sentimentalen oder moralisierenden Predigten, die an den Humanismus der Feinde appellierten, von den pathetischen Bezichtigungen und Vorsprachen beim Kardinal ... Den Faschismus hält man nicht auf, indem man Unterschriften unter Eingaben sammelt oder Stoßgebete an das universale Gewissen oder die heilige Vorsehung schickt. Man vernichtet ihn mit Gewalt oder man wird von ihm vernichtet. Ist man nur stark genug, um ihn zu entwaffnen, so zieht man sich geordnet zurück und liefert ihm Rückzugsgefechte, um Zeit zu gewinnen, um den Widerstand zu organisieren, um sich die Voraussetzungen für ein erneutes Erstarken zu schaffen.

Die Maßstäbe und Parameter für die überhaupt möglichen Optionen, von denen die »rationalen« Entscheidungen zwischen den beiden Gegnern reguliert werden können, sind ihrer Natur nach nicht die gleichen geblieben. In der politischen Vorausberechnung des normalen Ablaufs gibt es natürlich Rationalität, auf dem Höhepunkt der Krise jedoch »funktioniert« sie nicht mehr. Im unwiderstehlichen Anstieg zu den Extremen werden die »vernünftigen« Formeln beiseite geschleudert; werden gestern noch angemessen scheinende Kompromisslösungen zum Gespött und werden die »zentristischen« Leitungen politischer Apparate vor die Wahl gestellt, sich zu fügen. Die Rationalität des normalen Ablaufs lautete beispielsweise, dass die Christdemokratie, wenn sie den Dialog am Rande des Abgrunds mit der UP fortsetzte, mehr zu gewinnen als zu verlieren hatte. Bräche die DC den Dialog ab und liefe offen zum gegnerischen Lager über, so würden die Militärs mit ihrer ganzen Macht auf den Plan treten, Massaker anrichten, sich zur faktisch einzigen Partei machen und folglich die DC und die politischen Institutionen der parlamentarischen Demokratie auflösen, auf die die DC ja gerade ihre Hoffnungen, an die Macht zurückzukehren, gesetzt hatte. Jedermann wusste, dass die UP in ihrem Sturz die DC mit sich reißen würde, denn in Lateinamerika ist es üblich, dass die Militärdiktaturen zwar die Technokratie übernehmen, die traditionellen politischen Parteien aber eliminieren und alle Funktionen, die sonst den mittleren Kadern und den Notabeln der parlamentarischen Demokratie zufallen, an sich reißen. Das Gleichgewicht des Schreckens, das ähnlich wie bei militärischen Konflikten zwischen Großmächten zwischen den streitenden Parteien herrschte, hätte sie eigentlich bewegen sollen, sich für die Fortsetzung des »Dialogs« einzusetzen. Die Putschgefahr hätte sie genauso zur Vernunft bringen müssen wie die thermonukleare Bombe die internationalen Kontrahenten. »Logischerweise« hätte man also erwarten dürfen, dass eine »zentristische« Führung über die extrem rechte Strömung in der Christdemokratie, die Frei repräsentierte (der 1964 noch alle Tugenden des dritten Weges und der goldenen Mitte verkörpert hatte und als solcher vom Liberalismus der Welt hochgelobt worden war – nun aber ebenfalls der rasenden Zentrifugalkraft historischer Krisen ausgesetzt war), die Oberhand gewinnen würde. Doch war es die rechte Strömung, die sich gegen das eigentliche politische Interesse der DC behauptete – und die Fuentealba, Tomic und Leighton wurden beiseite geschoben. Der DC wäre es lieber gewesen, sich nicht entscheiden zu müssen, da sie nun aber einmal musste, entschied sie sich, in der Meinung, es sei das kleinere, für das größte Übel. Kerenski konnte Kornilow nicht ausstehen (ein republikanischer Anwalt hat für einen obskurantistischen Dummkopf nur Geringschätzung übrig) und war unbeschadet dessen bereit, ihn an die

Macht zu befördern, nur damit Lenin sie nicht ergriff. Und das, obwohl er wusste, dass Kornilow ihn, Kerenski, gleich nach Lenin hätte beseitigen müssen. Krisensituationen sind eben fatal für die »goldene Mitte«, für den parlamentarischen Sumpf. Das war gestern der *Berg* im Wohlfahrtsausschuss und heißt heute »Sozialismus oder Barbarei«. Die chilenische Hypothese konnte sich allein dann als rechtlich und faktisch gültig erweisen, wenn die strategische Annahme zutraf, auf der sie beruhte, nämlich dass die bürgerlichen Institutionen – die politischen (Parteien), konstitutionellen (Parlament) und militärischen Institutionen (Armee) – »unter dem Ansturm der Massen« zu zerbröckeln, zu zerfallen und sich aufzuspalten vermochten. Damit kaufte man sich billig von der Dialektik los, d.h., man ließ die Zuspitzung der Widersprüche im Klassenkampf außer Acht. An dieser Verkennung lag es vielleicht, wenn die UP unmerklich, aber entschieden von einer *Reformpolitik*, die unter den damals in Chile herrschenden objektiven Bedingungen die einzig zulässige Konkretisierung eines revolutionären Prozesses war, zu einer *reformistischen Konzeption* für den ganzen Prozess hinüberrutschte. Die unvermeidliche Beschleunigung der Widersprüche im sozialen Bereich setzt sich im politischen Alltag um in verhärtete Positionen und eine unwahrscheinliche Polarisierung der sogenannten »neutralen«, »apolitischen« oder »legalistischen« Kräfte (wie sich die Armee bis zum 11. September selber nannte) zu den Extremen hin. Diese Polarisierung bindet und verwischt die inneren Divergenzen in jeder Institution (in einer paradoxen Dialektik, deren Folgen nicht abzusehen sind), verhilft den unversöhnlichsten Elementen in ihnen nach oben und schaltet die Schlichtungsbereiten unbarmherzig aus. Darum sind in Krisenzeiten die Braven nicht brav und ist es nicht klug, die Zukunft eines Massenprozesses auf den Zusammenschluss der neutralen Elemente (Zentristen und Legalisten) innerhalb der kleinbürgerlichen Parteien, der Armee oder der Kirche zu bauen. Denn anstatt die »Extremisten« zu neutralisieren (was sie in der Anfangsphase tatsächlich leisten), werden diese Elemente bald selbst von ihnen neutralisiert. Anders gesagt, der ungeheure, von der nahen Krise angesogene Luftzug fegt alle jene an den Rand, die bei normalem Ablauf aufgrund ihrer Zwischenstellung Wortführer einer unschlüssigen, abwartenden oder vorsichtigen Mehrheit und damit zum Zünglein an der Waage oder Schwerkraftzentrum zwischen den verschiedenen Tendenzen werden. In Krisenzeiten haben sie nichts mehr zu bestimmen, werden sie von den Extremen »überstimmt«. Im Klartext sah das so aus, dass man 1971 General Prats, Kardinal Silva Enríquez und Ex-Präsidentschaftskandidat Tomic darum ersuchte, auf ihrer Position zustimmender oder wohlwollender Neutralität zu verharren, und dass 1973 Prats, Silva Enríquez und Tomic nur noch fromme Wünsche und Bedauern repräsentierten. Sich da noch einzubilden, man könne die Streitkräfte neutralisieren oder gar eine Fraktion von ihnen für sich gewinnen, weil der eine oder andere »verfassungstreue« und »die besten militärischen Traditionen des Landes bewahrende« General noch auf seinem Posten stand, hieß den qualitativen Unterschied, die »höhere Stufe« nicht sehen, denn damit ein Prats seine Rolle weiterspielen konnte, musste er sie gerade abwandeln. 1973 gab es für einen höheren Offizier nur noch eine Möglichkeit, bis zum Ende loyal zu bleiben – er musste revolutionärer Sozialist werden. Wer sich weiter als »apolitisch« verstand und dabei blieb, der stellte sich entgegen seiner Absicht auf die Seite derer, die daran gingen, die Politik des bürgerlichen Terrorismus zu betreiben. Wer sich der Alternative, sich entweder der »Revolution« oder dem »Faschismus« anzuschließen, verweigerte, musste vom Gewicht seiner eigenen Neutralität in die Grube gezogen werden. So endete Prats, er ruhe in Frieden.

Darum auch zerbröckelten die bestehenden Apparate nicht, sondern verhärteten sich noch. Obwohl die DC eine Vielklassenpartei war, spaltete sie sich nicht, sondern drängte die »legalistischen« Führer des Zentrums – »wider alles Erwarten« und gegen ihr eigenes Interesse! – hinaus, und die profaschistischen Sektoren gewannen in ihr die Oberhand. Die politische Institution bewies, obwohl sie von der äußersten Rechten systematisch ausgebeutet wurde, einen Zusammenhalt, der stärker war als die inneren Spaltungen in Klassen und Ideologien. Der Parteipatriotismus, so weit er auch nach rechts abgetrieben war, erwies sich als fester als die Vernunftappelle von Seiten zahlreicher Mitglieder. Bekanntlich ist dieses Phänomen, die erzwungene oder geplante, stillschweigende oder offene, kollektive Identifizierung mit der angestammten politischen Gemeinschaft – einer Partei, einer Nation, einer Armee –, die scheinbar stärker ist als klassenmäßige oder persönliche Bindungen und bei allen jähen Wendungen im Leben einer Partei, Armee oder Nation schroff hervorbricht, für viele »marxistische« Theoretiker noch immer ein »theoretisches« Rätsel, von dem zu sprechen sie sich demzufolge hüten. Und das ist nur logisch, denn es setzt sich jedes Mal über ihre eigene Logik hinweg.

Beim Militär finden wir das gleiche Phänomen wieder: Obwohl sich einige Einheiten, insbesondere Unteroffiziere und Teile des Polizeikorps, dem Militärputsch verweigerten und sogar offen widersetzten, hielten die Streitkräfte am 11. September insgesamt doch zusammen. Der Korpsgeist trug am Ende den Sieg davon. Es stand fest – und dies schon seit Ende Juni 1973 –, dass Marine und Luftwaffe, die ohnehin schon beinahe öffentlich in ein Stadium der Unbotmäßigkeit eingetreten waren, sich en bloc und unwiederbringlich der Putschpartei angeschlossen hatten. Die Pläne für einen bewaffneten Volkswiderstand gegen den Staatsstreich, den alle voraussahen, beruhen demgegenüber auf der Hypothese, dass sich im Heer und im Polizeikorps eine Kluft zwischen einer putschistischen Mehrheit und einer loyalen, in den letzten Wochen auf 10 bis 30Prozent geschätzten Minderheit aufreißen lassen würde. Diese Spaltung hätte die Bedingungen dafür geschaffen, dass ein langer und gezielter Kampf organisiert und, wenn es Koordination mit einem Minimum an Landverbänden gegeben hätte und dadurch schwere Waffen an die organisierten Arbeiter hätten verteilt werden können, ein zentraler und effektiver Kommandostab für die Widerstandsoperationen errichtet worden wäre. Dadurch wäre es weiterhin ermöglicht worden, die überwältigende Überlegenheit der gegnerischen Feuerkraft teilweise zu kompensieren, territoriale Bastionen als Unterstand für die zivilen gesetzlichen Behörden zu befestigen und den Widerstand im übrigen Land zu aktivieren und anzuheizen. Vor allem aber wäre es mit einer solchen Kluft innerhalb der Armee möglich gewesen, die »institutionelle« Legitimation des Putsches zu zertrümmern, denn die Junta wäre so daran gehindert worden, sich als unbestrittene Sprecherin für die gesamte Streitmacht auszugeben. Bekanntlich verliefen die Dinge anders. Als 1973 auf der südlichen Halbkugel der Winter zu Ende ging, kündigte die unmittelbar bevorstehende wirtschaftliche Konjunkturbelebung, für die alle Anzeichen sprachen (wieder ansteigende Kupferpreise auf dem Weltmarkt, gute Frühjahrsaussaaten, errungene Stundung der Auslandsschuld, Freigabe der Kreditlinien zu den europäischen Ländern, Lockerung der Preisvorschriften im Inland usw.), das Ende eines Engpasses an und nicht jene wirtschaftliche Zerrüttung, die die von der Reaktion kontrollierten Massenmedien dienstfertig an die Wand malten. So war es nicht völlig aus der Luft gegriffen, wenn man Zeit gewinnen wollte, um die zentristischen Kräfte durch Verhandlungen zu teilen, die Bis-zum-bitteren-Ende-Geher zu isolieren und vom sofortigen gewaltsamen Sturz der rechtmäßigen Regierung abzuhalten. Aber die blinde Logik der Krise hat sich als zwingender herausgestellt als die Kostenvergleichsrechnung, die Logik des dialektischen Widerspruchs als zwangsläufiger als die der mechanischen Addition von Erfolgschancen und kooperierenden Kräften. Mit ihrer »relativen Autonomie« hat die Politik ihr ehernes Gesetz zur Geltung gebracht.

Die Bewaffnung des Proletariats oder die Quadratur des Kreises

Nur ihre ruhmredige Oberflächlichkeit konnte die Salonrevolutionäre dazu verführen, vor dem noch warmen Leichnam Allendes, des vordersten Kämpfers der chilenischen Revolution, sich die Sachwaltertoga anzulegen und mit dem Schulmeisterstock zu fuchteln. Ein jeder denkt, wie er lebt: Da sie ihr ganzes Leben am Schreibtisch oder auf dem Podium verbracht haben, haben – oder vermeinen zu haben – nun alle diese Fachleute-in-irgendwas, die zu einem einmonatigen Urlaub nach Santiago gereist sind, ein Wörtchen mitzureden, und sie tun es wie jemand, der beim Korrigieren eines Manuskripts doziert: »*Man hätte* die Armee zerschlagen und die Arbeiter bewaffnen müssen.« Ein anderer: »Allende hat einen Kapitalfehler begangen: Er *wollte* die Strukturen der Armee und Polizei nicht antasten.« Oder auch: »Allende *hätte* Milizen aufstellen müssen, aber zu so was führt eben der Reformismus.« Und dergleichen mehr. Kurz, man brauchte nur daran zu denken. Wie bedauerlich, dass die Verantwortlichen in der UP diese Brigade von Experten nicht zur rechten Zeit um Rat gefragt haben, sie hätten sonst das Ei des Kolumbus gehabt und so unverzeihliche Versäumnisse korrigiert, wie das, »vergessen« zu haben, die Armee aufzulösen, den Staat zu zerschlagen und ein Dekret zu unterzeichnen, das statt der Jagdpiloten Textilarbeiter ins Cockpit der Hawker-Hunter gesetzt hätte. Wie schade, dass die chilenische Arbeiterklasse ihren Wohnsitz nicht im Quartier Latin genommen hat: Man hätte ihr sonst beigebracht, wie eine Revolution gemacht wird.[6]

Genug der Possen. Das Proletariat bewaffnen? Jedes der drei Wörter bereitet Kopfzerbrechen.

»*Bewaffnen*«: Mit welchen Waffen? Wenn doch, die da Plus- und Minuspunkte verteilen, zusammen mit ihren Ratschlägen auch gleich Karabiner und Munition, Granatwerfer, Flak-Geschütze, Bombenflugzeuge und Panzer liefern könnten ... Und kann man in zwei Monaten lernen, mit diesen Waffen umzugehen? Und hätte die Armee, unversehrt und festgefügt, wie sie war – da sie ja noch keinen Bürgerkrieg und keine militärische Niederlage an einer auswärtigen Front hinter sich hatte –, tatenlos zugesehen, wie die Waffen herangeschafft (mit welchem Transportmittel? Und bei welchem Haushaltsposten sollten die Frachtkosten verbucht werden?) und verteilt wurden? Wie Übungslager aufgemacht würden, die turnusmäßig beurlaubte Arbeiter an diesem komplizierten Gerät ausgebildet hätten? (Von welchen Instrukteuren?) Und wie Rüstungsbestände angelegt würden? Vielleicht sollten sie gar noch Beifall dazu klatschen? Oder ihre Dienste anbieten, um den Lauf der Dinge – d.h. doch in erster Linie ihren Selbstmord als Korps – noch zu beschleunigen und die Zeitspanne zwischen dem Ende der bourgeoisen Macht und dem Anfang der Volksmacht auf ein Minimum zu verkürzen?

»*Das*«: Es gibt kein Wesen *des* Proletariats, eines »global betrachteten«, in einem einzigen Körper verkörperten Proletariats, sondern nur ungleich fortgeschrittene und oft miteinander in Konflikt befindliche Sektoren und Schichten – je nach Industriezweig, Landesteil oder Gewerkschaftssparte, und manchmal auch in ein und derselben Fabrik. Obwohl es nur eine einzige Arbeitergewerkschaft, einen einzigen Dachverband, gab, hatte bei den letzten allgemeinen Wahlen der CUT ein gutes Drittel der Wähler für den christdemokratischen Kandidaten gestimmt. Die verbleibenden zwei Drittel teilten sich zwischen Kommunisten und Sozialisten und zu einem sehr kleinen (aber sehr aktiven) Teil auf die (miristische) FTR auf, was – wenn man außerdem noch bedenkt, wie heterogen die Tendenzen bei den Sozialisten waren – es den Arbeitern nicht unbedingt leichter machte, sich auf eine einheitliche Strategie festzulegen, um wieviel weniger dann erst auf eine minimale militärische Disziplin gegenüber einem zentralen Kommando, die doch keine Truppe, und sei es eine Freischärlertruppe, entbehren kann, wenn sie leistungsfähig sein will. Von 1970 bis 1972 erachtete es fast kein bewusster Arbeiter, noch nicht einmal in der gebildetsten Avantgarde des chilenischen Proletariats, für nötig, zu den Waffen zu greifen, noch war er bereit, es zu tun. Nur ein paar Handvoll »Berufsrevolutionäre« klein- oder großbürgerlicher Herkunft und ohne Verbindung mit der Produktion verspürten das politische Bedürfnis und hatten dank ihres Lebensstils die materielle Möglichkeit, sich heimlich einer militärischen Ausbildung zu unterziehen. Sie unterzogen sich ihr in jener Periode tatsächlich, und aus ihnen rekrutierten dann die Arbeiterparteien auch ihre Selbstschutzapparate. Es bedurfte erst der beständigen Zuspitzung der Klassenwidersprüche, der Erhitzung der politischen Konfrontationen und vor allem des Unternehmerstreiks vom Oktober 1972, damit die Frage der Milizen aktuell und von einer Mehrheit bewusster Arbeiter als die ihre empfunden wurde.

Es liegt ja nun auf der Hand, dass die Regierung Kraft und Kampfgeist der Arbeiterklasse nicht in Anspruch genommen hat, solange sie es noch gekonnt (und, mit Verlaub, gemusst) hätte. Es liegt ebenso auf der Hand, auch wenn wir die objektiven Gefahren nicht unterschätzen wollen, die beim offiziellen Gebrauch gewisser direkter Aktionsmethoden Vorsicht angeraten sein ließen, dass nach dem Oktober 1972 keiner mit dem Mangel an Energie, mit dem die Regierungsgeschäfte geführt wurden, zufrieden sein konnte. Aber wenn wir sagen, dass in der Spanne mehrerer Monate aufgrund einer Reihe Fehler in der Konzeption und der Methode keine geeignete Antwort auf diese objektive und subjektive »Nachfrage« gefunden werden konnte, heißt das nicht, dass es politisch und materiell möglich gewesen wäre, eine zu finden.

»*Proletariat*«: Was das Industrieproletariat betrifft (also das Proletariat nach Abzug der Arbeiteraristokratie in den Kupferbergwerken), so sei daran erinnert, dass es – selbst unterstellt, es sei völlig solidarisch, um ein einheitliches Führungszentrum geschart und so sehr von Klassenbewusstsein durchdrungen gewesen, dass es auch physisch mit seinem theoretischen Sein identisch gewesen wäre – in der chilenischen Gesellschaft nicht die einzige Klasse darstellte. Was konnte es allein gegen einen Klassenblock ausrichten, in dem das städtische und ländliche Kleinbürgertum eingeschlossen war? Und lässt sich leugnen, dass das Proletariat 1973 den übrigen Klassen allzu weit »vorausgesprengt« war, dass es hinter sich eine immer widerstrebendere kleinbürgerliche Nachhut hatte und ohne das massenhafte Bündnis mit den Bauern war, dank dem allein die minoritären Bolschewiki sich im Russland des Jahres 1917 den Durchbruch vom Oktober leisten konnten?

Die – dem Ideal nach notwendige – Bewaffnung des Proletariats konnte auf jeden Fall nicht von einer intensiven Arbeit unter den möglichen Verbündeten und von äußerstem Fingerspitzengefühl im Umgang mit den Widersprüchen beim Gegner entbinden.

Die bewusstesten Anhänger der Unidad Popular haben sich im Grunde schon vom ersten Tag an bewaffnet – und dies, soweit es nur irgend ging. Angesichts der Anschläge und Putschpläne, die schon der Wahlsieg vom 4. September ausgelöst hatte, zu denen die Frei-Regierung sich uneingeschränkt als Komplizin hergab und denen der amerikanische Imperialismus aktive Unterstützung leistete, wäre die UP von Sinnen gewesen, wenn sie es nicht getan hätte. Allende ist der erste chilenische Präsident gewesen, der sich mit einer Leibwache umgeben hat, und diese »gesetzwidrige« Maßnahme löste eine entrüstete Pressekampagne aus und wurde erst nach manchem Aderlass vom Kongress bestätigt (denn niemand ist so schamhaft wie ein Freudenmädchen und keiner kleinlicher auf Frieden und Gesetzlichkeit bedacht als die herrschenden Bourgeoisien, deren letzte Zuflucht noch stets Gesetzesverletzung und Mord gewesen sind).

Danach kam die Affäre mit den »kubanischen Frachtstücken« (den »bultos cubanos«), jener an den Präsidenten der Republik adressierten, versiegelten Kisten, die aus einem aus Kuba kommenden Flugzeug ausgeladen wurden, in dem auch der Direktor von »Investigaciones« (Geheimpolizei) reiste, der später von der faschistischen Junta umgebrachte Sozialist Eduardo Paredes. Die Kisten kamen nicht durch den Zoll, und die bösen Zungen und mehr als eine diffamierende Schmähschrift bemühten sich angestrengt nachzuweisen, dass sie nicht nur Porzellanvasen enthielten. Infolgedessen strengten Justiz und Parlament zwei Jahre lang einen Prozess gegen den Polizeichef an, wurden die Verantwortlichen der Zollbehörde abgesetzt und gegen den damaligen Innenminister »Verfassungs«beschwerde eingelegt ... Und der Skandale mehr ... Im Vergleich mit der Ausrüstung der Armee in ihren drei Waffengattungen und der rechtsterroristischen Vereinigungen, die mit der Protektion des Staatsapparates und der Komplizenschaft der Armee von den bolivianischen und argentinischen Nachbarn forciert bewaffnet wurden, war das nur wenig – und doch schon zuviel ... Man muss dazu wissen, dass in Chile die Contraloría, eine Art Rechnungshof und Verwaltungsgericht zugleich, befugt ist, sämtliche Finanzoperationen sämtlicher Staatsorgane einzusehen; dass das Präsidentenamt über keine Geheimfonds verfügt; dass der Verwaltungsapparat von Mitgliedern der christlich-demokratischen Oppositionspartei besetzt war, die unter der vorigen Regierung eingestellt worden waren (das »Beamtenverhältnis auf Lebenszeit« war eine der von der DC gestellten Bedingungen, unter denen der Kongress Allendes Wahl ratifizierte und die in dem berühmten »Statut der verfassungsmäßigen Garantien« niedergelegt ist, jenem bitteren und unter dem Druck des Kräfte- und Stimmenverhältnisses unumgänglichen Kompromiss, ohne den Allende sein Amt gar nicht erst hätte antreten können); dass man in Chile eine Information, die 48 Stunden zurückgehalten wird, ein »Staatsgeheimnis« nennt (diese Tendenz war ein Erbe des traditionellen liberal-patriarchalischen Staates); dass die Werktätigen daran gewöhnt waren, sich offen zu organisieren und in Jahrzehnten ohne wirklich repressive Diktaturen die elementaren Gepflogenheiten illegalen Lebens verlernt hatten, genauso wie sich auch in den linken Organisationen die Normen gelockert hatten; und dass schließlich die militärischen Abwehrdienste – aus gutem Grund – weder kontrolliert noch offen gekontert werden durften. Unter diesen Verhältnissen hätte man, wäre man zur massenhaften Bewaffnung der organisierten Arbeiter geschritten – selbst angenommen, es sei materiell möglich gewesen –, den Termin für den Staatsstreich, zu dem seit dem Morgen des 5.9.1970 immer wieder tastende Versuche gemacht wurden, nur vorgezogen.

Der Vorwurf an die UP, sich nicht rechtzeitig bewaffnet zu haben, kann also kaum ernst genommen werden und verrät zumindest beträchtliche Informationslücken. Wonach zu fragen ist, *ob* und *bis zu welchem Punkt* es materiell und politisch in der Macht der UP lag, sich zu bewaffnen, ohne damit schleunigst die direkte Intervention der Militärs heraufzubeschwören, die zu verhindern ja gerade durch die Militarisierung der Volksparteien erreicht werden sollte. Alles, was vor diesem Punkt an Realisierbarem lag, ist getan worden – oder fast alles. Was dahinter lag, fiel in den Teufelskreis. 500 Parteimitglieder lassen sich noch bewaffnen und ausbilden, ohne damit allzuviel Unruhe zu stiften. Bei 5.000 aber wären 50.000 Berufssoldaten (Polizei und die drei Waffengattungen zusammengenommen) wie ein Mann und dazu waffentechnisch überlegen, eingeschritten. Man kann vor Ort in behelfsmäßigen Werkstätten Einmannwaffen bauen oder sie sich, koste es, was es wolle, im Ausland besorgen. Konnte man sich aber eine »parallele« Luftwaffe oder eine »selbständige« Kriegsflotte schaffen? In der Theorie und auf dem Papier stimmt es schon, dass neben der Achtung der institutionellen Normen und der »Rechtsstaatlichkeit« (die dem unvermeidlichen Putsch seinen rechtlichen Vorwand nimmt, ihn hinauszögert und so einen Zeitgewinn bringt, um inzwischen eine gewisse Parität zwischen den Lagern und ein günstigeres Kräfteverhältnis zu schaffen) gleichzeitig auch die illegale Bildung von Selbstverteidigungsmilizen des Volkes und bewaffneten Apparaten in den Linksparteien hätte betrieben werden müssen. Diese Aufgaben, die einander von ihrer Berechtigung her ergänzten, waren in Wirklichkeit nur schwer miteinander in Einklang zu bringen.

Daher das Doppelspiel zwischen den beiden Lagern, von dem ihre diplomatischen Beziehungen von Anfang bis Ende bestimmt waren. Während sie sich beide aus gebührendem Abstand beobachteten und abtasteten und jeder auf den ersten Fehltritt des anderen lauerte, sagten sie sich die üblichen Höflichkeiten. Keiner von beiden ließ sich davon täuschen, und jeder kam dabei auf seine Kosten. Die Armee ließ keine Gelegenheit vorbeigehen, um die Öffentlichkeit ihrer »apolitischen« Haltung und ihrer »Achtung vor den verfassungsmäßig eingesetzten Institutionen« zu versichern und übte dabei in großen Manövern ungeniert ihre künftige Intervention ein und breitete ihre ausschließlich gegen die Volkskräfte gerichteten Informationsdienste maximal aus. Und wenn die Regierung ihr Vertrauen in die Loyalität der Armee verkündete und ihrem professionellen Charakter Lob spendete, so kann nur jemand, der nicht weiß, was ein Kräfteverhältnis und eine politische Praxis ist, in diesen Erklärungen heute ein Zeichen für Naivität sehen: Allende wusste, woran er sich zu halten hatte, und Altamirano, Generalsekretär der SP, wusste es noch besser. Zeit gewinnen, sich unter der Hand organisieren, den Kontrahenten wenn möglich spalten und so aufreiben, ihn durch Lob ablenken oder in Schlaf wiegen – zu diesem Verhalten wurden beide Seiten durch das prekäre »katastrophale Gleichgewicht« (Gramsci) gezwungen. Lenin riet in solchen Fällen zum Kompromiss, und er ist selber manche mit mancherlei Lumpenpack eingegangen. Seine Metapher ist sattsam bekannt: »Stellen Sie sich vor, dass Ihr Automobil von bewaffneten Banditen angehalten worden ist. Sie geben ihnen Ihr Geld, Ihren Pass, Ihren Revolver, Ihren Wagen ...«[7], und verrückt ist, wer diesen Mann für einen »Komplizen« der Banditen hält. Bleibt noch herauszufinden, ob man sie – in Chile – tatsächlich hat ins Auto steigen lassen müssen und Militärs auf Verwaltungsposten und dann in die Regierung hat setzen müssen ... Es ist die alte Frage: Wer wen?[8] Wenn man den Wolf in die Schafsherde lässt, wird es zwar leichter, seine Bewegungen zu überwachen und ihm die Fangzähne abzufeilen – aber der Wolf ist unterdessen auch nicht müßig.

Ein Beispiel aus diesen Zwängen: Am 29.6.1973 bei Tagesanbruch fand der erste Putschversuch statt. Infolge eines unerwarteten Zwischenfalls – ein in letzter Minute gegebener Gegenbefehl kam zu spät an sein Ziel – nahm das 2. Panzerregiment, im Glauben, andere Einheiten (die aber in letzter Minute noch zurückbeordert worden waren) würden hinzukommen, um den Moneda-Palast herum Stellung, derweil Präsident Allende noch in seiner persönlichen Residenz war. Seine Leibwache aus Sozialisten war streitbar, trainiert und technisch ausgerüstet genug, um die Panzer, die ohne zu manövrieren, zwar von den Infanterieabteilungen gedeckt, aber ohne Unterstützung aus der Luft, den Palast beschossen, rasch außer Gefecht setzen zu können. Bekanntlich sind ja Panzer in der Stadt, sobald die erste Schrecksekunde vorüber ist, gegenüber Bazookas und selbst Molotowcocktails äußerst verwundbar. Hätten diese zivilen Kämpfer eingegriffen, so wären zahlreiche militante Linke, die auf Derartiges vorbereitet waren, ihrem Beispiel gefolgt und es wäre zu einem umfassenden Zusammenstoß mit den Putschisten – und darüber hinaus noch weiteren Kräften – gekommen. Dennoch entschied sich Allende dafür, seine Wache nicht zum Palast zu beordern. Welches waren seine Motive? Zunächst wollte er die »gesetzwidrigen« Waffen nicht ans Tageslicht bringen. Sie waren im Besitz des Volkes, existierten aber offiziell sozusagen nicht und durften laut einem im Parlament beschlossenen Gesetz, dem »Waffenkontrollgesetz« (das die Oppositionsmehrheit nur durchgedrückt hatte, weil die Parlamentarier der UP auf der Sitzung mit Geistes- und Leibesabwesenheit glänzten, denn sonst hätten sie seine Verkündung verhindern können), von den Militärs gesucht und beschlagnahmt werden. Diese Waffen vorzuzeigen, hieß in gewisser Hinsicht, den Anhängern des Putsches recht zu geben und, statt sie zu isolieren, ihnen unter den Unentschlossenen innerhalb der Institution Armee noch weitere Helfer zuzuführen. Zweitens hatte die Regierung gute Gründe anzunehmen, dass sie, wenn sie die Zivilbevölkerung in Massen gegen die Meuterer »warf«, sich auch gleich der Korpsgeist angesprochen fühlen würde. Die Militärs würden dann instinktiv als Block reagieren und die Minderheit der Aufrührer könnte sich dann im Namen der zu rettenden Heeresinstitution und der Berufssolidarität mit der Mehrheit des Heeres verbünden. Allende hielt es für klüger, die Niederschlagung des Aufstands den von Prats angeführten loyalen Generälen zu überlassen (Prats war damals Oberbefehlshaber der Armee). So würde wenigstens vorübergehend ein Keil in die Geschlossenheit der Armee getrieben. Entschied man sich für diese Lösung, so verwarf man damit automatisch die andere: die Mobilisierung des Volkes, die Aushebung der UP-Anhängermassen. Man leitete damit den Zorn des Volkes in die Kanäle der bereits todkranken bestehenden Institutionen ab, demobilisierte und entwaffnete die Massen politisch und betrog sie um einen Sieg, den sie schon greifbar nahe glaubten.

Nicht spotten, nicht aufregen, erst mal verstehen. Die spinozistische Devise ist hier am Platz. Denn hier haben wir ein konkretes Beispiel für eine Option, bei der es um eine Strategie geht (worin bestand die Hauptgefahr? Welche Methode sollte man wählen, um den bevorstehenden Putsch hinauszuschieben, ihm die Spitze zu nehmen und ihn zurückzuschlagen, wobei abgemacht war, dass man, wenn man sich für eine Aktionsweise entscheidet, oft auf andere, die sich wegen ihres ergänzenden Charakters aufdrängen, verzichten muss), bei der jedoch die bereits realisierten Entscheidungen, die jetzt anstehende Entscheidung vorherbestimmen. Es geht hier nicht darum, die Tatenlosigkeit oder die Ausflüchte der Regierung in der letzten Periode zu entschuldigen, als sie, ohne Mittel, die reaktionäre Eskalation des Terrorismus und der Sabotage praktisch unbeantwortet ließ; sondern es geht, will man mit der Revolution nicht seinen Spaß treiben, darum, den von der ganzen früheren Geschichte der chilenischen nationalen Formation und der Arbeiterbewegung determinierten objektiven Zwängen Rechnung zu tragen und aufzuzeigen, auf welch schmalem Pfad die Regierung aufgrund ihres besonderen Zugangs zur »Macht« vom ersten Tag an lavieren musste.

Das »Waffenkontrollgesetz« gab der Armee das Recht, wo immer eine Denunziation, und sei sie anonym, unbefugten Waffenbesitz andeutete, Haussuchungen und Inspektionen abzuhalten, ohne sie vorher den Behörden melden zu müssen. Es wurde erst etwa acht Monate nach seiner Bekanntgabe angewendet, als die Bourgeoisie ausreichende Indizien über den Bewaffnungs- und Organisationsgrad der Volkskräfte gesammelt hatte. Bewundern wir das sichere Gespür, mit dem der Klasseninstinkt die Menschen begabt. Die Existenz parallel zur Armee bewaffneter Gruppen war der eigentliche Prüfstein für die konservativen Kräfte, die unüberschreitbare Demarkationslinie. Bis hier her und nicht weiter – dort fängt das andere Lager an. Über alles andere ließ sich verhandeln, nur nicht darüber. Das Attentat auf Pérez Zújovic, das im Juni 1971 von einer ultralinken, von chilenischen CIA-Agenten manipulierten Gruppe (der Vanguardia Organizada del Pueblo = VOP) verübt wurde, bezeichnete den Punkt, an dem das Verhältnis umkippte und die Allianzen auseinanderbrachen, insofern als es den Teufel der direkten Gewaltanwendung von Seiten des Volkes an die Wand malte. Von jenem Junitag 1971 an ging die DC in die Opposition. Es genügte schon, dass ein Hauch einer am Rande des Staates ausgeübten offensiven Aktion vorbeizog, dass sie ein Gegen-Staat nur in angedeuteten Umrissen abzeichnete, um sofort das Kräfteverhältnis innerhalb dieser notdürftig geklammerten, heterogenen Partei zum Vorteil ihres rechten Flügels umzukehren.

Das Monopol über die rechtmäßige Gewaltanwendung ist ein Vorrecht, über das keine herrschende Klasse mit sich verhandeln lässt. Sie weiß instinktiv, dass sie, wenn sie sich seiner begibt, alles riskiert, und kämpft von da an um ihr Leben. Sie kann in allem nachgeben (insbesondere auf dem Gebiet der Wirtschaft: Weder Verstaatlichung noch Mitbestimmung oder Mitverwaltung gehen ihr wirklich schon an den Kragen), nur in dem einen nicht; denn sie braucht nicht erst Lenin zu lesen, um zu wissen, dass die Macht – die einzige: die der Waffen – nicht teilbar ist.

Es ist eine Tatsache, dass gegen Ende der UP-Zeit in Chile eine Doppelherrschaft, eine zweite Macht, entstanden war. Gerade geboren, wimmerte und lallte sie noch. Die Volksmacht brauchte noch Zeit, um zu wachsen, und nahm auch erst nach dem misslungenen Unternehmerstreik vom Oktober 1972 effektiv Gestalt an. Wo eine parallele Macht ist, kommt es über kurz oder lang auch zu einem Machtkonflikt, weil zwei konkurrierende oder parallele Streitkräfte nur verfeindet sein können – eine ist immer zuviel.

Dieser Machtkonflikt – das war vielen klar – konnte vorerst nicht zugunsten der Arbeiter behoben werden. Es ist zumindest kurios, die »Revolutionäre« mit aufgesetzter Kummermiene lächeln zu sehen: »Seht ihr, wir haben's euch ja gleich gesagt; dahin führen nun die Kompromisse und Absprachen!«, oder den Spruch Saint-Justs zitieren zu hören: »Wer eine Revolution zur Hälfte macht, gräbt sich sein eigenes Grab!« Denn die gleichen Leute beteuerten uns noch gestern, der Weg führe am Ende zur »Volksmacht«, und zwar unausweichlich, mit oder gegen die Regierung; die Bedingungen für eine siegreiche revolutionäre Offensive seien gegeben und die Bourgeoisie sei nichts als ein Papiertiger. Mit einem Subjektivismus und Voluntarismus, dem es entging, wie unglaublich zerbrechlich die *cordones industriales* und die anderen *comandos comunales* noch waren und wie wenig darauf vorbereitet, einen langwierigen Kampf mit der Armee durchzustehen, geschweige denn, in die Offensive zu gehen. Eine statische Verteidigung ohne operative Beweglichkeit – nach der Weise: Fabrikbesetzung und Verschanzung an den wichtigsten Arbeitsplätzen – ist hingegen beim Stand der heutigen Militärtechnik mehr als ein aussichtsloses Unterfangen, es ist Selbstmord.

Viele wussten, dass sich der Staatsstreich nicht als Bürgerkrieg, sondern als Massenschlachten abspielen würde. Diese »Defätisten«, die bewusst eine abwartende Haltung einnahmen, haben die derzeitige »Niederlage« tatsächlich vorausgesehen

– was ganz und gar kein Triumph ist. Und die anderen dürfen den Spieß umdrehen: »Die Revolution ist aber selber schuld, wenn sie in diese Lage politischer und militärischer Unterlegenheit reingeschlittert ist. Das kommt davon, wenn man zwei Jahre lang immer nur vor dem Feind zurückschreckt und Aufschübe gewinnen will. Wenn die UP alles getan hätte, um den Pol der Massen zu verstärken und sich in ihren taktischen Plänen auf sie gestützt hätte, wäre es mit uns nicht dahin gekommen.« Möglich. Wenn man die Kausalkette aber schon zurückverfolgt, dann auch bis ganz an den Anfang. Da wird man nämlich finden, dass es weder Zufall noch falsche Konzeption, weder Blindheit noch schlechter Wille war, wenn die Regierung den Berg hinuntergestiegen ist. Denn im Grunde blieb ihr nichts anderes übrig.

Ein letztes Wort noch, auch wenn es eigentlich hätte am Anfang hätte gesagt werden sollen. Aber es war das Wort, das am Ende des Prozesses stand, am Ende des ersten Aktes und eines sehr vorläufigen Endes also. Es ist der am 11.9.1973 gefällte Urteilsspruch.

Er ließ sich schon ein Jahr davor heraushören, als am 23.8.1972 in La Paz der Widerstand des Volkes zusammenfiel und im Juni 1972 in Montevideo der allgemeine und insurrektionale Streik gescheitert war. Nur hallte er in Santiago am lautesten wider – wie ja auch der Einsatz, um den es in den chilenischen Kämpfen ging, weit höher war als anderswo.

1895 verwarf Engels in seiner Einleitung zu Marxens »Klassenkämpfen in Frankreich« die Überlegungen seines Freundes zu den Pariser Aufständen von 1848, weil sie aus einer verflossenen Epoche stammten, »der klassischen Zeit der Straßenkämpfe«. Es war ihm nicht entgangen, dass die Techniken des Klassenkampfes sich ebenso rasch weiterentwickeln wie die des Völkerkrieges. »Die Bedingungen sind seit 1848 weit ungünstiger für die Zivilkämpfer, weit günstiger für das Militär geworden.« Statt des glatten Perkussions-Vorderladers hatte man den kleinkalibrigen Magazin-Hinterlader, »der viermal so weit, zehnmal so genau und zehnmal so rasch schießt wie jener«[9]; die neuen Perkussionsgranaten hatten die alten, ungenau und kurz schießenden Vollkugeln der Artillerie hinauskompliziert, die Dynamitpatronen hatten »die Spitzhacke des Pioniers zum Durchbrechen von Brandmauern« ins Museum verbannt; vermittels der Eisenbahn konnten die Garnisonen jetzt in 24 Stunden verdoppelt werden, und die Anlage der neuen, langen, geraden und breiten Straßen war wie gemacht für den Einsatz von Geschützen gegen jede Barrikade. Dies waren die technischen Fortschritte, die in dreißig Jahren gewisse Marxsche Erkenntnisse null und nichtig gemacht hatten und dazu zwangen, neue Kampfformen zu finden, beziehungsweise laut Engels (und auf das deutsche Proletariat bezogen) die Strategie zu wechseln.

Die Fortschritte, die Engels so nachdenklich gemacht hatten, dass er um ihretwillen sogar frühere Marxsche Positionen revidierte, werden zu Flohhüpfern, wenn man sie mit den gigantischen Sprüngen vergleicht, mit denen es ab 1895 weiterging. Seitdem haben nämlich zwei oder drei industrielle Revolutionen nacheinander – Erdöl, Strom, Elektronik (ohne die Atomspaltung zu berücksichtigen, da sie sich fürs erste nicht auf die nationalen Bürgerkriege auswirkt) – stattgefunden und die modernen Kampfbedingungen *qualitativ* zutiefst verändert. Und wir leiern, als ob nichts geschehen wäre, noch immer unsere Klassiker (Lenin, Lussu, Neuberg) herunter! Wir hören nicht auf, uns den bewaffneten Aufstand in Eisensteinscher Manier wie den Sturm auf das Winterpalais, akustisch untermalt von Salven des Panzerkreuzers »Aurora« vorzustellen, obwohl sich bei dieser Episode, was das Technische angeht, heute jeder professionelle Insurgent den Bauch hält vor Lachen.

Dank sekundenschneller Befehlsübermittlung und Nachrichtenzentralisierung über Funk kann heute ein einheitliches militärisches Kommando die Truppenbewegungen koordinieren. Ein Netz von Operationsbasen (Militärflugplätzen, Marinefliegerstützpunkten, Kriegsschiffen, Treibstofflagern und Arsenalen) spannt sich über ein riesiges Territorium, und Anlagen wie Bestückung sind gegen jeden Angriff oder Handstreich vom Boden her geschützt. Der Luftraum lässt sich total kontrollieren, da man mit Jagdflugzeugen oder anderem Gerät (beispielsweise auch Suchraketen) sogar zivile Objekte bombardieren und mit gepanzerten Hubschraubern gegen die Scharfschützen auf den Dächern vorgehen kann. Sämtliche Nachrichtenwege und normalen Verkehrsmittel (Telefon, Post, Kraftfahrzeugverkehr usw.) lassen sich überwachen. Gegen feststehende, ungeschützte Ziele lässt man Panzerwagen auffahren. Und schließlich ist man praktisch unbeschränkt logistisch gesichert. Im Gegensatz dazu sind die zivilen Truppen verstreut und vereinzelt, verfügen nur über unsichere Verbindungen, haben keine Luftabwehr, keine motorisierten Streitkräfte, keine unterirdischen Gefechtsstände, keine elektronischen Hilfsmittel und nur einen sehr begrenzten Schussvorrat. Die ganze Technik, über die ein Berufsheer neuerdings gebietet, macht eine bewaffnete Auseinandersetzung mit ihm heute zum sadistischen Kinderspiel der Repression. Wenn das Oberkommando solch einer modernen Armee die politische Entscheidung trifft, die ganze Feuerkraft, derer sie mächtig ist, zu entfalten, wenn es dabei alle schamhafte Zurückhaltung, jedes humanitäre Denken beiseite schiebt, alle Rechte der Persönlichkeit restlos außer Kraft setzt – wenn es also das Kriegsrecht einführt, jeden, der Widerstand leistet, standrechtlich erschießen lässt, Regierungssitz und Lokale der großen Volksparteien mit Artillerie beschießt und bombardiert, Fernmeldezentren und Leitstellen der wichtigsten Versorgungsbetriebe besetzt, tagelang strengste Ausgangssperre verhängt, Gefangene foltert und ihre Angehörigen erpresst usw. – dann vermag nichts und niemand diese alles zermalmende Dampfwalze aufzuhalten, *solange der Kampf sich auf die Hauptstadt beschränkt und der bewaffnete Widerstand konventionell und von feststehenden Stellungen* (Wohnvierteln, Fabriken oder Ministerien) *aus geführt wird.*

Unter solchen Umständen können *längere und statisch am Ort klebende* Kampfhandlungen nur zur Selbstaufopferung im Stil des Warschauer Ghettoaufstands werden, auch wenn die zivilen Streiter noch so kühn und selbstlos und zahlreich kämpfen und ihr Rückhalt in der Masse der Bevölkerung noch so groß, ja selbst wenn er majoritär ist. Die Palästinenser waren – da im offenen Kriegszustand – völlig durchmilitarisiert, trainiert und zum Kampf gerüstet. Ungeachtet dessen werden sie uns, wenn sie während des Schwarzen Septembers König Husseins Luftwaffe und Panzerwagen ins Auge geblickt haben, in diesem Punkt nicht widersprechen. Auch nicht die Aufständischen von Hue oder Saigon während der vietnamesischen Tet-Offensive 1968. Kein noch so schöner und erregender Satz über Gerechtigkeit und Völkerbefreiung kann die grauenerregende Wirklichkeit dieser Technik verbrämen, deren politische und strategische Effekte man in allen vier Himmelsrichtungen dieser furchtbaren Welt besichtigen kann. Effekte, die uns die Tagespresse wohlmeinend nur tropfenweise zukommen lässt.

Wenn Mythen tödlich sind

Die näheren Umstände, unter denen ein Gesellschaftssystem geboren wird, bedingen seine Chancen, einen neuen Kurs einzuschlagen. Deshalb sind ja in der Politik manche Dinge nicht wiedergutzumachen und gibt es Siege, die mit Niederlagen schwanger gehen. Als Zwitterwesen, als Frucht einer ungewöhnlichen Kreuzung zwischen dem liberalen bürgerlichen Staat und einer sehr fortgeschrittenen Arbeiterklasse, hat das progressive chilenische Regime das Gesetz des Vaters bis zum bitteren Ende an sich erfahren müssen. Nichts an seinem Fall, was nicht schon bei seinem Aufstieg dagewesen wäre. Das Ergebnis war den Prämissen angemessen.

Allende schloss seinen Vergleich mit dem liberalen Staat nicht aus Neigung oder Schwäche, sondern weil er selbst, als Individuum und als Staatsmann, diesen geschichtlichen Kompromiss verkörperte. Wenn es nicht so gewesen wäre, hätte er kein Chilene sein dürfen, der zusammen mit seiner Generation und genau wie sie erzogen worden ist. Er wäre sonst 1970, als außerhalb der Legitimationsformen der parlamentarischen Demokratie keine revolutionäre Legitimität möglich oder auch nur denkbar war, niemals mit dem geweihten Öl der Wählergunst gesalbt worden. Genauso lavierte und pendelte die Unidad Popular deshalb bis zum Schluss zwischen proletarischer Revolution und bürgerlicher Gesetzesverehrung, weil dieses Gemisch, von Portales bis Allende, die Geschichte der Nation ausgemacht hatte. Wäre es anders gewesen, dann wäre die Volksfront über den Status einer (je nach Stimmung oder Bedarf der herrschenden Klasse) bald parlamentarischen, bald semilegalen Oppositionsfront nie hinausgekommen. 1970 war der chilenische Klassenkampf den bürgerlich-institutionellen Formen objektiv auf den Leib geschnitten, denn er trug die Spuren, die alle früheren Umstände auf dieser Gesellschaftsformation, einschließlich dem Proletariat, hinterlassen hatten.

Damit Allende – und über ihn alle bewussten Werktätigen im Vorzimmer zur Macht – das Präsidentenamt antreten konnte, musste – unabhängig davon, ob man sich in einer revolutionären Situation befand oder nicht – sein politisches Projekt mit der Ideologie der herrschenden Klasse in Einklang gebracht werden, welche logischerweise auch über die Werktätigen herrschte. Und es musste der Punkt gefunden werden, an dem zwei in entgegengesetzte Richtungen ziehende Kräfte, die zwischen dem offenen Antagonismus und dem Zusammenschluss zu einem einmütig voranschreitenden Paar hin und her schwankten, sich die Waage halten konnten, in einem Gleichgewicht, das nie anders als unbeständig sein konnte. Wenn die Arbeiterbewegung nicht jeden politischen Plan für die nächste Zeit aufgeben wollte, durfte sie die Spielregeln nicht durchbrechen, denn dazu besaß sie weder die militärischen Mittel noch den gesellschaftlichen Einfluss. Sie musste sich also darein schicken. Zu oft wird vergessen, dass in dieser Situation das demokratische Kleinbürgertum (das gerne Demokratie, aber ohne Revolution hätte) *von Anfang an* das Zünglein an der Waage gewesen ist. Dass es das Kleinbürgertum war, das in der Person der christlichen Demokratie nach deren nationaler Konferenz, die am Tag nach den Wahlen im September 1970 abgehalten wurde, sich mit 271 zu 191 Stimmen dafür entschieden hat, der UP die Türen zur »Moneda« aufzuschließen – als es sich nämlich darauf einigte, Allendes Amtsantritt zu bewilligen und ihn eine Regierung der Werktätigen bilden zu lassen. Und als das Zünglein mehr nach rechts ausschlug und die DC nach drei Jahren wieder zwei Drittel auf sich vereinigte, die nur diesmal für die Rechte stimmten (die Unentschlossenen dabei ausschaltend und die »Demokraten« isolierend), da senkte sich die Waagschale auf der anderen Seite und ließ die UP in der Luft hängen.

Régis Debray und Salvador Allende in Chile am 29. April 1971

Wenn es nach einigen Leuten ginge, wäre die Geschichte eine große Kaufhausauslage, zu der alle Völker angefahren kämen, um sich ihr Revolutionsmodell auszusuchen. Diese Spaßvögel, die sich »Marxisten« nennen – wer ist es im Grunde heute nicht? -, würden ihre souveräne Geringschätzung für das Fach, das bei unseren Großvätern noch in hoher Gunst stand und *Geschichte* heißt, gern mit der Autorität des *historischen Materialismus* drapieren. Ihre Verachtung für die Geschichte wird übrigens von jenem unheilbaren *Idealismus* begleitet, der im Bewusstsein das schaffende Subjekt der Geschichte sieht. Ihrer Meinung nach hat die chilenische Volksfront die Einhaltung der Gesetze der Insurrektion vorgezogen, und zwar aus reformistischer Naivität (weil sie ja zu dumm war, um zu wissen, dass, was man billig haben kann, am Ende – wegen seiner minderen Qualität – doch immer teurer ist) und aus angeborenem Kleinmut (weil sie ja zu feige war, um die notwendigen Opfer zu bringen). Die UP hat ihnen zufolge unrecht getan, als sie sich 1970 nicht gleich für die Revolution, will sagen für den bewaffneten Kampf entschieden hat. Nur dass dieser Artikel gerade nicht im Schaufenster lag, ja noch nicht einmal im Lager vorrätig war. Denn »die Menschen machen ihre eigene Geschichte, aber sie machen sie nicht willkürlich unter selbstgewählten Bedingungen, sondern unter direkt vorgegebenen und aus der Vergangenheit ererbten Bedingungen. Die Tradition aller toten Generationen lastet überaus schwer auf den Hirnen der Lebendigen«. 1970 gestand weder die derzeitige Lage noch die vergangene Geschichte den chilenischen Massen eine andere Wahl zu als die der Gesetzlichkeit. Eine Avantgarde wie der MIR sah sich vom Strom der Massen beiseite geschoben, weil er gedacht hatte, der Klassenkampf würde zum damaligen Zeitpunkt nicht in einem Wahlkampf (den er zu Unrecht von vornherein verloren meinte) ausgetragen, und weil die Faszination, die damals die Guerillabewegungen in den Nachbarländern auf ihn ausübten, ihn weit von der Realität des eigenen Landes entfernte. Es ist also kein Zufall, dass fünfzig Jahre Arbeiterkämpfe gerade in einem Land wie Chile, das mit dem Siegel einer konstitutionellen Kontinuität ohnegleichen vorbelastet war (die Verfassung von 1833 blieb bis 1925 in Kraft, und die von 1925 setzte sie in großen Zügen fort), die zwar gelegentlich von jähen Sprüngen unterbrochen, nie aber abgebrochen worden war, in einen Wahlsieg wie den von 1970 mündeten. Und es ist auch kein Zufall, dass eine leichte Verschiebung in den Stimmenanteilen von den chilenischen Arbeitern als ein historisch bedeutsamer Sieg erlebt wurde. Denn wenn einem Volk in seiner Vergangenheit die Erfahrung eines bewaffneten Volkskampfes um die Macht fehlt, wie soll es da nicht einen radikalen Wechsel in der Führungsmannschaft als »Revolution« feiern? »Was den Wahlsieg ermöglicht hat, ist auch das, was seine Verwandlung in den Sieg schlechthin bremst. Wird nicht, was den Zugang zur Revolution ermöglicht hat, das sein, was den Zugang zur Macht verhindert? Sind nicht die Bedingungen der Entstehung des Prozesses auch die Bedingungen seiner Blockierung?« – So fragten wir uns wenige Monate nachdem Allende an die Macht gekommen war.[10] Die Geschichte hat diese Frage beantwortet. Aber damals durfte und musste man Hoffnungen und Fragezeichen einen bestimmten Spielraum geben. Es wäre weder richtig noch des Augenblicks würdig gewesen, hätte man die Zukunft im Voraus beleidigt oder die Ausnahme von der Regel für undurchführbar erklärt, denn nichts hinderte daran, *unter bestimmten Umständen* anzunehmen, dass »der Sprung« hinterher und nicht vorher getan werden würde. Allende befand sich jedoch in einer so ungewöhnlichen, unbekannten und schwierigen historischen Lage, wie sie noch kein revolutionärer Führer je hat bewältigen müssen. Er hatte die Revolution »von oben« zu betreiben, ohne dass sich das Land schon beim Start in einer revolutionären Situation befunden hätte oder dass ihm für eventuell zu erwartende Krisen ein revolutionäres Instrument, das heißt eine eigene bewaffnete Streitmacht, zur Verfügung gestanden hätte. Die Bedingungen, auf die man nicht verzichten konnte, wenn es einem darum ging, das Kräfteverhältnis zu beeinflussen und zugunsten des Lagers der Revolution zu verschieben, und deren Eintreten niemand von vornherein ausschließen durfte, waren unserer Ansicht nach zwei:

Als erstes ein *subjektiver* Faktor: Es musste eine zentralistische und homogene politische Avantgarde formiert werden, die den Weg weisen und dem Prozess eine klare und eindeutige Orientierung geben konnte, wobei wir unterstellen, dass die Regierung (Allende) von sich aus noch kein politisches Führungsorgan für die Massenbewegung ersetzen kann (um wieviel weniger erst in einer solchen Situation, die latent zur »Doppelherrschaft« tendierte und in der die Regierung dann wohl oder übel den bürgerlichen, negativen Pol würde abgeben müssen). Diese Avantgarde – geben wir es zu – ist nicht zustande gekommen – auch wenn die Einheit im sozialistisch-kommunistischen Lager sich gegenüber den Divergenzen stets hat behaupten können -, weshalb Allende auch bis zum Schluss in der unbequemsten aller Stellungen, nämlich zwischen zwei Stühlen gesessen hat: Er durfte nicht seinem Gefühl nachgeben und ein volkstümlicher Führer werden, weil er gezwungenermaßen Präsident einer bürgerlichen Republik war, aber er konnte sich auch bei den Massen als Präsident keinen »Gehorsam« verschaffen, da sie den politischen Richtlinien ihrer jeweiligen Partei Folge leisteten. Er besaß mithin moralischen, persönlichen und insofern beherrschenden Einfluss – die politischen Mittel jedoch, um seine Entscheidungen direkt durchzusetzen, ohne vorher die führenden Organe der UP, das heißt Parteien, über die er keine Kontrolle hatte (über seine eigene noch weniger als über die anderen) – die Mittel gingen ihm ab. Genauso wenig durfte er jedoch einer politischen Führung stattgeben, die außerhalb seiner eigenen stand, wenn sie auch wenigstens das Verdienst gehabt hätte, zu existieren – denn mit ihr wäre niemals eine gemeinsame Strategie zustande gekommen.

Zweitens ein *objektiver* Faktor: Wären Nationalgefühl und antikapitalistischer Kampf zusammengefallen, interne Klassenkämpfe zu offenkundig patriotischen Kämpfen geworden und wäre es zum offenen Krieg mit einem auswärtigen Feind gekommen, so hätte das Proletariat zu »der nationalen Klasse« werden können, zu einer Klasse, die die Interessen der Nation gegenüber dem Ausland repräsentiert. Es hätte sich dann das nationalistische Kleinbürgertum verbündet und auf den gleichen Streich die monopolistische Großbourgeoisie unschädlich gemacht. Dazu hätte der Imperialismus frontal angreifen müssen. Statt dessen entschieden sich Kissinger und seine Mannschaft in weiser Voraussicht für den Abnutzungskrieg, für innere Aushöhlung, für diplomatische Einkreisung und für die finanzielle Erdrosselung, legten sie den Schwerpunkt ihrer Bemühungen auf die Wirtschaft (Finanzblockade, Sabotage, künstliche Senkung der Kupferpreise auf dem Weltmarkt) und hatten damit kurzerhand und sehr geschickt den Weg für diese Möglichkeit verbaut.

Es entwickelte sich also eine schleichende Krise, die tückisch vorging, heimlich Schaden anrichtete und die man nicht zu packen bekam, da sie ihre eigentlichen Drahtzieher nicht sehen ließ. Der äußere Feind tarnte sich als »Hausfrauen«-Aufmärsche, und der innere kam als »Naturkatastrophe Inflation«, als Warenknappheit, als Transportstreik, als geschlossene Tankstellen, als Rationierung verkleidet daher. Eine namen- und gesichtslose Verschleppungstaktik im Parlament brachte die Steuerreform zu Fall und verweigerte dem staatlichen Sektor der Volkswirtschaft die Mittel zu seiner Finanzierung. Sie erzwang damit, dass mehr Bargeld emittiert wurde. Waren wurden in den Lagern zurückgehalten, massenweise aufgekauft, man wucherte mit ihnen oder schmuggelte sie ins Ausland, der Schwarzmarkt blühte in allen besseren Vierteln. Diese Umtriebe fanden überall und nirgends statt, sie waren so verbreitet, dass man Schuldige nicht mehr ausmachen konnte. Über haarfeine und verbotene Kanäle wurden die Streikfonds der Unternehmerverbände von der CIA aufgefüllt. Es gab also keinen Feind, der ohne weiteres zu identifizieren gewesen wäre, kein Ziel, auf das man hätte »schießen« können.

Die Vorzüge dieser neuen Diplomatie des *low perfile*, des »Flachprofils«, bestehen – für die USA natürlich – darin, dass man sich mit seiner natürlichen Umgebung tarnt, dass man sozusagen durchs Blattwerk kriecht.

Tatsächlich konnten nach 1972 »die oben« nicht mehr wie bisher weiterregieren (der politische Überbau war gelähmt) und »die unten« nicht mehr so weiterleben wie bisher (die Klassenantagonismen hatten sich zugespitzt). Die Massen hielten von nun an Einzug in alle Etagen des gesellschaftlichen Lebens. Jetzt wurde die Situation wahrhaftig revolutionär, nur nützte sie dabei mehr der Konterrevolution als der Regierung der Unidad Popular, denn diese musste ihre Wirkungen unterdrücken, ohne auf die Schnelle auf die Ursachen einwirken zu können, und dies zudem auf überaus rutschigem Gelände, auf dem Glatteis der Wirtschaft, wo sie nur äußerst begrenzte *direkte* Eingriffsmöglichkeiten hatte. Das Lager des Volkes, das für alles die Verantwortung trug, bekam so die Nachteile der Krise zu spüren, ohne zugleich in den Genuss ihrer Vorteile zu kommen. Da es »oben«, das heißt an der Macht saß, bekam es die Negativa der Krise, das Chaos, angelastet, während der Gegner gut platziert war, um im Trüben, im Positivum jeder Krise, den vervielfachten Initiativen von »unten«, zu fischen. In Defensivstellung und angehalten, das Errungene zu schützen, fehlte der Regierung das politische und militärische Instrument, um diese Krise für sich zu entscheiden, das heißt um die Frage der Staatsmacht zu schlichten.

So war in Chile noch einmal zu sehen, dass die bloße Aussicht auf ihren Sturz die Kräfte der Bourgeoisie verzehnfacht, während die ihrer Antagonisten nicht im gleichen Tempo zunehmen. In der Angst steckt mehr Feuerkraft als in der Hoffnung. Vor dem 11.9.1973 haben die chilenischen Bourgeois die chilenischen Arbeiter weit mehr gehasst als umgekehrt. Zwischen Versaillern und Communarden stehen die Chancen nie gleich, unter anderem deshalb nicht, weil die Verbrüderung unter Revolutionären beruhigt und die Frustration die Konterrevolutionäre aufpeitscht. Der soziale Selbsterhaltungstrieb entwickelt eine nervöse Kraft, einen Einfallsreichtum und eine Kühnheit, mit einem Wort, ein noch mächtigeres Klassenbewusstsein als das Streben nach neuen sozialen Errungenschaften auf der proletarischen Seite. Man legt sich auf seinen Lorbeeren zur Ruhe und wacht am Rande des Abgrunds auf. Die vielgerühmte Radikalisierung ist also auf der Rechten weit schneller vor sich gegangen als auf der Linken.

Nachdem sich also das imperialistische Lager entschlossen hatte, Allende einen erbarmungslosen, aber »weißen«, »sauberen« Krieg, ohne Schusswaffen und ohne offizielle Kriegserklärung zu liefern und die einige, zupackende und standfeste Avantgarde, die am Anfang 1971 erwartet wurde, ausblieb, die Risse im eigenen Lager zudem immer größer wurden, engten sich Allendes Handlungsmöglichkeiten mit jedem Monat mehr ein. Immer zwei Finger breit vor dem Abgrund, musste er sich mit gebundenen Händen mit einem agilen und listigen Feind schlagen und konnte sich dabei noch nicht einmal auf seine Basis verlassen. Man wird noch lange an der Frage zu kauen haben, ob denn wirklich alles verspielt war, und wenn ja, ab wann. Zumindest Allende kannte sein Schicksal und wich ihm nicht aus, schickte sich aber auch nicht tatenlos. Die chilenische »Tragödie« – denn diesen Namen verdient sie angesichts so vieler hellsichtiger Mitspieler, die ihren Ausgang erkannt hatten – ist vielleicht der vorläufig letzte Racheakt jenes höhnischen heidnischen Götzen, der den Nektar nicht anders als aus den Schädeln seiner geschlachteten Feinde trinken wollte und mit dem Marx den menschlichen Fortschritt in den Klassengesellschaften verglichen hat. Sollte dieser Götze nicht ein Gesetz erlassen haben, nach dem ein Gesellschaftssystem, das gewaltlos geboren wurde, seine Geburt durch ein gewaltsames Ende büßen muss? Muss jeder Emanzipationsprozess seinen Tribut an Kampf und Zwang entrichten? Wird das Blut, das er nicht von Anfang an in gebührender Menge vergießt, ihm am Ende doch immer abgenommen? Nur ums Zehnfache erhöht?

Dabei ist der chilenische Prozess auf seinem Marsch an mehr als eine Weggabelung gekommen – vielleicht sogar an drei -, die alle entscheidend waren und an denen die UP jedes Mal rechts abgebogen ist. Zum ersten Mal nach dem Sieg in den Gemeindewahlen vom April 1971, als sie vor der Entscheidung für oder gegen einen Volksentscheid stand und Allende ihn auf den Rat einer mächtigen Koalitionspartei hin ablehnte. Damals befand man sich mit Sicherheit am Krümmungspunkt der Kurve. Denn die UP stand auf dem Gipfel ihres Erfolgs – beinahe absolute Stimmenmehrheit – und fing an, die Initiative aus der Hand zu geben: Sie schreckte vor einem Sprung nach vorn zurück, mit dem sie mancherlei hätte ins Wanken bringen können – unter anderem und auf jeden Fall die alte Verfassung. Zwar hätte im Fall des Misserfolges der Schlag auch nach hinten gehen können; dennoch konnte der Augenblick nicht günstiger sein: Die Bourgeoisie hatte ihre Wunden noch nicht versorgt, ihre Einheit noch nicht wiederhergestellt und nicht einmal wieder Vertrauen in ihre eigenen Kräfte gewonnen.

Die zweite Weggabelung kam mit der Vereitlung des Unternehmerstreiks vom Oktober 1972. Anstatt sie zu »kapitalisieren«, indem man die Massenmobilisierung, die während der langanhaltenden Konfrontation dahingekrochen war, sofort beschleunigt weiterführte, optierte man »zentristisch« für einen »Plan der nationalen Entwicklung«, der für die damals an der Regierung beteiligte Armee annehmbar war.

Und zum letzten Mal – aber da war es bereits zu spät – gab es im Juni 1973 eine Alternative, als Allende es aus Gründen, die wir erwähnt haben, ablehnte, die direkte Aktion der Massen einzusetzen, den Kongress zu schließen und »das Volk zu bewaffnen«. Daraus wird man womöglich schließen, die UP ist den Berg jedes Mal nur weiter runtergegangen. Und das stimmt. Aber war dieser Abhang nicht ein wenig zu steil für einen erneuten Aufstieg? Welche Folgen immer diese Entscheidungen hatten und welche Kritik und Widerstände man ihnen auch aus den Reihen der UP selber entgegensetzen mochte, eine jede von ihnen liegt auf der geraden Straße, die die UP von Anfang bis Ende gegangen ist (werden die einen sagen) – oder auf dem Weg nach rechts, den sie von Anfang an eingeschlagen hat (werden die anderen sagen). So bedauerlich, unselig und »falsch« sie auch waren, sie folgten einer unwiderlegbaren Logik. Es ist in unseren Augen zumindest ebensosehr die Logik einer Geschichte als die einer Politik.

Die Einbildung, die das Leben der Menschen erträglich macht, macht sie ohnmächtig, wenn sie nach ihr geschichtlich handeln. Eine gewisse Enttäuschung über die Politik, verbreitet insbesondere bei denen, die für ihre Bestrebungen nicht das äquivalente Betätigungsfeld finden, hat einen solchen Durst nach Revolution erweckt, dass sie in einer Geschichte, die für sie eine Wüste ist (bei den meisten eine europäische Geschichte), Sinnestäuschungen erliegen und kaum in der Ferne ein Rinnsal erspähen, um es auch schon für das Gelobte Land zu halten. Daher solche Trugbilder in allen vier Himmelsrichtungen. Wenn man die Dinge wieder auf ihr rechtes Maß, das reale Chile wieder auf seine tatsächlichen historischen Bestimmungen zurückbringt, so konnte Chile gar nichts dafür, dass es für so viele einander widersprechende Phantasien als Auffangbecken herhalten musste.

Eine Phantasie war es auf der rechten Seite der Arbeiterbewegung, eine simple volkstümliche Übergangsregierung »sozialistisch« und »revolutionär« zu nennen, in der Ausnahme und dem Provisorium eine verallgemeinerbare Regel, ein fleischgewordenes universales Modell sehen zu wollen, wie es in der Theorie auf die Schriften des alten Engels (tatsächlich also auf Kautsky und Bernstein) zurückgeht, die endlich gefundene Lösung des Rätsels, die des »friedlichen, humanen und pluralistischen« Weges zum Sozialismus. Da die Tatsachen das Gegenteil bereits bewiesen haben, können wir es dabei belassen.

Auf dem linken Flügel der Studentenbewegung entsprang es der Phantasie, wenn man das Allende-Regime als einen »konterrevolutionären Betrug« darstellte und an die Stelle der einzig realen Alternative jenes Moments, »Volksregierung oder faschistische Reaktion«, den subjektiven Widerspruch »Reformismus gegen Revolution« setzte. Im allgemeinen gilt für den Reformismus, dass er, als trojanisches Pferd der bürgerlichen Ideologie in der Arbeiterbewegung, die bürgerliche Herrschaft nicht angreift, sondern im Endeffekt konsolidiert. Allende dagegen ist drei Jahre lang von seinen Feinden »trojanisches Pferd des Marxismus, das in den chilenischen Staat eingeschleust wurde«, beschimpft worden, weil er ihre Klassenherrschaft so sehr bedroht hat, dass sie sogar in einem Block gegen ihn aufstanden. Im engeren Sinne gilt für den lateinamerikanischen Reformismus, dass er von Tag zu Tag offensichtlicher mit dem Imperium gemeinsame Sache macht. Wenn es ihm noch einmal unterläuft, die Interessen des Pentagon zu verletzen – das State Department erlässt ihm am Ende immer die Schuld. Hier aber hat der amerikanische Imperialismus seit dem 5.9.1970 »das marxistische Regime« Allendes an die absolut oberste Stelle auf seiner Abschussliste gesetzt und sein ganzes Reservoir an Hilfsquellen aufgeboten, um seinen Zweck zu erreichen. Darin dürfen wir ihm getrost Vertrauen schenken – zwischen Freund und Feind versteht er sehr wohl zu unterscheiden. Die aggressiv intoleranten Reaktionen der einheimischen und der internationalen Bourgeoisie gegen das Chile der UP lassen keinen Zweifel daran aufkommen, dass Allende dem Imperialismus unerträglich war. Wenn doch die Ultralinke so viel Überblick besäße wie die Analytiker der CIA, wenn es darum geht, den Hauptfeind zu identifizieren.

Es versteht sich, dass die MIR-Führung an Ort und Stelle die Lage nie so verkürzt gesehen hat wie die Kolporteure einer gewissen Exportmythologie, die dem *Cordón Cerrillo* kaum eine Stippvisite abgestattet haben und ihn auch schon mit dem Petrograder Sowjet verwechselten. Das ewige Klischee der »Massen« (die Symbollast des Wortes enthebt jeglicher Analyse seines soziologischen Gehalts), die von Natur aus »gären« und gegen den Damm der Bürokraten, das einzige Hindernis, das der insurrektionalen Woge der Volksmacht entgegensteht, branden, muss die Phantasie wohl zu sehr anregen, als dass man ihm die schäbigen Tatsachen in ihrer Rohheit entgegenhalten dürfte.

Beide Verwechslungen scheinen eine gemeinsame Wurzel zu haben: Der Wahlsieg vom 4.9.1970 hat, ohne deshalb eine bloße Panne der Geschichte zu sein und ohne dass wir bestreiten wollen, welche Anhebung des politischen Bewusstseins und Organisierungsniveaus der chilenischen Arbeiter er darstellt, das Gleichgewicht der Klassen in Chile nicht umgewälzt. An der politischen Oberfläche – in der Zusammensetzung der Regierung, den Reden und Symbolen, dem Wortlaut der Dekrete und den diplomatischen Beziehungen – hat sich nach der Übernahme der Exekutive durch die UP alles geändert; was aber war in den tieferen Schichten der zivilen Gesellschaft anders geworden, die noch keine umfassende Wirtschaftskrise, kein internationaler oder Bürgerkrieg jemals in ihren Grundlagen erschüttert hatten? Eine ganz kleine Ursache – 40.000 Stimmen Vorsprung bei der Wahl eines Präsidenten aus drei Kandidaten – hatte eine über die Maßen große Wirkung hervorgebracht (die Geburt eines neuen Chile und, für manche, eines neuen Chilenen). Eine leichte quantitative Verschiebung im Stimmenverhältnis, zustande gekommen in einer völlig normalen und traditionellen Volksbefragung, führte zu einem qualitativen Wandel in der Ausübung der politischen Macht und der Anwendung der bestehenden rechtlich-politischen Normen – so will es die Achtung vor dem Gesetz der Mehrheit. Daher die Versuchung, im Nachhinein den qualitativen Wandel, der in den Institutionen des Überbaus erfolgte, auf das allgemeine gesellschaftliche Kräfteverhältnis zu projizieren. Man erfand sich eine Ursache, die im Format der Wirkung ebenbürtig war. Nun lag das Niveau der politischen Veränderungen tatsächlich hoch über dem Bewusstseins- und Organisationsgrad der gesellschaftlichen Kräfte, auf die sie sich stützen konnten. Der inhaltlichen Änderung im Gebrauch des bestehenden Staatsapparats entsprach keine gleichwertige Verschiebung im Kräfteverhältnis der miteinander kämpfenden Klassen. Aber die Situation in Chile – wir sagen es noch einmal – war 1969 nicht revolutionär und ist auch im September 1970 nicht von einem Tag auf den anderen revolutionär geworden. Eine Wahlnacht kann keine »allgemeine nationale Krise« ersetzen, ohne die, laut Lenin, der es wissen muss, ein Revolutionsprojekt nicht Gestalt annehmen kann.

Das etablierte Recht wurde von der überwältigenden Mehrheit der Bevölkerung ganz und gar nicht als überholt oder gar rückständig empfunden, sondern war vielmehr ein Medium, in dem die wesentlichen Klassenkonflikte zum Ausdruck kommen und kanalisiert werden konnten. In Russland und 1917 waren die Wahlen zur verfassunggebenden Versammlung kaum geeignet, die Massen in Schwung zu bringen – sie schlugen sich mit anderen Dingen herum (mit Krieg, Brot und Boden). In Chile aber ging 1970 das Leben der ganzen Nation im Wahlkampf auf, und eine freudetaumelnde Menge strömte spontan ins Zentrum von Santiago – ohne ein Auto anzuzünden oder eine Scheibe einzuschlagen –, als die Ergebnisse bekannt gegeben wurden. Was besagt, dass damals kaum zu befürchten stand, der Lauf des sozialen Kampfes könne aus seinem »normalen«, das heißt »bürgerlichen« Bett treten. Ja, mehr noch, im Widerspruch zu der Auffassung der linken Mythologie hat die politische Regierungsgewalt das ganze Jahr 1971 hindurch Maßnahmen getroffen, die weit fortschrittlicher waren und weiter gingen, als ihre soziale Basis es damals verlangte. Und wenn sich anlässlich der Verstaatlichung der Kupferbergwerke 6.000 Menschen zu einem Meeting zusammenfanden, dann kann man sich nicht vorstellen, was für einen Enthusiasmus denn wohl der Vorschlag, »das Proletariat für die Verteidigung der revolutionären Errungenschaften zu bewaffnen«, hervorgerufen hätte – wenigstens bei den Proletariern, die mit derartigen Vokabeln ja in erster Linie angesprochen werden. Darum war auch bis 1972 selbst nach Ansicht zahlreicher ranghoher Mitglieder der UP die Wirtschaftspolitik der Regierung – ihre Entscheidungen und Dekrete – der politischen Massenmobilisierung und der Umgestaltung staatlicher Strukturen voraus. Aus dem einfachen Grund, dass man zwar eine juristische Änderung der Eigentumsverhältnisse in der Sphäre der Produktionsmittel »von oben« beschließen kann, über den Wandel der politischen Herrschaftsverhältnisse zwischen Klassen aber »unten« befunden wird. Für die eine braucht es nur eine progressive Regierung, für den anderen, von dem erstere letztlich abhängt, braucht es eine Revolution, und die macht man nicht mit dem guten Willen, mit einer gewonnenen Wahl, einem eingenommenen Ministerium und einer unterzeichneten Verordnung.

Also was dann? »Nur eine Lösung – die Revolution«? Diese Binsenwahrheit verpflichtet zu nichts. Denn was ist zu tun, wenn aus Mangel an geeigneten historischen Voraussetzungen die Lösung selber unlösbar ist? Eine allgemeine nationale Krise fällt nicht vom Himmel, sie will vorbereitet sein, vorangetrieben werden – das stimmt schon. Nur gibt es oder hat es bis jetzt in der neueren Geschichte außer in Kuba keine revolutionäre Situation ohne eine allgemeine wirtschaftliche Krise gegeben und auch nicht, zumindest in den Großmächten, ohne eine internationale militärische Krise – den russisch-japanischen Krieg von 1905, den 1. Weltkrieg 1917, den chinesisch-japanischen Krieg 1935 usw. Von bloßem Schwelgen in verbalen Beschwörungen kann uns keine Rettung kommen. Sie beziehen ihren Reiz aus einer uralten und demgemäß unwiderstehlichen Vergangenheit und haben trotzdem noch eine schöne Zukunft vor sich, denn es bereitet einen tranceähnlichen Genuss, darauf zu vertrauen, dass das Wort die Dinge erschafft, die es beschwört. Oder auch, dass es sich an ihre Stelle setzt. Es wäre die letzte Verwandlung, in der die zauberische Fiktion – Meetings hinter verschlossenen Türen und Brandreden, die noch nie irgendwo Feuer gelegt haben – zur raffiniertesten Form intellektueller Bequemlichkeit wird.

Wenn die Ausdrücke »reformistisch« und »revolutionär« nicht Werturteile, sondern lediglich technische Qualifikationen beinhalten, wenn sie die taktischen Mittel bezeichnen, mit denen man diese oder jene Situation angeht, so dürfen wir sagen, dass im damaligen Chile nur eine »reformistische« (legal zustande gekommene) Regierung eine »revolutionäre Dynamik« in Gang setzen konnte, die dann zu ihrer Bewältigung »außerparlamentarische« Methoden und Denkweisen erforderte. Wollte man – mit allen damit verbundenen Risiken und Gefahren – die Äußerungen auf die entwickelten parlamentarischen Demokratien, wie sie in normalen, das heißt Friedenszeiten funktionieren und in denen die »bürgerlichen« Freiheiten kein leeres Wort sind, ausdehnen, so ließe sich daraus die These ableiten, nur der »Reformismus«

sei in der Lage, eine anhaltende, zentralisierte und systematische Offensive gegen die ökonomischen, politischen und sogar – warum nicht – ideologischen Positionen der herrschenden Klassen einzuleiten. Aber diese Mörderklasse, die nur auf die günstige Nacht wartet, um ihre langen Messer zu ziehen und der in der bisherigen Geschichte noch je die Barbarei lieber als der Sozialismus war, schlägt, wenn sie zurückschlägt (weil sich der »reformistische« Angriff keine gleichwertige Verteidigungskapazität zu geben vermochte), so zurück, dass sie sich im Blut überschlägt – an das uns die Bourgeoisie am Ende fast gewöhnen könnte. Sie selber weiß sehr wohl, dass Politik die Kunst ist, an jeder Wendung der Geschichte blitzartig die Taktik zu wechseln – könnte sie doch ihren Widersachern nur auch begreiflich machen, dass man den Reformismus nicht zur Strategie erhebt! Allende hat den Moneda-Palast mit der Schärpe des gewählten Präsidenten um die Brust betreten, und er hat ihn mit der Maschinenpistole in der Hand, ermordet, wieder verlassen. Eine symbolische Laufbahn. Und um so exemplarischer, als es in seinem Fall um denselben Mann geht, der vor der Fälligkeit des bewaffneten Kampfes die Augen nicht verschlossen, sich vom Pazifisten zum Kämpfer gewandelt hat und Schlag um Schlag den brutalen Erfordernissen der Geschichte gerecht geworden ist. Bis zum Opfer des eigenen Lebens.

Wenn wir die (immer entstellenden) Verallgemeinerungen nicht scheuen und wenn wir uns an die modernen Gesellschaften halten, an deren Horizont eine sozialistische Revolution steht – mindestens an ihrem geistigen Horizont, und wenn auch nur deswegen, weil sich in ihnen zu Jahrhundertbeginn die marxistische Ideologie mit der Arbeiterbewegung verknüpft hat (unter Ausschluss also der skandinavischen und der angelsächsischen Länder, in denen wegen ihrer sterilisierenden Vergangenheit keine revolutionäre Zukunft sichtbar ansteht) – dann würden wir auf eine verwirrende Dialektik stoßen: Dass man sich nämlich reformistisch verhalten muss, um von einem staatlichen Kommandoposten aus die Klassenkämpfe in eine sich steigernde Dynamik zu versetzen. Und dass man sich revolutionär verhalten muss, um von derselben Dynamik nicht überholt und zerstückelt zu werden. Reformistisch, um die Anker zu lichten und Wind in die Segel zu bekommen, und revolutionär, um das Ruder im Sturm fest in der Hand zu behalten und im sicheren Hafen zu landen. Wer den Reformismus zu seiner Strategie macht, lässt den anderen Flügel des Dyptichons aus, und wer die Revolution zur Taktik in allen Lebenslagen macht, weiß nichts vom ersten Flügel. Diese ärgerliche und doch arg geläufige Entweder-oder-Haltung hat manche in mancherlei Zwickmühlen gebracht, die man uns heute um die Ohren schlägt, darunter an erster Stelle die, in der wir zwischen der insurrektionalistischen Utopie und der reformistischen Utopie wählen sollen. Utopisch sind beide insofern, als sie entschlossen sind, sich gegenseitig auszuschließen und ohne die andre auszukommen.

Wobei die gefährlichere der beiden Utopien nicht immer die ist, von der man es denkt. Alles in allem, mag ein schalkhafter Pessimist denken und dabei vergessen, dass das Schlimmste durchaus nicht eintreffen muss, richtet die Aufstandsutopie nicht den größten Schaden an: 10.000 Leute, die mit der Produktion nichts zu tun und in der Nation keinen Rückhalt haben, bleiben dank ihrer in Bewegung, und für den bürgerlichen Staat, den sie nicht ernsthaft bedrohen kann, ist es ein leichtes, ihre sowieso aufs Intellektuellenghetto begrenzten Wirkungen unter Kontrolle zu halten. Polizei reicht dafür aus. Hier bekommt mal einer eins mit dem Gummiknüppel übergezogen, dort wird jemand für einen Monat in den Knast gesteckt, zehn theoretische Hitzköpfe werden von ihren einstigen Opfern erkannt, fünfzig furchteinjagende Blättchen gehen ein, und so fängt man im nächsten Jahr wieder von vorne an. Die reformistische Utopie dagegen bringt in einer industrialisierten bürgerlichen Demokratie Millionen Werktätige auf die Beine, schart die Volkskräfte im ganzen Land um ein glaubwürdiges Programm und kennt, im Gegensatz zur Aufstandsutopie, durchaus den Ansatz zur Ausführung, eine erste Verifizierung in der Praxis. Da oder dort, morgen oder übermorgen, könnte man eine Wahl gewinnen, eine Regierung bilden, Verstaatlichungen verfügen. Der bürgerliche Staat wäre dann wirklich in Gefahr – und sei es nur in diesen Grenzen. Und aus den gleichen Gründen auch die Volkskräfte. Ist ein solches Unternehmen erst einmal ins Rollen gekommen, kann die verschreckte Bourgeoisie es nicht mehr mit Polizeieinsätzen eindämmen, noch seine nationalen und internationalen (wenn es sich um eine Weltmacht handelt) Auswirkungen unterdrücken. Dazu braucht sie dann schon die Armee, die Panzerwagen und die Flugzeuge. Um mit dieser Utopie fertig zu werden, reichen von städtischer Polizei abgeschossene Tränengranaten schon nicht mehr aus, da darf man nicht mehr kleinlich sein und muss seine Folterknechte (die jede Republik in der Hinterhand hat) schon Leichen auf Leichen türmen lassen.

Die eigentliche, einzige Frage – die die chilenischen Faschisten aufwarfen, als sie sich an die Spitze des Staates stellten, die sich aber nur dem chilenischen Volk stellt – ist die, wie eine Volksregierung, die auf »reformistischem« Wege (= im Rahmen des bürgerlichen Staates und dank dessen guter Gesundheit) an die Macht gekommen ist, sich im Weitergehen in eine »revolutionäre« Regierung verwandeln kann (= den bald beengenden Rahmen sprengen, der ihr zu ihrer Entstehung und ihrer Legitimation verholfen hat), um der unvermeidlichen und furchtbaren Gegenoffensive der Bourgeoisie gewachsen zu sein. In Chile ging es nicht. Wird es anderswo gehen, wo die historischen Voraussetzungen unvergleichlich günstiger liegen – in Westeuropa? Wenn man auf die Geschichte der neueren Revolutionen zurückblickt, so fällt auf, dass die Phase des Übergangs zum Sozialismus in jedem Fall lang und kurvenreich gewesen und in mehreren Etappen verlaufen ist. Diese Übergangssysteme, die – weder Fisch noch Fleisch – mal »nationale Demokratie« oder sogar »Volksdemokratie« und mal »entwickelte Demokratie« heißen, entsprechen historisch notwendigen Stadien, und kein Land, in dem derzeit am Sozialismus gezimmert wird, ist um sie herumgekommen. Nur haben diese demokratischen Etappen, von denen gesagt wird, dass sie den Weg für den Sozialismus ebnen, die eher lästige Eigenschaft, jedes Mal ausgerechnet nach einem bewegten Ereignis aufzutauchen, in dem etwas ins Schwanken kommt – die Staatsmacht. Ereignisse solcher Art nennt man Revolutionen. Chile hat uns wieder daran erinnert, dass eine bestimmte Tür eben auf oder zu sein muss: Die Tür, durch die man zum Sozialismus kommt. Sie öffnet sich erst, wenn man die Gitterstäbe der staatlichen Repression »eingedrückt« hat. Bis dahin kann es nicht schaden, wenn man sich schon mal darum bemüht, sie einen Spalt breit zu öffnen oder leicht aufzustoßen. Aber es ist immer ein Unglück, wenn man vergisst, dass die Tür einem vor der Nase zugeschlagen werden kann und dass einem dabei die Finger oder sogar der ganze Körper gequetscht werden können.

Der Marxismus, sagt Althusser, ist die Wissenschaft von den unlösbaren Problemen. Man darf sich auf die Geschichte, mehr noch als auf die Geschichtswissenschaft, verlassen. Schließlich ist es ihr Metier, Türen zu öffnen, wo alles zugemauert scheint, und den Hoffnungen und Verzweiflungen einer jeden Generation manche seltsame Überraschung zu bereiten. Gibt es in der Geschichte der Menschheit vielleicht Momente, wo sie sich – anders als der junge Marx vermutet hatte – Probleme stellt, die sie nicht lösen kann? Das hieße vergessen, dass die reale Geschichte darin den Künstlern ähnelt, dass sie niemals sucht, sondern findet, und dass für sie die Lösungen den Vorrang vor den Problemen haben. Ihr Geschäft ist es, Antworten zu liefern, nur dass es nie die Antworten auf die Fragen sind, die ihr die Theoretiker gestellt haben.

Es hieße auch vergessen, dass es ein Land gibt, das die Theoretiker schon öfters überrumpelt und manches gelehrt hat, »das Land, in dem die Klassenkämpfe jedes Mal mehr als irgendwo sonst bis zur vollen Entscheidung geführt wurden«, in dem der utopische Sozialismus geboren und der wissenschaftliche erprobt wurde, die wahre Heimat des Sozialismus – wir meinen Frankreich – und wo die Lösung des Rätsels eines Tages gefunden werden könnte.

Alle, die den chilenischen Sonderfall zu den Akten legen und dennoch den Verwesungsgeruch mancher Bourgeoisien immer weniger ertragen, werden es empörend finden, zwischen der reformistischen Pest und der ultralinken Cholera wählen zu müssen, und einen Weg als unmoralisch ablehnen, der am Ende einer derart dornenvollen Reise wieder nur in dieselbe Sackgasse führt (und dies auch noch zuzugeben wagt). Sie werden darin mehr als einen Trost: eine Gewissheit finden.

Nachdruck des Textes von Régis Debray von 1974, Originalveröffentlichung: Èditions du Seuil, 1974, in deutsch: Rowohlt TB Verlag 1975

Anmerkungen

1. Vgl. dazu Chile: una economía de transición? Von Serio Ramos Córdova, Casa de las Américas, Havanna 1972. Ein Versuch eines kommunistischen Ökonomen, den chilenischen Prozess zu interpretieren.
2. Juan Garcés: »Es war unerlässlich, den repressiven Staatsapparat in den Dienst der politischen Linie der Regierung zu stellen. Dazu musste das in den Dienst der Regierung gestellt werden, was an dem ideologischen Staatsapparat zu gebrauchen war, d.h. diejenigen ideologischen Werte und Elemente, die innerhalb des funktionierenden politischen Systems das Fortkommen des revolutionären Prozesses fördern konnten. Für die UP war es wichtig, dass ihr politisches Handeln und ihre politische Ideologie sich mit der Respektierung der parlamentarischen Demokratie nach wie vor vereinen ließen, da diese ja die ideologische Basis des chilenischen Staates ist und im gegebenen Fall die Aktivitäten der über die regulären Mechanismen des geltenden Systems legal gebildeten Regierung legitimierte« (»Insurrektionaler Weg und politischer Weg: zwei Taktiken«).
3. Siehe dazu »El Mir y el resultado electorial«, in: »Punto Final« Nr. 115, Oktober 1970.
4. »Temps et Politique«, in: Temps modernes, Mai 1970.
5. Die nächsten Aufgaben der Sowjetmacht.
6. Dies bezieht sich nicht auf die Genossen des MIR, die konsequent nach ihren Prinzipien handelten und Teil des künftigen Volkswiderstands sind. Wir wollen hier sorgfältig unterscheiden zwischen dem MIR, der, vor allem in der letzten Periode, Massenlinie und Avantgardeaktionen zu verschmelzen versucht hat und der in seinen Analysen, was die Führung betrifft, meist bemüht war, dem Konkreten und Komplexen an den politischen Situationen Rechnung zu tragen – und den »miristischen« Weltverbesserern, die an der Peripherie, weit ab vom Kampfplatz, grassierten und sich als unvermeidliche Nebenkosten nur die Haltung des »Der Friede bei uns und die Revolution bei den andern« zurechnen lassen.
7. Lenin, Ausgewählte Werke in 6 Bänden, Berlin 1970, Bd. V, S. 484 f.
8. Siehe dazu die Einleitung zu unserem Interview mit Allende in Debray/Allende: Der chilenische Weg, Luchterhand 1972.
9. Marx/Engels: Ausgewählte Werke in 6 Bänden, Berlin 1972, Band VI, S. 466-468.
10. Debray/Allende: Der chilenische Weg, Luchterhand 1972, Einleitung.

II

Die Schlacht um Chile

Der Kampf eines Volkes ohne Waffen

Patricio Guzmán
Die Schlacht um Chile Teil 1–3

262 Minuten
(1972–1979)

Kommentar des Regisseurs

Ich habe »Die Schlacht um Chile« in Santiago und anderen Städten ein Jahr lang gedreht; um genau zu sein, vom 15. Oktober 1972 bis zum 11. September 1973. Die Kamera war eine 16 MM-Eclair, für den Ton habe ich einen Nagra-4 Recorder und ein Sennheiser-Mikrofon benutzt. Der Film ist kein Archivfilm. Er ist ein Dokumentarfilm, der direkt; das heißt, im gleichen Moment gedreht ist, in dem die Ereignisse stattfinden. Das Rohmaterial wurde mir von dem französischen Filmemacher Chris Marker zur Verfügung gestellt (44.000 Fuß, das sind ungefähr 18 Stunden Filmmaterial). Die Arbeit am Film hat sieben Jahre gedauert: Ein Jahr für die Dreharbeiten und sechs Jahre für den Schnitt. Die Montage haben wir im *Instituto Cubano del Arte y la Industria Cinematógraficas (ICAIC)* durchgeführt.

Jorge Müller Silva, der Kameramann des Films, wurde im November 1974 von der Militärpolizei Pinochets verhaftet. Bis zum heutigen Tag ist sein Aufenthaltsort unbekannt. Er gehört zu den 3.100 während der Diktatur verschwundenen Personen. Federico Elton, der Produktionschef des Films, wurde einige Tage nach dem Putsch verhaftet und in der Militärschule eingesperrt. Ich selbst war zwei Wochen lang im Nationalstadion gefangen und wurde dort mit Scheinerschießungen bedroht. Der Film ist in den 70er und 80er Jahren um die ganze Welt gereist und wurde in den Kinos von 32 Ländern aufgeführt[1]. Die amerikanische Zeitschrift *Cinéaste* hat ihn den »10 besten politischen Filmen der Welt« zugeordnet.

In Chile war meine Filmtrilogie der Zensur ausgesetzt und ist bis heute weder vom chilenischen Fernsehen gezeigt worden, noch in den Kinos dort aufgeführt worden.

Synopsis des ersten Teils (Der Aufstand der Bourgeoisie, 90 min)

Salvador Allende beginnt seine Regierung mit einem Programm sozialer und politischer Veränderungen, um den Staat zu modernisieren und die Verarmung der Bevölkerung zu bremsen. Vom ersten Tag an organisieren die konservativsten Kräfte eine Serie wilder Streiks gegen die Regierung. Das Weiße Haus beginnt gleichzeitig, Allende wirtschaftlich den Hahn abzudrehen. Trotz wirtschaftlichen Boykotts und Blockierung des Parlaments (die Opposition verwirft alle Gesetzesvorlagen der Regierung), erhalten die Parteien, die Allende unterstützen, bei den Wahlen im März 1973 das erstaunliche Ergebnis von 43,4 % der Stimmen. Die Rechte und ihre Anhänger begreifen, dass legale Maßnahmen ihnen nun keine weiteren Vorteile mehr bringen. Von nun an wird ihre Strategie die des Staatsstreichs sein.»Die Schlacht um Chile« ist ein Fresko, dass diese weltbewegenden Ereignisse Schritt für Schritt aufzeigt.

Synopsis des zweiten Teils (Der Staatsstreich, 90 min)

In den Monaten März bis September 1973 kommt es auf allen Ebenen zu Auseinandersetzungen zwischen der Rechten und der Linken: Auf der Straße, in den Fabriken, an den Gerichten, in den Universitäten, im Parlament und in den Kommunikationsmedien. Die Nixon-Regierung finanziert mithilfe Kissingers weiterhin die wesentlichsten Streiks (Kupferstreik, Transportstreik) und heizt gleichzeitig die soziale Unruhe an. Allende versucht, mit den Kräften des politischen Zentrums – den Christdemokraten – eine Vereinbarung abzuschließen, ist jedoch erfolglos. Die Widersprüche innerhalb der Linken verstärken die politische Lähmung. Das Militär beginnt in Valparaíso mit der Verschwörung. Ein großer Teil der Mittelklasse ruft zum »zivilen Ungehorsam« auf und unterstützt den Bürgerkrieg. Das Militär beginnt in den Fabriken mit der systematischen Suche nach Waffen, die sie nicht finden. Eine

Million Menschen ziehen am 4. September an Allende vorbei. Sieben Tage später bombardiert Pinochet den Regierungspalast, in dem sich der Präsident befindet.

Synopsis des dritten Teils (Die Macht des Volkes, 82 min)

Am Rande der großen Ereignisse der ersten zwei Teile der Filmtrilogie finden erstmalig ebenfalls andere, ungewöhnliche Vorgänge statt, die im dritten Teil aufgegriffen werden; manche sind nur vorübergehend, unvollständig. Einige Bereiche der Bevölkerung, mit dem Schwerpunkt innerhalb der Arbeiterklasse, organisieren sich und beginnen eine Reihe kollektiver Maßnahmen: Sie begründen Gemeinschaftsläden, ein Bündnis der Industriebetriebe, ein Komitee der Landarbeiter und vieles mehr; mit der Absicht, das Chaos zu neutralisieren und Allende zu unterstützen... Diese Einrichtungen, in ihrer Mehrheit spontan, repräsentieren einen »Staat« innerhalb des Staates.

Technische Daten

Produzent, Buch, Regie: Patricio Guzmán
Kameramann: Jorge Müller Silva
Filmschnitt: Pedro Chaskel
Ton: Bernardo Menz
Regieassistent: José Bartolomé
Ausführender Produzent: Federico Elton
Produktion : Equipo Tercer Año (Patricio Guzmán)
Mit der Beteiligung von Chris Marker und dem ICAIC, Cuba
Verleih: Patricio Guzmán
Filmmaterial Dreharbeiten: 16 MM. blanco y negro
Kinomaterial: 35 MM (1.85) mono
Videomaterial: Betacam Pal (4/3) digital mono
Kontakt: Atacama Productions <atacama05@wanadoo.fr>

Internationale Preise

GRAND PRIX, Festival de Grenoble, Frankreich 1975
JURY-PREIS, Leipziger Festival, Deutschland 1976

GRAND PRIX, Festival de Grenoble, Frankreich 1976
GRAND PRIX, Festival de Bruxelles, Belgien 1977
GRAND PRIX, Festival de Benalmádena, Spanien 1977
GRAND PRIX, Festival de La Habana, Kuba 1979

Festivals

CANNES (Frankreich, 1975, 1976)
BERLIN (Deutschland, 1975, 1976, 1979)
LEIPZIG (Deutschland, 1975, 1976, 1980)
PESARO (Italien, 1975, 1976, 1981)
MEXICO (Mexiko DF, 1977, 1980, 1981)

Auswahl von Filmkritiken

»Große Filme wie ›La Batalla de Chile‹ kommen selten ohne Vorankündigung daher: Ein Dokumentarfilm in mehreren Teilen mit einer Länge von mehreren Stunden über die Ereignisse, die dem Sturz Allendes vorausgingen [...] Wie ist es möglich, dass ein Team von 5 Personen, einige davon ohne Erfahrung [...] einen Film dieser Größenordnung macht? [...] Patricio Guzmán hat in einem Interview gesagt [...] dass er während der Straßenkämpfe vorwegnehmen konnte, was geschehen würde und so hinter dem Kameramann stehend, diesem sagte, wann er sich vorwärts bewegen musste, einen bestimmten Ausschnitt zeigen sollte, oder wann er die Kamera nach unten und wann nach oben führen musste. Genau das ist es, er war so sehr in die Geschehnisse und deren Möglichkeiten einverleibt, als würde er den Verlauf der Handlungen selbst bestimmt haben. Er konnte die Methoden des Spielfilms anwenden, die er in der Madrider Filmschule in den sechziger Jahren studiert hatte [...]« Pauline Kael, *The New Yorker*, 1978 USA.

»Zwei außergewöhnliche Momente im zweiten Teil: Fragmente einer Anthologie könnte man sagen [...] Beim Klang des Trauermarsches des ermordeten Adjutanten Allendes: Die Kamera erforscht die Gesichter. Ein prägnanter Kommentar lädt uns ein, in diesen hermetisch geschlossenen Gesichtern zu lesen: der Putsch ist in Vorbereitung. Zweiter historischer Moment: die enorme Massendemonstration am 4.

September 1973, eine Woche vor dem Staatsstreich [...]« Louis Marcorelles, *Le Monde*, Paris 1976.

»Keiner der neuen Filme Hollywoods der Verschwörungen und Mordtaten ist auf der Höhe der Anspannung, die diese Bilder hervorbringen«. Judy Stone, *San Francisco Chronicle*, USA 1977.

»Wenn ich es in der Hand hätte, würde ich ›La Batalla de Chile‹ zum Film des allgemeinsten Interesses erklären und ihn zum Gebrauch als Schulmaterial verpflichtend erklären«. Manuel Vázquez Montalbán, *Mundo Obrero*, Madrid 1977.

»Dieser Film ist das erste Kunstwerk einer neuen Form der politischen Analyse [...] Er bietet uns einen Geschichtsunterricht, wie ihn das Kino bisher nicht geboten hat [...] Selbst wenn bekannte Filmemacher wie Pedro Chaskel, ein chilenischer Filmemacher, Julio García Espinosa, kubanischer Filmemacher und Chris Marker, im Anspann erscheinen, ist der Film ganz offensichtlich das Werk eines einzigen Mannes. Und das nicht aus Gründen der Herkunft, sondern weil der künstlerische Ausdruck, die Dreharbeiten und der Filmschnitt die eines Bresson oder Fellini sind [...]« Louis Marcorelles, *Le Monde*, Paris 1975.

»Was auch immer die Reaktion ist, die man ›La Batalla de Chile‹ gegenüber einnehmen möchte, es ist ganz sicher ein filmisches Epos«. Vincent Camby, *The New York Times*, EEUU 1978.

Anmerkungen

1   Algerien, Australien, Deutschland, Belgien, Benin, Bulgarien, Kanada, Kuba, Dänemark, Ecuador, USA, England, Finnland, Frankreich, Granada, Iran, Irland, Italien, Jamaica, Mexiko, Mozambique, Neuseeland, Nicaragua, Norwegen, Puerto Rico, Spanien, Schweden, Schweiz, Holland, Venezuela, ehem. Jugoslawien, ehem. DDR

Film 1
Der Aufstand der Bourgeoisie

VORSPANN

Auf schwarzem Hintergrund erscheint der Vorspann. Man hört den Anflug zweier Flugzeuge.

BOMBARDIERUNG

Der Präsidentenpalast steht in Flammen.

Über diesen Bildern erscheint der Titel des ersten Teils »Aufstand der Bourgeoisie«

MEETING DER UNIDAD POPULAR

Eine Gruppe von Demonstranten marschiert auf der Avenida Alameda in Santiago und ruft Parolen.

ERZÄHLER

Sechs Monate vor der Bombardierung des Moneda-Palastes wählen die Chilenen ein neues Parlament. Zwei Blöcke stehen sich gegenüber: die Mitte-Rechts-Opposition, gebildet aus der Christdemokratischen Partei und der Nationalpartei, und die Linksparteien, zusammengefasst in der Unidad Popular, die den Präsidenten Salvador Allende unterstützt.

Das Filmteam mischt sich unter die Demonstranten und befragt sie.

GRUPPE
Die geeinte Linke wird niemals besiegt werden!... Die geeinte Linke wird niemals besiegt werden!...

REGISSEUR Synchron!

GRUPPE
Die geeinte Linke wird niemals besiegt werden!...

REGISSEUR Schnitt!

Die Kamera steigt in einen Autobus.

REGISSEUR
Klappe! Fertig! Los! Guten Abend. Was denken Sie Señor[1]? Wer wird am Sonntag die Wahl gewinnen?

BUSFAHRER
Ich bin unpolitisch.

REGISSEUR
Was glauben Sie Señora[2]? Wer wird am Sonntag die Wahl gewinnen?

FRAU Na, die Opposition. Die Opposition muss gewinnen.

REGISSEUR Die Opposition?

FRAU
Klar!

REGISSEUR
Mit wieviel Prozent?

FRAU
Also das weiß ich nicht.

Das Team verlässt den Autobus und geht zur Plaza Baquedano.

DEMONSTRANTEN
Jarpa, Labbé, Frei, alle drei, die gleiche Schweinerei…!
Jarpa, Labbé, Frei, alle drei, die gleiche Schweinerei…!

Die Plaza Bequano ist voll von Menschen. Ganze Familien sitzen versammelt auf dem Rasen.

REGISSEUR

Für wen stimmen Sie bei den kommenden Wahlen?

FRAU

Für Volodia Teitelboim und Eliana Aranibar.

REGISSEUR

Was glauben Sie, wie die Zukunft aussehen wird?

FRAU

Wir müssen weitermachen und weiterkämpfen. Noch viel mehr als vorher, Compañero[3]. Als Frei und seine Regierung das Sagen hatten, da wohnte ich in einer Hütte, die schon auseinander fiel. Es regnete überall rein. Meine 4 Kinder hatten die Bronchopneumonie. Ich hab' überall um Hilfe gebeten, keiner hat mich angehört. Und jetzt, überall wo ich hingehe, kümmert man sich um mich. Dank meinem Präsidenten habe ich ein hübsches Haus. Kein großer Komfort, aber ich habe genug zu essen.

GRUPPE

Bravooo!

MANN

Rentner…Ich bin Rentner. Keine Regierung hat jemals soviel für mich getan!

REGISSEUR

Wer wird am Sonntag gewinnen?

JUNGER MANN

Ich glaube die Unidad Popular, weil es die Arbeiter sind, die über die Zukunft Chiles entscheiden müssen.

REGISSEUR

Was halten Sie von den Christdemokraten?

JUNGER MANN

Ich denke, dass die Christdemokraten eine Partei sind, die schon immer die Interessen ihrer eigenen Klasse verteidigt hat, niemals die der Arbeiter.

REGISSEUR
Vielen Dank…Hier Flaco! Film den Getränkeverkäufer…Entschuldigung, compañero, wer wird am Sonntag gewinnen?

VERKÄUFER
Weiss ich nicht zu sagen...

REGISSEUR
Sie haben keine Idee?

VERKÄUFER
Nein, keine...

REGISSEUR
Lesen Sie denn keine Zeitung?

VERKÄUFER
Nur ab und zu...

REGISSEUR
Wer wird am Sonntag gewinnen?

JUNGE FRAU
Wir, die UP... Wir haben die Mehrheit.

MÄDCHEN
Ich sage 45, 45 Prozent!

MANN
Die Unidad Popular wird einen gewaltigen Sieg davontragen. Weil dies die Regierung der Arbeiter ist, die Regierung des Volkes, und das Volk hat die Vorteile erkannt, die der Sozialismus allen Bürgern verschafft.

REGISSEUR
Danke Compañero…Schnitt!...Guten Abend Señor. Wieviel Prozent denken Sie, wird die Unidad Popular bekommen?

MANN
Eines ist ganz sicher: die Unidad Popular wird gewinnen. Wir haben 1970 mit 36 Prozent angefangen. Und jetzt mit allem, was wir von den Leuten sehen und hören, dass sie den Compañero Salvador Allende unterstützen, sind wir sicher,

dass wir 43 Prozent bekommen. 43 Prozent und etwas mehr.

REGISSEUR

Guten Tag Señora…Für wen werden Sie stimmen?

FRAU

(lacht)…Für Volodia Teitelboim und Eliana Aranibar.

REGISSEUR

Wieviel Prozent geben Sie der Unidad Popular?

FRAU

Mehr als 40 Prozent.

REGISSEUR

Was denken Sie über die Lebensmittelknappheit?

FRAU

Daran glaube ich nicht. Ich hab es noch nicht geschafft auch nur ein halbes Kilo abzunehmen…(lacht).

REGISSEUR

Drehen

Die Kamera richtet sich auf die Musiker in der Mitte des Publikums.

REGISSEUR

Flaco, komm hier rüber, schnell!...
Generalaufnahme der Masse von Leuten, die auf der Plaza Baquedano versammelt sind. Man hört die Hymne der Unidad Popular »Venceremos«. Die Kamera richtet sich auf die gewaltige Menge in der Avenida Mackenna.

MEETING DER BOURGEOISIE

An gleicher Stelle wie vorher – an einem anderen Tag – feiert die Opposition ihre eigene Demonstration. Die Kamera richtet sich auf die langsam vorbeifahrenden Autos.

REGISSEUR

Señor, was denken Sie über die bevorstehenden Wahlen?

FAHRER 1

Die Unidad Popular wird weniger als 20 Prozent erreichen.

REGISSEUR

Wie sehen Sie die Zukunft?

FAHRER 1

Die wird auf jeden Fall problematisch...Da habe ich nicht den geringsten Zweifel.

Die Kamera bewegt sich zwischen den fahrenden Autos.

REGISSEUR

Hier, auf diesen Caballero[4]… Señor, was denken Sie über die bevorstehenden Wahlen?

FAHRER 2

Immer mit der Ruhe! Lassen Sie mich!

REGISSEUR

Danke... Señor, was denken Sie über die bevorstehenden Wahlen am Sonntag?

FAHRER 3

Die Opposition wird auf jeden Fall gewinnen, die Nationale Partei vor allem.

REGISSEUR

Wie sehen Sie die Zukunft?

FAHRER 3

Chile muss frei und demokratisch bleiben.

Die Kamera geht auf die Plaza.

REGISSEUR

Guten Tag Señor, was denken Sie über die bevorstehenden Wahlen am Sonntag?

MANN

Ich denke, es wird eine wirkliche Volksabstimmung. Am Sonntag wird Chile sich entscheiden, ob es den Marxismus oder die Freiheit will.

REGISSEUR

Wie stellen Sie sich die Zukunft über die Wahl hinaus vor?

MANN

Ich glaube die einzige Lösung ist ein Regierungswechsel.

REGISSEUR

Und glauben Sie, das geht über die Wahlurnen oder über einen anderen Weg?

MANN

Über die Wahlurnen.

REGISSEUR

Vielen Dank... Guten Tag Señor, was denken Sie über die bevorstehenden Wahlen am Sonntag?

MANN

Hmm...Na ja..., ich glaube die »Frente Popular« wird ordentlich Prügel bekommen, und es wird nur ein Häufchen Asche von ihnen übrig bleiben...

REGISSEUR

Vertrauen Sie auf die Wahlurnen oder einen anderen Weg?

MANN

Auf die Wahlurnen, auf jeden Fall.

REGISSEUR

Welchen Stimmenanteil geben Sie der Unidad Popular und welchen der Partido Nacional[5]?

MANN

30 zu 70 Prozent!

REGISSEUR

Wie sehen Sie die Zukunft?

MANN

Die Zukunft?...Chile hat immer eine viel versprechende Zukunft gehabt.

REGISSEUR

Vielen Dank!

MANN

Nichts zu danken!

REGISSEUR

Guten Tag Señora. Wie sehen Sie die bevorstehenden Wahlen?

FRAU

Ehhh…Jarpa und Alessandri.

REGISSEUR

Welche Partei bevorzugen Sie?

FRAU

Die Partido Nacional, auf jeden Fall.

REGISSEUR

Vertrauen Sie auf die Wahlurnen oder einen anderen Weg?

FRAU

Ich meine, wir brauchen eine harte Linie. Wir können nicht weiter mit dem Volk oder wem auch immer rumspielen.

REGISSEUR

Wie stellen Sie sich die Zukunft vor?… Nach der Wahl?

FRAU

So viel wie möglich für den Wiederaufbau Chiles zu arbeiten.

REGISSEUR

Vielen Dank…Señor…Für wen werden Sie am Sonntag stimmen?

MANN

Für Jarpa, Señor.

REGISSEUR

Wer wird die Wahl gewinnen?

MANN

Die Wahl? Die Opposition, mit großem Abstand.

REGISSEUR

Mit wie viel Prozent, glauben Sie?

MANN

Mindestens mit 65 Prozent.

REGISSEUR
Und nach Wahlen? Was wird in Chile passieren?

MANN
Nach den Wahlen wird sich die Regierung die Mehrheit beugen müssen.

REGISSEUR
Gut. Sind Sie für die Wahlen oder eher einen anderen Weg?

MANN
Für die Wahlen.

REGISSEUR
Vielen Dank.

FRAU
Der Präsident muss angeklagt werden!

REGISSEUR
Wie bitte, Señora?

FRAU
Der Präsident muss angeklagt und gleich am 21. Mai rausgeschmissen werden.... Er hat das Land zerstört und in den Dreck getreten! Diese Regierung ist degeneriert und korrupt, Señor!... Degeneriert und korrupt!... Schweine sind das! All diese ekeligen Kommunisten müssen raus aus Chile! Mit Gottes Hilfe werden wir am 21. Mai die sauberste und schönste Regierung aller Zeiten haben, mit Hilfe der Demokratie gewinnen wir, und dann werden wir sie alle rausschmeißen, diese Kommunisten und perversen Marxisten! Verdammtes Pack!

REGISSEUR
Wen bevorzugen Sie innerhalb der Opposition?

FRAU
Ach je, ... Kandidaten...?

REGISSEUR
Ja.

FRAU
Jarpa und Gustavo Alessandri, Señor!

REGISSEUR
Mit wie viel Prozent glauben Sie, dass sie gewinnen werden?

FRAU
Sehen Sie, ideal wären für mich 100 Prozent, aber in Wirklichkeit werden es wohl etwas über 70 Prozent sein.

5 ZWEITES MEETING DER UNIDAD POPULAR

Die Kamera im Teatro Caupolicán

GRUPPE
Arbeiter an die Macht!...Arbeiter an die Macht!...

REGISSEUR
Compañero, was denken Sie über die bevorstehenden Wahlen am Sonntag?

ARBEITER 1
Die Unidad Popular wird gewinnen...Und die Momios[6] können sich eingraben lassen!...weil die Unidad Popular gewinnen wird. Hier und überall im Land werden wir gewinnen...Und die Momios können verrecken!

GRUPPE
Arbeiter an die Macht!...Arbeiter an die Macht!...

REGISSEUR
Compañero, was ist Ihre Meinung zu den Wahlen am Sonntag?

ARBEITER 2
Wir müssen offensiv kämpfen um die überwältigende Mehrheit zu kriegen.

ARBEITER 3
Für uns die wir klar sehen und die wissen, dass wir nur eine Möglichkeit haben an die Macht zu kommen, geht es jetzt darum, da wir ja bereits die Exekutive haben, auch die Abgeordnetenkammer und den Senat zu bekommen.

ARBEITER 4
Das bedeute ein bisschen mehr Macht für die Arbeiterklasse zu haben, etwas mehr...Aber das ist auf jeden Fall nicht die endgültige Lösung, weil durch die Wahl alleine die Konfrontation nicht vermieden werden wird. Die Konfrontati-

on ist unausweichlich und erforderlich. Sie wird auf jeden Fall stattfinden, denn der Graben zwischen den Klassen wird immer deutlicher. Auf der einen Seite die Bourgeoisie und auf der anderen Seite das Proletariat. Und diese Konfrontation muss stattfinden.

ALLE
Vorwärts ohne Kompromisse!... Vorwärts ohne Kompromisse!... Vorwärts ohne Kompromisse!...

AM WAHLTAG

Aufnahmen der Wahlabstimmung im Estadio Nacional[7] von Santiago

ERZÄHLER
Für die Aufrechterhaltung der Ordnung während der Wahlen sorgt wie üblich die Armee. Die Opposition ist siegesgewiss. Mit zwei Dritteln der Sitze wird sie den Präsidenten Allende per Verfassungsklage absetzen können. Dafür muss sie allerdings über 60 Prozent der Stimmen erhalten. Für die Unidad Popular ist es das erste Mal seit dem Sieg von Salvador Allende bei den Präsidentschaftswahlen von 1970, dass sie alle rechten Oppositionskräfte gegen sich hat. Die Linke hat damit auch Gelegenheit, nach zwei Jahren des von Washington und der chilenischen Opposition gewollten Wirtschaftsboykotts ihre Wählerbasis zu testen. Die Wahlen beginnen am Sonntag, dem 4. März, um acht Uhr morgens.

IN EINER PRIVATWOHNUNG

Die Kamera zeigt einige Gebäude in Zentrum der Stadt. Das Kamerateam betritt eine Privatwohnung am Tag der Wahlen.

REGISSEUR
Guten Tag, Señora.

FRAU
Guten Tag.

REGISSEUR
Wir kommen vom Kanal 13 und machen eine Reportage in Ihrem Gebäude.

FRAU
Ja...?

REGISSEUR
Wir möchten gerne wissen, wer Ihr Favorit ist bei den Wahlen und wer Ihrer Meinung nach gewinnen wird. Entschuldigen Sie die Störung...

FRAU
Nein, Sie stören überhaupt nicht...Ich...Also mir gefällt Baltra...Ich habe für ihn gestimmt.

REGISSEUR
Sie haben also Baltra gewählt. Und was glauben Sie, wie viel Prozent die CODE[8] bekommen wird?

FRAU
Wollen Sie nicht eintreten...

REGISSEUR
Ja, gerne...Es ist ein bisschen dunkel....Wenn Sie erlauben...

FRAU
Treten Sie ein...

REGISSEUR
Guten Tag Señor, wir machen...Wir sind vom Kanal 13 und machen eine Reportage und möchten gerne wissen...wie viel Prozent wird die CODE bekommen?

JUNGER MANN
Ehh...ich habe keine Ahnung...ich wähle nicht...

REGISSEUR
Sie wählen nicht?

JUNGER MANN
Nein.

REGISSEUR
Sie haben keinen Favoriten?

JUNGER MANN
Nein, keinen...

REGISSEUR

Sie haben Baltra gewählt, sagen Sie…Um wie viel Uhr haben Sie gewählt, Señora?

FRAU

Die sind vom Kanal 13!..Für Jarpa, pardon…

REGISSEUR

Sie haben für Jarpa gewählt?

FRAU

Ja.

REGISSEUR

Aha!…Und um wie viel Uhr haben Sie gewählt?

FRAU

Um 11 Uhr heute morgen.

REGISSEUR

In welchem Wahlbezirk?

FRAU

In Ñuñoa…im Estadio Nacional.

REGISSEUR

Und wie hat Ihnen der Wahlvorgang gefallen?

FRAU

Ganz wunderbar!…Ich glaube an den Sieg der Demokratie.

REGISSEUR

Was glauben Sie, was dann passiert, für die Zukunft Chiles?

FRAU

Na ja, alles kommt wieder in Ordnung und wir bauen Chile wieder auf.

REGISSEUR

Glauben Sie, dass der Präsident abgesetzt werden muss? Oder das es auf legalem Wege weitergeht?

FRAU

Nein, dazu kann ich nichts sagen. Aber ich finde, dass das alles in Ordnung gebracht werden muss. So kann es jedenfalls nicht weitergehen.

REGISSEUR

Und wie fanden Sie das Meeting, dass hier vor zwei Tagen für den Kandidaten Jarpa stattgefunden hat?

FRAU

Hervorragend!...Ich habe von hieraus zugesehen...

REGISSEUR

Und was hat Ihnen besonders gefallen an diesem Treffen?

FRAU

Die vielen Menschen, selbstverständlich, die große Begeisterung und die Ordnung, die herrschte, es war ganz wunderbar...Wir werden auf jeden Fall gewinnen!

REGISSEUR

Sagen Sie mir noch, was halten Sie von dem Bündnis zwischen Partido Nacional und der Democracia Cristiana[9]?

FRAU

Das ist eine sehr gute Sache.

REGISSEUR

Sie fühlen sich also wohl mit diesem Bündnis.

FRAU

Ich fühle mich sehr wohl damit, da ich denke, dass sich damit alles in Ordnung bringen lässt.

REGISSEUR

Vielen Dank.

STIMMAUSZÄHLUNG

Aufnahmen von verschieden Orten, an denen die Stimmen ausgezählt werden

ERZÄHLER

Um 17 Uhr fallen die ersten Ergebnisse. Vertreter aller politischen Parteien nehmen an der Stimmenauszählung teil. Die Tatsache, dass der frühere Generalstabschef General Carlos Prats zum Innenminister ernannt wurde, sorgt dafür, dass alles in größter Offenheit abläuft. Dennoch kündigen einige Medien noch vor dem Ende der Auszählung den Sieg der Opposition an, ohne zu erwähnen, dass über 40 Prozent der Wähler für die Linke gestimmt haben. Die Rechte, die nie an ihrem Sieg gezweifelt hatte, geht daher auf die Straße, um das vermeintliche Ende der Unidad Popular zu feiern.

HOCHSTIMMUNG

Die Avenida Providencia abends. Man hört Gehupe und Geschrei.

REGISSEUR

Was denken Sie über die Wahlen, Señor?

AUTOFAHRER

Wir haben gewonnen! Gewonnen! Wir haben bereits mehr als 70 Prozent der Stimmen.

REGISSEUR

Señora, was denken Sie von den heutigen Wahlen?

FRAU

Ganz toll! Wir mussten auf jeden Fall gewinnen!

REGISSEUR

Vielen Dank...Señor, was denken Sie...?

AUTOFAHRER

Ausgezeichnet!..Ich bin Argentinier und freue mich, dass Frei gewonnen hat, ganz ausgezeichnet. Es ist mir eine große Freude. Es müsste noch mehr Männer wie ihn in Chile geben.

REGISSEUR

Danke...Flaco, hier lang, schnell!...Was halten Sie von der heutigen Wahl?

FRAU

Wouw!...Ein Triumph!...Ganz hervorragend!...Wunderbar!...Wir freuen uns sehr...! Ein überwältigender Sieg!... Wir sind glücklich!...

REGISSEUR

Was wird jetzt als nächstes geschehen?

FRAU

Eine Volksabstimmung und die werden wir gewinnen...Dann muss der Señor Allende sofort das Land verlassen.

REGISSEUR

Sie sind also für seine Absetzung?

FRAU

Selbstverständlich!...Auf jeden Fall!...Auf Wiedersehen!

REGISSEUR

Was halten Sie von den heutigen Wahlen?

AUTOFAHRER

Es ist ein Sieg der Demokratie und Chile wird für immer frei sein!

REGISSEUR

Was wird nun geschehen?

AUTOFAHRER

Mit Gottes Hilfe nichts Schlimmes!...Das einzige was wir wollen, ist dass Chile für immer frei bleibt!

REGISSEUR

Sie unterstützen die Absetzungsklage gegen Allende?

JUNGE FRAU

Ja, Señor!...Ja!..und nochmals Ja!...

REGISSEUR

Haben Sie keine Bedenken, dass es zu einem Bürgerkrieg kommt?

JUNGE FRAU

Egal!...Wir haben doch die Mehrheit!...

REGISSEUR

Señor, was halten Sie von den heutigen Wahlen?

JUNGER MANN
   Endlich haben wir es denen gezeigt, die sind jetzt erledigt!

REGISSEUR
   Señor, was halten Sie von den heutigen Wahlen?

AUTOFAHRER
   Sehr gut! Ausgezeichnet!

JUGE LEUTE
   (unverständliche Schreie, Durcheinander)

AUTOFAHRER
   Ich muss es mal so sagen! Das ist ein dickes Ding! Ganz herrlich! Die UP ist zum Teufel!... Um es mal so zu sagen. Pardon, aber so ist es.

REGISSEUR
   Und für wen haben Sie gestimmt?

JUNGER MANN
   Frei!

GRUPPE
   Musalém wird Senator!...Musalém wird Senator!...

AUTOFAHRER
   Ich bin Alfonso Carrasco Cerda, Präsident der Pensionäre der Bank von Chile. Ich stelle fest, wir haben die Demokratie und die Freiheit Chiles verteidigt.

REGISSEUR
   Danke. Möchten Sie noch was hinzufügen?

AUTOFAHRER
   Ja, ich grüsse alle Leute, die dazu beigetragen haben, unser Land zu befreien.

WAHLERGEBNISSE

Die Kamera zeigt die Autos mit aufgeblendeten Lichtern. Aufnahmen der Wahllokale, in denen die Stimmen ausgezählt werden. Generalaufnahme Freis, umringt von Mikrofonen und Journalisten.

ERZÄHLER

Nach Mitternacht verwirrt jedoch das offizielle Endergebnis die Opposition. Der sicher geglaubte Sieg verwandelt sich in eine Niederlage. Wider alle Erwartungen hat die Unidad Popular nicht nur nicht verloren, sondern im Gegenteil ihre Wählerbasis noch verbreitert. Ein Teil der Opposition weigert sich, das Verdikt der Urnen anzuerkennen, spricht von Wahlbetrug und schickt Stoßtrupps auf die Straße.

UNRUHEN

Mehrere Gruppen von jungen Leuten errichten Barrikaden und provozieren die Polizei.

VEREIDIGUNG

Im Inneren der Abgeordnetenkammer. Die Tribünen und Parlamentssitze sind voll Abgeordneten, Journalisten und Publikum.

ERZÄHLER

Einige Tage später kann das von der Opposition kontrollierte Gericht, das die Wahlen für gültig erklärt, die offiziellen Ergebnisse nur bestätigen. Die Rechtsparteien sind weit von den erhofften zwei Dritteln entfernt, die sie benötigt hätten, um Salvador Allende abzusetzen. Die Unidad Popular hat 43,4 Prozent der Stimmen erhalten und die Zahl ihrer Abgeordneten erhöht. So findet sie nach zweieinhalb Jahren Regierungszeit eine nie dagewesene Unterstützung. Für die Opposition bedeutet die Vereidigung der neuen Abgeordneten das Ende der Etappe der Wahlen.

PRÄSIDENT DER ABGEORDNETENKAMMER

Meine Herren Abgeordneten, Schwören Sie, dass Sie die Staatsverfassung respektieren und in der Ausübung Ihres Amtes die wahren Interessen der Verfassung schützen werden?

ABGEORDNETE

Ja, wir schwören es.

PRÄSIDENT DER ABGEORDNETENKAMMER

Ich erkläre Sie hiermit zu Parlamentsmitgliedern. Damit sind die Geschäfte abgeschlossen und die Sitzung ist aufgehoben.

ERZÄHLER

Für das Weiße Haus in Washington und die chilenische Opposition im Land ist es nun klar, dass sie mit den Mitteln der repräsentativen Demokratie ihr Ziel nicht erreichen werden. Im Gegenteil, das Wahlergebnis der Unidad Popular zeigt, dass der Wunsch nach sozialer Veränderung ungemindert ist, trotz der von der US-Regierung investierten Dollarmillionen. Die Strategie der Opposition wird daher paradoxerweise zu einer Strategie des Staatsstreichs.

Juventus del Abastecimiento y Precios (JAP)

Die Kamera filmt ein Warenlager voller Produkte. In der Aufnahme erscheint folgender Untertitel :

Lebensmittelverknappung und schwarzer Markt

BEAMTER

Dank des Hinweises eines Nachbarn aus der Einheit Nummer 8 des 7. Bezirks haben wir entdeckt, dass hier in der Calle Copiapó Nummer 319, 20 Tonnen Zucker, 400 Kartons Toilettenpapier, 500 Kartons Waschpulver, 100 Kartons Nescafé, 100 Kartons Kondensmilch, 50 Kartons Lachs sowie Reis in großen Mengen versteckt waren...Diese Waren werden nun an die Bewohner dieses Sektors verkauft, die hier zahlreich erschienen sind. Der Verkauf wird ungefähr 3 Tage dauern.

ERZÄHLER

Angesichts organisierter Warenknappheit verstärkt die Regierung die JAPs, (Juntas de Abastecimiento y Precios) Komitees für Versorgung und Preisüberwachung. Sie haben die Aufgabe, die Lebensmittelverteilung zu organisieren und spekulierende Händler anzuzeigen. Wenn sie ein Hamsterlager entdecken, greift die Regierung ein und organisiert den Verkauf der Produkte.

Interviews auf der Strasse und in den Handelsläden

FRAU 1

Im Lager in der Calle Lirquén der Señora Rufina Moreno Díaz wurden folgende Waren gefunden: 310 Pakete Tee in 2 Kartons mit je 350g, 23 Kartons Kindernahrung, alles von Ratten angenagt.

FRAU 2

Ich habe Omo und 2 Pakete Tee gekauft, ich hatte nur 100 pesos bei mir, mehr hatte ich nicht, und mehr konnte ich nicht mitnehmen.

FRAU 3

Ich habe 10 Kinder, Señor, ganze Vormittage verbringe ich mit Schlangestehen…

ARBEITER

Dem Schwarzmarkt muss ein Ende gemacht werden. Die Verantwortlichen müssen bestraft werden. Ihre Läden amtlich geschlossen und sie ab ins Gefängnis… Das muss wirklich gemacht werden, damit diese Leute Angst bekommen und aufhören zu spekulieren…Es gibt ausreichend Lebensmittel hier…Wie oft lesen wir in unseren Zeitungen, so und so viele Tonnen Zucker gefunden wurden, die versteckt waren, nur als Beispiel!

ERZÄHLER

Vom März an gibt es dreitausend JAPs in ganz Chile. In einigen Fällen führen sie Lebensmittelkarten ein, um die Verteilung zu verbessern und den Spekulanten das Wasser abzugraben.

REGISSEUR

Welche Karte haben Sie?… Dürfen wir die mal sehen?

FRAU

Das ist sie …Sehen Sie…Ich bekomme 14 Rationen…

REGISSEUR

Schnitt…

FRAU

Hierfür bekomme ich zwei Würfel Brühe…hier 4 Würfel gleich wenn sie ankommen…Sehen Sie?…Falls mehr ankommen, bekomme ich auch mehr. Das gleiche mit den anderen Waren: Neskaffee, Milch, alles rationiert.

REGISSEUR

Kommen Sie denn damit aus?

FRAU

Ja, das reicht uns. Und wenn es nicht reicht, machen wir dass es reicht mit anderen, zusätzlichen Waren.

REGISSEUR

Gehen wir Ihr Gemüse abholen?

ERZÄHLER

Unterstützt durch den US-Boykott verfolgt die Strategie der Opposition drei Ziele: die Versorgung der Bevölkerung zu desorganisieren, Lagerbestände zu beseitigen und die Aussaat zu sabotieren, um die Knappheit an Grundnahrungsmitteln zu verschärfen.

REGISSEUR

Machen wir hier weiter...

ERZÄHLER

Die entstehenden Probleme werden durch die Selbstorganisation der Arbeiter teilweise überwunden.

REGISSEUR

Gibt es Öl, Señora?

FRAU

Sie waren dabei, es zu verladen, aber ob es heute welches gibt, weiss ich nicht. Vor drei Tagen habe ich welches bekommen.

REGISSEUR

Möchten Sie den compañeras aus anderen Provinzen noch etwas sagen? Wir machen gerade einen Film...

JUNGE FRAU

Ich bin bereit, alles zu ertragen damit...Wie heissen Sie?... es in Zukunft besser wird, wenigstens für meine Kinder, wenn ich es nicht mehr erleben sollte. Ich stehe zu dieser Regierung.

REGISSEUR

Möchten Sie noch etwas hinzufügen?

JUNGE FRAU

Nein nichts, nur schönen Dank für das Interview.

DIE ANKLAGEN

Front des Parlaments. Über dieser Einstellung erscheint ein Text:

Parlamentsboykott

Rundgang im Inneren des Parlamentsgebäudes. Die Regale sind voller Dokumente.

ERZÄHLER

Für die Opposition werden die JAPs gefährlich. Der Kongreß leitet ein Absetzungsverfahren gegen den Minister Orlando Millas ein, dem sie unterstehen. Die Opposition beginnt nun systematisch – wie es ihr die Verfassung zugesteht – mit einfacher Mehrheit die störenden Ministern abzusetzen. All diese Akten betreffen Absetzungsverfahren. Im folgenden Fall hat die Opposition ordnungsgemäß einen ihrer Abgeordneten damit beauftragt, ein einfaches Mitglied einer JAP zu befragen.

UNTERTITEL

Gustavo Lorca, Abgeordneter der Partido Nacional, später Beamter der Militärregierung.

LORCA

Was ist genau die Aufgabe der JAP? Wie funktioniert diese Organisation JAP, wie Sie sagen, praktisch?

BÜRGER

Diese Organisation JAP, ich meine es schon gesagt zu haben, ist eine Organisation der Bürger aus den ärmsten Stadtteilen, es sind Arbeiter, Hausfrauen, die eine Versammlung einberufen und aus ihrer Mitte diejenigen beauftragen, die überprüfen ob es ausreichend Nahrungsmittel in ihrem Bezirk gibt oder nicht.

LORCA

Das ist es, dass ich möchte, dass Sie es mir erklären. Ich muss Ihnen das so sagen, damit Sie gezielt antworten können.

BÜRGER

Klar doch...

LORCA

Verstehen Sie mich nicht falsch. Es ist nicht, um Sie...

BÜRGER

Sie werden es mir verzeihen, aber...

LORCA

Nein, deswegen...ich orientiere Sie ohne dass es bedeutet, dass ich Ihnen etwas in den Mund legen will. Verstehen Sie mich?...Verstehen Sie mich richtig. Ich bin gerne ehrlich in meiner Position.

BÜRGER

Sehen Sie, ich sehe die Rolle der Organisation JAP so: es geht darum genau zu wissen, ob die Bürger ausreichend Nahrungsmittel zur Verfügung haben, um den Bedarf der Familien in ihrem Bezirk decken zu können.

ERZÄHLER

Die Opposition kann nichts beweisen, aber die Absetzung nimmt trotz allem ihren Lauf. Und das gleiche Vorgehen wird bei anderen hohen Beamten der Regierung wiederholt: Entweder die Minister treten zurück, oder sie werden abgesetzt. Auf diese Weise eröffnet die Opposition so einen Machtkonflikt zwischen Parlament und Staatspräsident. In allen Fällen weist ein Vertreter der Linken die juristische Fragwürdigkeit des Verfahrens nach.

Die Aktenordner mit den Anklagen. Die Namen der abgesetzten Abgeordneten sind zu lesen : Chávez, Millas, Figueroa, Joignant, Faivovich...

UNTERTITEL

Luis Maira, Abgeordneter der Unidad Popular

MAIRA

Daraus ergibt sich, dass ein Staatsminister nur dem Präsidenten gegenüber Rechenschaft abzulegen hat. Die Zweckmäßigkeit seiner Handlungen unterliegt nicht der Zustimmung durch den Kongress. In Chile ist nur der Präsident berechtigt, dies zu beurteilen. Im Fall von Señor Millas, dem Wirtschaftsminister, den wir hier analysieren, kann man nicht nach dem Verfahren der Verfassungsklage vorgehen, wenn man feststellen will, ob seine Versorgungs- und Preispolitik gut oder schlecht ist, oder ob er die richtige Richtung für seine Produktions-, Versorgungs- , Preis- und Verteilungspolitik gewählt hat. Das heißt, dass diese Anklage nicht nur ungültig, ineffizient, und illegitim ist, sondern dass sie die Verfassungstexte damit verfälscht und überschreitet auf einem Gebiet, das die Verfassung dem Präsidenten der Republik zuerkennt. Diese Texte legen die Vor-

Die Schlacht um Chile

rechte und wesentlichen Kompetenzen des Präsidenten fest.

ABSTIMMUNG UND EINSPRUCH DES PRÄSIDENTEN ALLENDE

Der Kongress stimmt für die Absetzung des Ministers. Schreie, Beschuldigungen, Drohungen. Eine verbale Schlacht.

ERZÄHLER
Einige Tage später stimmt das Abgeordnetenhaus über die Absetzung des Ministers Orlando Milla ab. 86 Stimmen dafür, 63 dagegen. Damit wird die Absetzung vollzogen, mit einfacher Mehrheit.

ABGEORDNETER
Trunkenbold! Momio!...Bist schon wieder betrunken hier angekommen...Du könntest wenigstens die Hausordnung respektieren...Versoffener Momio![10]

ERZÄHLER
Innerhalb von drei Monaten setzt die Opposition zwei hohe Beamte und sieben Minister Allendes ab, d. h. alle zehn Tage eine Führungskraft der Unidad Popular.

Präsident Allende antwortet an einem anderen Ort auf die Vorgehensweise des Parlamentes

ALLENDE
Und selbstverständlich verweigern sie uns die Anwendung der Gesetze, die sie selbst gegen das Volk angewendet haben. Wenn wir auf eben diese Gesetze zurückgreifen, um die Legitimität der Regierung und den Fortschritt der Arbeiter zu verteidigen, stoßen wir auf ihren Widerstand. Obwohl sie über alle Garantien – ich wiederhole es – in Bezug auf die Realität, die unser Land lebt, verfügen... Diese Regierung ist nicht sozialistisch..., sondern eine demokratische Volksregierung, national und revolutionär, die ein Programm erfüllen muss, um so schnell wie möglich und so umfassend wie möglich den Weg zum Sozialismus und zur Umwandlung der Gesellschaft zu ebnen.

GEGENOFFENSIVE

Die Schlagzeilen einer Zeitung sind zu sehen: »LEGALITÄT ODER

ILLEGALITÄT«…«DIE REGIERUNG MUSS DIE GERICHTSENTSCHEIDUNG ANERKENNEN»…. Eine Gruppe von Arbeitern erscheint in der Mitte des Bildes.

ERZÄHLER
Wenig später leitet der Kongress ein Verfahren gegen die gesamte Regierung ein. Das würde bedeuten die Absetzung von 15 Ministern auf einen Schlag.

ARBEITER
Wir sind für die Regierung des Volkes!…

ERZÄHLER
Doch der Druck des Volkes lässt einen Teil der Opposition zurückweichen. Das Vorhaben scheitert. Eine machtvolle Demonstration, organisiert von der CUT[11], der Einheitszentrale der Arbeiter, verurteilt das Vorgehen des Parlaments.
Die Anhänger der Regierung demonstrieren an der Moneda[12] vorbei. Etwas weiter sagt ein Arbeiter vor der Kamera seine Meinung.

ARBEITER 1
Die Rechte hat schon immer versucht, uns umzudrehen und uns zu drängen, die Regierung zu stürzen. Aber das werden sie niemals erreichen, denn wir, die Arbeiter, wir haben diese Regierung gewählt, und diese Regierung wird bleiben, weil es unsere Regierung ist, und wir verteidigen sie bis zum Tod. Wenn es sie uns nun auf die Strasse bringen wollen, dann gehen wir eben auf die Straße. Und wenn gekämpft werden muss, dann kämpfen wir auch, denn wir sind selbstbewusste Arbeiter und wir verteidigen die Demokratie der Arbeiter.

BLOCKIERUNG

Abstimmung im Senat. Die Kamera filmt Eduardo Frei, den Chef der Opposition. Einige Beamte sammeln die Stimmzettel in Metallbehältern.

ERZÄHLER
Am 17. April gelingt der Regierung auf legalem Wege die Enteignung von 49 weiteren Industriebetrieben, die die Produktion boykottieren. Als Antwort darauf leitet der Kongress eine Verfassungsreform ein, die praktisch alle bis dahin ausgesprochenen Enteignungen für ungültig erklärt. Christdemokraten und Nationalpartei vertreten die Ansicht, das Staatsoberhaupt könne hier kein Vetorecht ausüben. Es müsse das Reformgesetz veröffentlichen und die Fabriken

zurückgeben. Anders gesagt: Der Kongress will Salvador Allende mit einfacher Mehrheit Kompetenzen zu entziehen, die seinen Vorgängern im Präsidentenamt zukamen.

MOBILISIERUNG

Die Arbeiter der betroffenen Fabriken sprechen in den Werkstätten und Büros über die Situation.

ARBEITER 1

Diese Herren von der Rechten, es ist Zeit dass sie merken, dass sie ungeheuer viel Geld verdienen ohne etwas dafür zu tun. Alles, was sie tun, ist das Land durcheinanderbringen! sie denken nur daran!…aber sie kassieren dafür unvorstellbare Summen!

ARBEITER 2

Wir haben nicht schlecht gestaunt zu sehen, daß unsere Fabrik, die Quelle unserer Arbeit, total abgebaut und in ein Lager verwandelt wurde. Denn diese Herren haben die Maschinen praktisch gestohlen!

ARBEITER 3

Wir wollen nichts mehr zu tun haben mit den Bossen. Absolut gar nichts! Sie haben seit langer Zeit gebremst so sehr sie nur konnten, dass die Betriebe schließlich enteignet wurden.

ARBEITER 1

Es ist erwiesen, dass die Industriellen dieser Branche den offenen Boykott der Produktion begonnen haben. Wir, die Arbeiter, wir sind dagegen.

ARBEITER 4

Meine Meinung ist, dass das ein Ende haben muss. Die Regierung muss diese Betriebe enteignen. Denn mit diesen Industriellen können wir nicht mehr weiterarbeiten.

REGISSEUR

Wir hat man diese Fabrik genannt?

ARBEITER 5

Sie wurde »das Gefängnis« genannt wegen der feudalistischen Einstellung unserer Bosse. Unsere Kollegen und Genossen von anderswo gaben uns deswegen den Spitznamen »Gefängnis Santa Helena«.

STELLENWECHSEL

Im Senat, Applaus. Eduardo Frei durchquert den Sitzungssaal und nimmt den Hauptsitz ein.

ERZÄHLER

Am 23. Mai wird Eduardo Frei, Vorsitzender der Christdemokratischen Partei und Ex-Präsident Chiles, zum Senatspräsidenten gewählt. Von nun an verschärft sich der Machtkonflikt. Frei ist der Meinung: Wenn Allende sich weigert, das Reformgesetz zu veröffentlichen und die Betriebe zurückzugeben, verlässt er den Boden der Verfassung, und wenn er akzeptiert, übernimmt de facto das Parlament die Kontrolle über den Staat. Um diese Interpretation zurückzuweisen, ruft Allende das Verfassungsgericht an.

POSITION ALLENDES

An einem anderen Ort, legt der Präsident seine Argumente vor.

ALLENDE

Wir müssen verstehen, dass es in diesem Augenblick das Wichtigste ist, die Politik der Regierung zu stärken, und die Instrumente zu erobern, die eine Durchlässigkeit der Institutionen ermöglichen, damit die Opposition aufhört, der Regierung das Wesentliche zu verweigern, die Mittel, das Land gegenüber einer wirtschaftlichen Realität zu verteidigen, die nicht Konsequenz unserer Fehler ist, – obwohl wir Fehler begangen haben – sondern internationaler und nationaler Faktoren, besonders wenn eine Regierung wie die unsere dem Imperialismus und der feudalistischen Landeigentümer und Banken-Oligarchie ausgesetzt ist.

ENTZWEIUNG

Die Schlacht um die Legalität geht weiter. Im Parlament wird mit erhobener Hand abgestimmt.

KAMMERPRÄSIDENT

Die Herren Abgeordneten, die gegen das Projekt sind, heben bitte die Hand.

ERZÄHLER
Von nun an versucht das Parlament, die völlige Lähmung der Regierung zu erreichen. Im Laufe der Monate April, Mai und Juni blockiert es systematisch alle Initiativen der Unidad Popular.

KAMMERPRÄSIDENT
Ergebnis der Abstimmung: 52 Stimmen dafür... 81 dagegen. Der Gesetzentwurf der Exekutive ist abgelehnt!

ERZÄHLER
Das Gesetz gegen Wirtschaftsverbrechen wird abgewiesen. Das Gesetz zur Einrichtung eines Familienministeriums wird abgewiesen.. Das Gesetz über die Erhöhung der Arbeiterlöhne wird verschoben und erhält keinerlei Mittel. Das Gesetz über die Beteiligung der Arbeiter an der Betriebsleitung wird abgelehnt. Das Gesetz zur Einrichtung eines Meeresministeriums wird abgewiesen. Ebenfalls das Gesetz über die Einrichtung selbstverwalteter Betriebe. Innerhalb weniger Monate wird 20 weiteren Projekten die Finanzierung entzogen.

FASCHISMUS

Ein Kolonne Jugendlicher bei vormilitärischen Übungen. Einer von ihnen stößt die Kamera weg.

JUNGER MANN
Nationalismus ... Jetzt und hier ... Nationalismus Vorwärts!

GRUPPE
Nationale Front, Vaterland und Freiheit!

ERZÄHLER
Wie befinden uns vor einer Kampfschwadron der faschistischen Gruppe »Patria y Libertad[13]«.

JUNGER MANN
Chile ist eins!...Chile ist groß!...Chile ist frei!...Vorwärts Chile!

GRUPPE
Vorwärts Chile!

Die Gruppe marschiert in einer Strasse Santiagos vorwärts.

ERZÄHLER

Der institutionelle Konflikt allein reicht nicht, um einen Staatsstreich auszuführen. Außerdem müssen Gewalt und soziales Chaos provoziert werden. Das ist das Hauptziel dieser Organisation. »Patria y Libertad« ist nur eine winzige Gruppe innerhalb der Rechten, aber ihre faschistische Ideologie beeinflusst immer stärker einige Parteien der Opposition und der Streitkräfte.

Die Demonstration endet vor der Statue des Helden der Unabhängigkeit (Manuel Rodríguez) im Park Bustamente. Die Lautsprecher übertragen eine militärische Hymne. Es ist schon dunkel. Die Demonstranten haben Fackeln.

ERZÄHLER

Unter ihren Führern und Ideologen finden sich ehemalige Mitarbeiter des US-Informationsdienstes in Chile. Finanziell unterstützt wird die Bewegung von den großen Arbeitgeberverbänden des Landes – wie der »Sociedad Nacional de Agricultura«[14] und der »Sociedad de Fomento Fabril«[15]. Die größte Unterstützung aber kommt vom State Department in Washington. 1974 werden einige ehemalige Beamte dieses Ministerium enthüllen, dass die CIA zu jener Zeit in Chile 40 Spitzenagenten unterhielt, viele davon als Ausbilder bei »Patria y Libertad«.

STRASSENUNRUHEN

Gruppen von Jugendlichen verursachen Unruhen vor dem Kongressgebäude und in der Avenida Alameda. Über diesen Aufnahmen erscheint ein Text.

UNTERTITEL

3. Schüler- und Studentenaufruhr

ERZÄHLER

Im April findet die Opposition einen Vorwand, wieder zur sozialen Agitation überzugehen. Die Regierung hat ein Gesetz zur Schulreform vorgelegt, um ein archaisches System zu demokratisieren. Da sie sich bedroht fühlt, mobilisiert die Opposition die Kampfschwadronen.

Ein Wasserwerfer kommt zum Einsatz. Einige Demonstranten springen auf Busse und bringen den Verkehr durcheinander. Mit vermummten Gesichtern demonstrierte eine Gruppe in der Calle San Diego. Die Polizei setzt Tränengas ein.

Cordon Recoleta
Politische Versammlung im Stadtteil Recoleta in Santiago de Chile

ERZÄHLER

Zum ersten Mal in Chile lassen sich ein Großteil Studenten von den privilegierten Klassen benutzen. Die Oppositionsparteien, die Freiberufler und die Einzelhandelsverbände billigen das Chaos auf den Straßen.

CORDON INDUSTRIELL[16]

»Cordón Cerillos«. Die Arbeiter sprechen über die aktuellen Konflikte und die vorangegangenen Probleme. Die Themen vermischen sich.

ARBEITER 1

Es reicht uns mit der Defensive! Es reicht uns, Marionetten der Reaktion zu sein! Von nun an, Genossen, müssen die richtigen Fragen gestellt und Konfliktsituationen in Angriff genommen werden. Und wir müssen diejenigen angreifen, die uns den Weg versperren wollen. Wir werden nicht mehr auf die Strasse gehen, Genossen, um uns mit den Kindern der Reichen Straßenschlachten zu liefern. Das ist Aufgabe der »carabineros«[17] und der »milicos«[18], die können ein paar von denen kampfunfähig machen. Wir müssen sehen, wie wir gegen den Staat angehen können. Es ist ein Bourgeoisie-Staat, und irgendwann werden wir ihn überwinden müssen.

ARBEITER 2

Gestern haben wir gesehen, wie Teile der Bevölkerung Forderungen gestellt haben und die Rechte sich in wirklich subversiven Situationen unserer proletarischen Genossen bedient. Anders gesagt, was unsere Genossen über die Distribution denken, über die Agrarreform, über die Verstaatlichung der Distributionsmonopole ... Das sind Fragen von allergrößter Wichtigkeit, die wir Arbeiter uns stellen müssen und die Gegenstand einer Volksabstimmung sein sollten, zu der wir aufrufen und die wir nicht den Manövern der Reaktionäre ausliefern dürfen. Wir müssen uns mobilisieren. Wir können diese tägliche Eskalation nicht akzeptieren. Wir haben die Lage beobachtet und seit Oktober gesagt, dass sie wieder anfangen werden. Sie wiederholen sich, ohne in der Lage zu sein, die gleichen Bedingungen wie im Oktober zu schaffen. Wir Arbeiter, wir müssen also jetzt handeln, damit sie ein für alle Mal neutralisiert werden, wir fordern von der Regierung eine Volksabstimmung über die grundlegenden Fragen.

ARBEITER 3

Wie sollen wir das Transportproblem angehen? Jedes Mal wenn sie die Regierung angreifen wollen, lähmen sie das Transportwesen, wahrscheinlich mit einem Streik, denn sie manipulieren die Fahrer. Die meisten haben kein Klassenbewusstsein, sind nicht organisiert. Alles, was sie interessiert, ist ihr Anteil, ist Geld. Sie gehen nie zu Gewerkschaftsversammlungen. Wenigen Gewerkschaften in dieser Branche geht es gut. Und selbst die funktionieren schlecht.

SPRECHER DES CORDON

Angesichts einer nationalen Streikdrohung der Lkw-Fahrer müssen die Transportmonopole sofort verstaatlicht werden. Angesichts der Androhung eines Produktionsboykotts muss ein für alle Mal die Enteignung der Unternehmen durchgeführt werden, die zu den 90 gehören, die noch nicht in den Händen der Arbeiter sind. Schließlich muss die Arbeiterklasse sofort in die Wirtschaftsplanung integriert werden.

ARBEITER 5

Es besteht kein Zweifel, dass sich in diesem Augenblick unsere Beschlüsse vor allem auf das Transportproblem beziehen müssen.

ARBEITER 6

Wir sind Mitglieder der ANATE, der Baugewerkschaft und bei uns sind alle bereit zur Demonstration vor dem Kongress.

SPRECHER DES CORDON

Ist jemand dagegen?

ALLE

Auf zum Parlament!...Auf zum Parlament, Compañeros!

SPRECHER DES CORDON

Können unsere Compañeros vom Straßenbau Lastwagen oder Lieferwagen bekommen, um die Arbeiter von den Fabriken aus zu transportieren?

ARBEITER 7

Wir haben Lastwagen. Wir haben Lastwagen und »micros«[19]. Auch gibt es Lastwagen, die für die micros einspringen. Also vorwärts Genossen! Vorwärts ohne Zaudern!

Alle verlassen die Versammlung und gehen zur Avenida Principal.

DEMONSTRATIONEN UND ATTENTAT

Ein Lastwagen voller Arbeiter fährt durchs Bild.

ARBEITER
Die geeinte Linke wird niemals besiegt werden!

Ein zweiter Lastwagen fährt vorüber.

ARBEITER
Unidad Popular!...Die geeinte Linke wird niemals besiegt werden!

Auf der Alameda (Hauptgeschäftsstrasse in Santiago) gegenüber der Nationalbank: eine Kolonne von Demonstranten bewegt sich in Gegenrichtung des Verkehrs vorwärts. Ein Traktor mit einem Anhänger voll von Leuten nähert sich uns und fährt vor der Kamera vorbei.

ERZÄHLER
Am 27. April ruft die Einheitszentrale der Arbeiter zu einer Demonstration zur Unterstützung der Regierung auf. Durch massenhafte Teilnahme der Arbeiter sollen die Agitatoren der Opposition daran gehindert werden, auf den Straßen von Santiago die Macht auszuüben.

TRAKTOR
Arbeiter an die Macht!...Arbeiter an die Macht!...
Unidad Popular!....Unidad Popular!...Unidad Popular!...

In der Strasse Estado sehen die Leute misstrauisch dem Vorbeiziehen einer Kolonne von Demonstranten zu.

KOLONNE
Schafft die Volksmacht!...Schafft die Volksmacht!...
Die geeinigte Linke wird niemals besiegt werden!

In der Strasse Ahumada bewegt sich eine andere Kolonne vorwärts.

KOLONNE
Volk, Bewusstsein, Gewehre und MIR!...Volk, Bewusstsein, Gewehre und MIR! MIR!...

ANDERE

Schafft die Volksmacht!...

Mehrere Schüsse sind zu hören. Vom Dach eines Hauses werfen Jugendliche Steine auf die Demonstranten. Man hört die Angstschreie einer Frau. Die Kamera filmt an den Fenstern entlang.

ERZÄHLER

Als der Demonstrationszug am Sitz der Christdemokratischen Partei vorbeizieht, wird plötzlich aus den oberen Fenstern geschossen. Ein Arbeiter wird getötet, 6 weitere schwer verletzt.

Krankenwagen kommen. Der Senator Rafael Moreno[20] nähert sich in einem dritten Krankenwagen. Ohne jegliche Stabilität, versucht die Kamera eine Gruppe von Personen in der Tür des Gebäudes zu filmen. Weiter weg wirft die Polizei mit Tränengas. Im Folgenden hört man den Kommentar in Off einiger Personen.

RENÁN FUENTEALBA[21]

Diejenigen, die uns provoziert haben, sind die Verantwortlichen für alles, was passiert ist.

JOURNALIST

Und der Tote und die 6 Verletzten, Herr Senator?

FUENTEALBA

Wo denn?...Wer?...

JOURNALIST

Es gibt einen Toten und sechs Schussverletzte. Wir Journalisten waren Zeugen, als von dort oben geschossen wurde.

FUENTEALBA

Und Sie glauben, dass wir hinnehmen müssen, dass sie kommen und uns hier über den Haufen treten?

JOURNALIST

Ist es denn christlich, Menschen zu töten?

FUENTEALBA

Und wer hat uns hier beschützt?

JOURNALIST

Sie rechtfertigen also den Tod eines Arbeiters?

FUENTEALBA

    Sie befinden sich hier im Sitz der Christdemokratischen Partei...Und Sie können mich im Sitz der Christdemokratischen Partei hier...nicht fertigmachen, da ich damit nichts zu tun habe.

JOURNALIST

    Herr Senator, warum schlagen Sie einen Journalisten?...

ANDERE STIMMEN IM OFF

    Faschisten!...Gesindel!...

Es ist spät abends, ein Motorrad fährt zwischen den Autos durch. Man sieht Polizeibusse und Tanker. In der Ferne hört man weiterhin Schüsse.

REGISSEUR IM OFF

    Wie ist es passiert?...Vo wo aus wurde geschossen?...Um welche Uhrzeit?

INTENDANT[22] IM OFF

    Wissen wir noch nicht... die Untersuchungen laufen. Die Sache ist jedenfalls in den Händen des Staatsanwalts. In diesem Fall unterstehen die Polizei und die Ordnungskräfte dem Staatsanwalt und der Justiz. Das ist im Strafgesetzbuch festgelegt.

ERZÄHLER

    Der Einfluss der gewalttätigen Gruppen in der christdemokratischen Partei wird immer deutlicher. Senator Juan Hamilton, vom konservativen Flügel dieser Partei, verweigert jede Stellungnahme.

Angespannt, überwacht Hamilton die Eingangstür des Gebäudes.

BEERDIGUNG

Jugendliche hängen vor dem Beerdigungszug Plakate auf: »Das ist Faschismus«...Vor dem Regierungspalast La Moneda versammelt sich eine große Menge um den Sarg mit dem Opfer.

ARBEITER

    Drängt nicht, Compañeros...Nicht weiter!...Geht zurück!...

ARBEITER

Ein bisschen Stille bitte, Compañeros!

ARBEITER

Bewahrt die Ruhe!

In der Tür des Regierungspalastes sieht man Salvador Allende mit Arturo Araya, dem Adjutanten der Marine.

ARBEITER

Geht etwas zurück, bitte!...Noch weiter zurück!...

FRAU

Das reicht!...Wir stehen gut hier!

MANN

Compañero José Ricardo Ahumada!

ALLE

Anwesend!

MANN

Mit deinem Beispiel...!

ALLE

Werden wir siegen!

ARBEITER

Nicht drängeln, Compañeros!...Nicht drängeln, bitte!...

Die Kamera filmt den Sarg von der Familie umgeben.

ARBEITER

Ruhe bewahren Compañeros!...Ruhe bewahren!

Die Menge bewegt sich bis zur Calle Ahumada. An der Spitze des Trauerzuges gehen mehrere Regierungsmitglieder: Aníbal Palma[23], Luís Figueroa[24], Clodomiro Almeyda[25] und Luís Corvalán[26]. Die Strasse ist von Menschen überfüllt.

ALLE

Unidad Popular gegen die kriminellen »Momios[27]«!

ARBEITER

Compañero José Ricardo Ahumada!

ALLE
Anwesend!

ARBEITER
Wer hat ihn getötet?

ALLE
Die Momios!

Die Trommlergruppe der Kommunistischen Jugend. Hinter ihnen ein Spruchband »Compañero José Ahumada«. Anwesend!« Am Schluss des Trauerzuges neun Traktoren mit Anhängern voller Leute, die in die Kamera grüssen.

ERZÄHLER
Am 30. April versammeln sich 300.000 Menschen, um dem ermordeten Arbeiter die letzte Ehre zu erweisen. Die Opposition ist der Ansicht, dass ihre Bedingungen noch immer nicht alle erfüllt sind, und beendet diese Phase der Straßenagitation.

GERICHTSBARKEIT

Fassade des Gerichtsgebäudes »Juzgados Civiles de menor cuantía«[28] Eine Menge Leute sind vor der Eingangstüre dicht gedrängt versammelt. Die Richter des Obersten Gerichtshofes werden im Hauptsaal des Gerichts fotografiert.

ERZÄHLER
Die Untersuchungen zur Entdeckung und Bestrafung der Verantwortlichen für den Tod des Arbeiters Ahumada kommen nicht voran. Es ist eindeutig, dass die Justiz nur schleppend arbeitet. Auf diese Weise sorgt der oberste Gerichtshof dafür, dass die Schuldigen ungestraft bleiben.

UNTERNEHMER
Im Caupolicán-Theater singen die Transportunternehmer die Nationalhymne. Auf diesem Bild erscheint ein Text :

UNTERTITEL

Offensive der Unternehmensverbände

ALLE

Chile ist ein freies Land und wird es bleiben!...Chile ist ein freies Land und wird es bleiben!

SPRECHER

Wir haben uns noch einmal auf Anregung der nationalen Führungsspitze versammelt, um über unsere Tarife zu sprechen und neue festzulegen. Der erste Sprecher ist der Präsident des nationalen Verbandes der Taxi- und Busbetriebe, Ernesto Cisterna Solís.

ALLE

Auge um Auge, Zahn um Zahn!...Auge um Auge, Zahn um Zahn!...

REDNER 1

Unsere Versammlung muss deutlich vernehmbar dem Minister mitteilen, dass wir diese offensichtliche Unfähigkeit, unsere Probleme zu lösen, satt sind!

ALLE

Bravoo!...

ERZÄHLER

Während der drei Jahre der Unidad Popular hat das amerikanische Institut für die Entwicklung unabhängiger Gewerkschaften, das indirekt vom CIA finanziert wird, seine Aktionen auf die chilenischen Berufsverbände konzentriert. Im April erhalten 108 ihrer Führungskräfte, vor allem aus dem Transportsektor, eine Ausbildung in den USA.

REDNER 2

Man darf Gewissen und Geduld nicht miteinander verwechseln. Politik darf weder unsere Tarife noch unsere Organisation belasten. Aber wir müssen überleben.

REDNER 3

Wir müssen unsere Interessen verteidigen und daher kämpfen wie ein einziger Mann an der Seite des nationalen Leitungskomitees und auf die Straße gehen, damit sie uns sehen und die Kraft eines Verbandes der rollenden Zunft spüren. Mit Mut und Hingabe, aber vor allem als Chilenen, und mit Würde, Kollegen (Applaus)...

REDNER 4

Es reicht jetzt mit dem sinnlosen Rumflicken! Die Busse werden immer älter und die Rücken so vieler Unternehmer auch!...die sich seit Generationen...(Applaus)... plagen, aber es geht darum den Kochtopf zu füllen, zu überleben, Widerstand zu leisten, um unseren Berufsstand zu retten. Denn so werden wir die Arbeitsplätze von Millionen Menschen retten, die an den Arbeiter, an den misshandelten LKW-Unternehmer glauben. Er ist es nämlich, der das Land wieder aufbaut. Er ist der wahre Revolutionär!...(Applaus)...Der Augenblick ist gekommen, für alle Busunternehmer ohne irgendeinen Unterschied, dass wir auf der Basis einer einzigen Kampffront, den Nationalstreik ausrufen!...(lang anhaltender Beifall).

STREIK

Die Kamera ist im inneren eines LKWs voller Leute.

ERZÄHLER

Im Mai ist ein Drittel der öffentlichen Verkehrsmittel aus Mangel an amerikanischen Ersatzteilen lahm gelegt. 1973 sinken die Importe aus den USA auf 15 Prozent des Gesamtvolumens. Um gegen diese Situation zu protestieren, aber auch um sie zu verschlimmern, rufen die privaten Busunternehmer einen unbegrenzten Streik aus. Während dieses Konfliktes muss das staatliche Unternehmen mit nur 600 Fahrzeugen das Pensum bewältigen, das normalerweise von den 5000 privaten Bussen in Santiago erledigt wird.

Um die Wirkung des Streiks teilweise zu neutralisieren, holen die Arbeiter Lastwagen aus den Fabriken.

Überfüllte LKWs. Staatseigene Busse mit Trauben von Leuten, die sich anhängen. Interviews auf einem LKW, der die Calle Alameda herunterfährt.

REGISSEUR

Was halten Sie vom Streik?

ARBEITER 1

Wir müssen alle gemeinsam kämpfen, um zu erreichen, dass die Regierung mit Hilfe der Arbeiter wieder Vertrauen gewinnt.

ARBEITER 2

Wir müssen vor allem den Streik bekämpfen.

REGISSEUR

Wie müssen wir ihn bekämpfen?

ARBEITER 2
Indem wir vereint bleiben.

REGISSEUR
Wie viel sind Sie gelaufen?

ARBEITER 3
70 Querstrassen, so ungefähr, mit meinen zwei Töchtern, die da hinten sind.

REGISSEUR
Was ist Ihre Meinung, Señor?

ARBEITER 4
In solchen Augenblicken muss das Volk seine Fähigkeit zum Kampf beweisen, die es während dieses ganzen Prozesses entwickelt hat. Und jetzt kann man die Opfer sehen, die der Kampf fordert, aber das hat keine Bedeutung, egal welche Opfer wir bringen müssen, solange wir nur weiterarbeiten und produzieren können.

REGISSEUR
Möchte noch jemand etwas dazu sagen?

ARBEITER 5
Die Reaktionäre wollen uns den Kapitalismus und unzureichende Entlohnung aufzwingen. Aber wir müssen daran glauben Und bewusst sein.

REGISSEUR
Was ist Ihre Meinung?

STUDENT
Aus meiner Sicht als Student sehe ich es so, dass versucht wird, koste es was es wolle, mit allen Mitteln das Land zu paralysieren.

DIE ANTWORT

GRUPPE
Unidad Popular immer vorwärts! ... Unidad Popular immer vorwärts!

Im O'Higgins Park zeigt die Kamera dutzende von LKWs, die sich in einer Reihe ausrichten. Man hört Gehupe. Ein Podest mit vielen Menschen, die mit Fahnen winken.

ERZÄHLER

Zur Vorbereitung auf eine eventuelle Blockade des gesamten Transportwesens bildet sich die Organisation MOPARE, eine patriotische Vereinigung linker Spediteure.
Ihre Unterstützung für den Präsidenten Allende bringt ihnen allerdings – im Namen der Verbandssolidarität – Anschläge und Sabotageakte ein.
Auf zwei LKWs sieht man ein Spruchband : MOPARE ist für ein standfestes Vaterland am Steuer!...und auch : Nicht nachlassen Chicho[29]!...Durchhalten!...

ALLENDE

Der Präsident spricht zu seinen Anhängern

ALLENDE

Der Loyalität des Volkes werde ich mit der Loyalität des militanten Sozialisten und als Präsident Chiles antworten, werde ich das Programm der Unidad Popular entschlossen anwenden!...(Applaus).
Wir brauchen eine bessere und umfassendere Kontrolle über die Verteilung der Produkte. Mögen sie mir gut zuhören ..., diejenigen, die glauben, ich käme ins Wanken: Wir müssen die Macht des Volkes, die Mütterzentren, die Nachbarschaftsvereine, die JAP, und die Gemeindekommandos stärken und unterstützen. Wir müssen ebenfalls die industriellen Verbünde[30] verstärken, nicht als parallele Macht, sondern als eine Volksmacht, die im Einklang mit der Volksregierung handelt!...

MILITÄRS

Eine militärische Zeremonie. Gesichter von Marineoffizieren. Man hört in der Ferne Marschmusik.

ERZÄHLER

Am 28. Mai schicken die hohen Militärs im Ruhestand einen offenen Brief an

Präsident Allende, in dem sie betonen, dass die Streitkräfte sich als autonom verstehen, sollte die Regierung gegen die Verfassung verstoßen.
Erst kurz zuvor hatten sie sich gegen das Bildungsreformprojekt ausgesprochen.

Bei dieser Gelegenheit hatte Konteradmiral Ismael Huerta erklärt: »Wir können nicht akzeptieren, dass die zukünftigen Soldaten zu Marxisten umgepolt Einzug in die Kasernen halten.« Seit 1950 haben mehr als 4.000 Offiziere eine Ausbildung in den USA und in der Panamakanalzone erhalten. Während der zweieinhalb Jahre der Regierung Allendes haben sie 45 Millionen Dollar Militärhilfe vom Pentagon erhalten, d.h. mehr als ein Drittel des Gesamtbetrags der letzten 20 Jahre.

VERSAMMLUNG

Die Kamera nähert sich einem Tor....und es erscheint ein Text:

UNTERTITEL

Kupferstreik

Die Kamera geht in einen Halbmond[31] mit Arbeitern gefüllt. Die Kamera dreht eine Totale von 360° und zeigt die gesamte Arena. Dann nähert sie sich einer der Ränge.

MASSE

Weg mit der unfähigen Regierung!...Weg mit der unfähigen Regierung!...
Mit der Arbeitskarte in der Hand...! Ein einiges Teniente werden sie niemals besiegen!... Ein einiges Teniente werden sie niemals besiegen!...

ERZÄHLER

Zum ersten Mal gelingt es der Opposition, einen Teil des Proletariats mitzureißen. In der Kupfermine »El Teniente«, 80 km von Santiago, tritt ein Teil der Arbeiter aus wirtschaftlichen Gründen in den Streik.

MASSE

Ein einiges Teniente werden sie niemals besiegen!... Ein einiges Teniente werden sie niemals besiegen!...

ERZÄHLER

Die Kupferbergleute sind traditionell gut bezahlt und gehören daher zu Chiles Arbeiter-Aristokratie. Ziel der Opposition ist es, die Mine stillzulegen. Hier werden 20 Prozent der chilenischen Devisen erwirtschaftet.

SPRECHER

Genossen[32] Arbeiter : Außer dem Kanal 13 ist das französische Fernsehen[33] hier mit uns...

GRUPPE

Bravooo!...

GEWERKSCHAFTER 1

Compañeros : Hebt Eure Arbeitskarten hoch...damit wir zeigen können, dass alle Arbeiter hier versammelt sind.

ALLE

Ein einiges Teniente werden sie niemals besiegen!... Ein einiges Teniente werden sie niemals besiegen!...

GEWERKSCHAFTER 1

Lösen wir zuerst die Probleme der Arbeiter von El Teniente und wenn Geld übrig ist, können wir auch die anderen Probleme im Land angehen. Zuerst kommen unsere Vertreter und danach der Rest des Landes...(Applaus).

ALLE

Wir verlangen eine Lösung! Wir verlangen eine Lösung!

GEWERKSCHAFTER 2

Deshalb haben wir die Gewerkschaftsführer um Erlaubnis gebeten, von dieser Tribüne sprechen zu dürfen. Als Arbeiter und Mitglieder der UP sind wir gegen die Methoden, die angewendet werden. Wir haben immer wieder gesagt, dass das allerwichtigste die Einheit der Arbeiter ist. Wir verteidigen sie hier und in den Parteien der Unidad Popular... Ihr fragt Euch, warum wir hier sind?... Weil wir für die Wiederaufnahme der Arbeit sind, aber nicht in Einzelfraktionen...

ALLE

Neiiiiin!

GEWERKSCHAFTER 2

Wir sind für die Wiederaufnahme der Arbeit...

Die Ablehnung der Versammlung gegen den Redner wird immer stärker und er verschwindet hinter den Rücken der Leute.

GEWERKSCHAFTER 2

Compañeros... compañeros... compañeros... compañeros...
Wie können Eure Politik des Teilens und Herrschens nicht akzeptieren.

GEWERKSCHAFTER 3

Compañeros... compañeros...

ALLE

Politik – Nein!... Politik – Nein!.. Politik – Nein!...
Streik – Ja!... Streik!... Streik!... Streik!...

IM BERGWERK

Wir sind in der Werkshalle von El Teniente. Aufnahme bei der Arbeit, Traktoren, Hochöfen usw.

ERZÄHLER

Zur gleichen Zeit bleiben über die Hälfte der 8.000 Bergleute an ihren Arbeitsplätzen. Der Großteil macht Überstunden, um einen Minimalbetrieb aufrechtzuerhalten.

Wir sind in der Gießerei »Caletones« von El Teniente. Eine Versammlung der Arbeiter kommentiert die Lage.

GEWERKSCHAFTSVERTRETER 1

Die Gießerei »Caletones« beschäftigt rund 2000 Mitarbeiter, Arbeiter und Angestellte. In diesem Augenblick arbeiten hier 750. Das bedeutet, dass es im Bereich der Produktion fast normal ist. Das heißt also, dass spätestens am Montag alles wieder ordnungsgemäß läuft... Ich möchte hier anmerken, dass bestimmte Personen direkt gegen die Wand laufen, weil sie Positionen ohne legale Grundlage vertreten. Sogar die Geschichte zeigt, dass die Arbeiter dieser Fabrik, immer gegen die Yankees gekämpft haben, bis wir die Verstaatlichung erreicht hatten. Die Fabrik gehört nunmehr Chile, es ist weder meine, noch die eines anderen compañero, sondern sie gehört allen Chilenen. Aber wir sind es, die in erster Linie die Verantwortung dafür tragen, dass sie läuft. Die Arbeiter sind sich dessen mehr und mehr bewusst, nur die von der Opposition wollen stur daran glauben, dass es hier weiterhin andere Bosse gibt. Sie täuschen sich, die gibt es nicht. Wenn es um andere Bosse geht, sie selbst, die Christdemokraten, haben Gewerkschaftsvertreter und Delegierte im Verwaltungsrat.

GEWERKSCHAFTSVERTRETER 2

Wir bitten die linken Medien und vor allem Canal 7, der nur wenig über die berichtet, die die Arbeit fortsetzen, zu kommen und sich selbst ein Bild zu machen, damit sie aufhören zu lügen. Sie leisten gute Arbeit, eindeutig aus einem Grunde: Sie hierher gekommen, ins Zentrum der Arbeit, um zu filmen und genau das ist wichtig. Aber die Presse, Canal 13, El Mercurio, sie alle stützen sich nur auf das, was sie in Rancagua gesehen haben und sie glauben, dass das El Teniente ist! Und das ist schlimm! Was wir hier brauchen ist was anderes: Wir, die Werktätigen, die mit der Arbeit fortfahren, wir wollen, daß die Dinge geregelt werden. Nicht in unserem persönlichen Interesse, sondern im Interesse aller Chilenen. Befragen Sie all diejenigen, die hier sind, ganz gleich, auf welcher Seite sie stehen.

MARTA[34]

Was denkt Ihr?...Glaubt Ihr, dass Ihr für die Spaltung der Arbeiter von El Teniente verantwortlich seid?

BERGARBEITER 1

Auf gar keinen Fall.

MARTA

Und wie seht Ihr das?

BERARBEITER 2

Es ist der Feind, der uns spaltet.

BERGARBEITER 3

Sie wollen es und sie rufen dazu auf, dass die Arbeiter sich bekämpfen. Der Chef der Zonal[35] hat selbst öffentlich gesagt, dass Blut fließen wird, wenn es sein muss. Die wollen, dass wir uns bekämpfen. Wir haben zu keinem Zeitpunkt die Arbeiterschaft spalten wollen.

BERGARBEITER 4

Um ehrlich zu sein, na ja, ich bin schon 43 Jahre und davon habe ich ausreichend, sagen wir 27 Jahre lang nur hart gearbeitet, und so habe ich logischerweise die vorherigen Regierungen erlebt. Sie sind mit uns sehr rücksichtslos umgegangen, mit uns der Arbeiterklasse.

GEWERKSCHAFTSVERTRETER

Wie der compañero Palma schon gesagt hat, ich glaube dass diese Regierung sehr nachgiebig ist. Und sie ist nachgiebig weil es die Regierung der Arbeiter ist. Aber wenn wir in diesem Augenblick eine Regierung einer anderen Tendenz hätten...so ist es doch!...viele compañeros, viele von uns wären schon längst tot... da bin ich sicher!...Und hier im Werk würde es nicht mehr viele von den Linken gäben, sondern nur noch Rechte.

Draußen, vor der Gießerei »Caletones«.

BERGARBEITER 5

Obwohl wir bedroht wurden..., man hat uns die Straße blockiert, damit wir nicht herkommen konnten, aber wir sind trotz allem zur Arbeit gekommen. Wir sind zu Fuß gegangen, über Coligüe[36], quer durch die Felder, egal wie, aber wir sind angekommen und wir arbeiten. Einige haben sogar 24 Stunden durchgearbeitet, sie sind gleich hier geblieben, weil das Bergwerk laufen muss... Wenn man sich dafür entscheidet, die Produktion in Gang zu halten, dann kann man die Konverter und Eindicker nicht mehr abschalten. Wir tragen große Verantwortung.

BERGARBEITER 6

Viele unserer Compañeros wissen immer noch gar nicht, warum sie überhaupt streiken. Sie haben keine Ahnung, was hier wirklich abläuft. Sie prügeln sich mit den Ordnungskräften, weil irgendjemand,... ist doch so?..., der sich für den Chef hält, sie anschreit, ihnen was vorsingt und sie einwickelt... Und sie folgen ihm als wäre er der Messias. Darum geht es doch! Diesen Compañeros müssen die Augen geöffnet werden. Das ist jetzt die vorrangigste Aufgabe unserer Interessenvertreter.

BERGARBEITER 7

Das ist der wirkliche Grund der Dinge.

MARTA

Und wie kann man die Leute schnell aufklären, Compañero?

BERGARBEITER 7

Na ja, so wie wir es gerade machen, weil so, wie wir gerade bei diesem Streik handeln, finde ich, dass ich auch richtig handele. Ich bin verantwortlich für das, was ich tue. Ich bin unabhängig, genau wie der Señor Solis hier an einer Seite. Ich gehöre keiner politischen Partei an. Mein einziges Interesse ist es, für den Fortschritt Chiles zu arbeiten, nicht nur für meine eigene Tasche. Ich bin mir dessen bewusst, dass wenn ich ein gutes Gehalt habe, möchte ich auch, dass alle anderen, die mit dem Geld des Kuperbergwerks bezahlt werden, genau so gut bezahlt werden.

Im Inneren der Gießerei.

BERGARBEITER 8

Heute, den Tag über, waren wir mehr als 400, in der Schicht von 3 bis 11 Uhr waren es mehr als 300. So geht alles nach und nach wieder seinen normalen Gang.

Aufnahmen des Untertagezuges

ERZÄHLER

Am 7. Mai arbeiten 61 Prozent der Bergleute in der Mine. Die Züge im Bergwerk rollen Tag und Nacht.

Die Streikenden demonstrieren in den Strassen von Rancagua

GRUPPE

Streik!…Streik!….Streik!….

GRUPPE

Wer nicht springt, ist ein »palo blanco[37]«!

ERZÄHLER

Die von der Opposition unterstützten Streikenden lehnen zwei Angebote ab und fordern weiterhin eine Verdopplung der Gehaltsanpassung.

REGISSEUR

Was hat der Streik für einen Grund?

STREIKENDER

Wir wollen die 41 Prozent, die uns das Unternehmen schuldet.

REGISSEUR

Wie viel Tage geht der Streik schon?

STREIKENDER

Heute sind es 21 Tage.

REGISSEUR

Was glauben Sie, wird nun passieren?

STREIKENDER

Ich weiß nicht genau, heute oder morgen wird sich eine Lösung finden müssen, denke ich.

REGISSEUR
Handelt es sich um eine gewerkschaftliche oder um eine politische Bewegung?

STREIKENDER
Das hat nichts mit Klassen, Politik zu tun. Zu keiner Zeit war es politisch. Kein Minister, Abgeordneter oder Senator hat eingegriffen. Wir sind nur Arbeiter, die ihre Rechte verteidigen. Wir müssen diese Schlacht gewinnen. Wir haben den Präsidenten gewählt, damit er unsere Rechte verteidigt, nicht damit er kommt und uns kritisiert, dass das, was wir fordern, nicht gerecht ist!

REGISSEUR
Sind Sie für den Präsidenten?

STREIKENDER
Ich bin für den Präsidenten.

REGISSEUR
Aber dieser Streik schadet der Regierung?

STREIKENDER
Sicher doch, er schadet ihr. Aber ich glaube, in all diesen Tagen, diesen 21 Tagen, die wir streiken, hätte sich doch mindestens eine Lösung finden lassen müssen... Ein Trupp Polizisten mit Helmen und Schutzschilden versperrt den Demonstranten den Weg. Es gibt einen Moment der Verwirrung. Ein Gewerkschaftsvertreter spricht mit dem Polizeioffizier. Die Kamera ist zwischen Polizei und Demonstranten eingesperrt.

ALLE
Auf zum Platz!...Auf zumPlatz!...

Die Arbeiter werfen Steine. Die Polisten weichen zurück. Tränengasbomben explodieren. Einer der Streikführer versucht, seine Leute zu beruhigen. Die Kamera folgt ihm.

ERZÄHLER
Für die Streikführer ist es wichtig, dass es Opfer gibt, damit der Regierung Repression vorgeworfen werden kann. Die Ordnungskräfte haben daher Befehl er-

halten, äußerste Vorsicht walten zu lassen.

Als sich die Polizisten trotz Steinwürfen zurückziehen, entsteht Verwirrung. Einige wollen die Konfrontation fortsetzen. Andere finden, man solle die Situation ausnutzen und die Büros der Bergwerksgesellschaft besetzen.

ALLE
(unverständliches Geschrei)

STREIKFÜHRER
Ich habe mit dem Intendenten[38] und dem Offizier gesprochen...Wir gehen zum Büro der Gesellschaft...aber wir provozieren keine Auseinandersetzung!... (Schreie)...Ich bin zur Verwaltung gegangen um für die Arbeiter zu sprechen, denn wir wollen nicht, dass Arbeiter sterben!

STREIKENDER
Wer vertritt denn die Arbeiter? Sie oder die Gewerkschaftsführer?

STREIKFÜHRER
Wir!

STREIKENDER
Dahinten sind die Streikführer!, da sind sie!

ALLE
(unverständliches Geschrei)

STREIKFÜHRER
Reden wir also!

STREIKENDER
Nicht so schnell! Schickt erst mal die Polizisten weg, wenn ihr reden wollt!

Der Hauptstreikführer improvisiert eine Rede auf den Schultern der anderen. Über diesem Bild erscheint ein Text:

UNTERTITEL
Guillermo Medina, später Gewerkschaftschef der Militärregierung.

MEDINA
Compañeros, ich habe auch gebeten... Ich habe die Polizisten gebeten, ebenfalls verantwortungsbewusst zu sein wie die Arbeiter. Ich habe die Herren Polizis-

ten gebeten, auch ruhig zu bleiben. Ich habe sie gebeten, ... Ruhe zu bewahren. Andererseits möchte ich ... möchte ich hier sagen, Genossen, dass bei unserem Treffen mit dem Präsidenten, am 19. ...

ALLE

Pfeifen und Zischen.

ALLENDE

Während einer Versammlung vor dem Regierungsgebäude, spricht der Präsident über das Problem der Kupferbergwerke.

ALLENDE

Und ich habe ich mit ihnen gesprochen wie ein großer Bruder ... ein Compañero . Ich habe ihnen klargemacht, wie schwerwiegend es ist, die Kupferproduktion stillzulegen, in einem Moment, wo wir Devisen brauchen, wo nicht die ausreichende Finanzmittel haben, und wo wir Gefahr laufen, dass bestimmte grundlegende Verpflichtungen nicht eingehalten werden können. Gerade jetzt, wo die Kupferpreise ein zufriedenstellendes Niveau erreichen, ist die Mine El Teniente paralysiert, und das in einem Moment, wo die Produktion Rekordzahlen erreicht hat. Ich habe mit ihnen gesprochen, wie es ein Compañero tut... liebevoll, mit Respekt und Zuneigung. Aber die rein wirtschaftlichen Kriterien behielten die Oberhand. Und jetzt stehen die Maschinen still und das Land verliert Millionen von Dollar... Man hätte zu einer Lösung kommen können, die weniger gekostet hätte als eine Tagesproduktion, die jedoch einen katastrophalen Präzedenzfall geschaffen hätten: Einer Anpassung folgt die nächste...immer mehr Vorteile... Heute bitte ich die Kupferarbeiter zu verstehen, dass es ein Privileg ist, in diesem Land Kupferarbeiter zu sein, vom patriotischen und revolutionären Standpunkt aus. Es sind diese Arbeiter, die das Wesentlichste unseres Landes bewahren müssen. Es hängt vom Kupfer ab, dass wir Ersatzteile einkaufen können, Rohstoffe, Lebensmittel und Medikamente.... Ich bitte Euch von hier aus, als revolutionäre Compañeros, Eure, Position zu überdenken. Wir werden Lösungen vorschlagen, die höheres Entgelt bedeuten für gesteigerte Kupferproduktion und höhere Arbeitsproduktivität!... Ich unterstütze Euch mit revolutionärem Bewusstsein und sage Euch, dass ich an den chilenischen Arbeiter glaube, der die imperialistische Aggression und die innere Konspiration nicht vergessen wird! Die Kupferarbeiter gleich wie die Bauern unseres Vaterlandes, müssen sich vereinen, um die Zukunft Chiles zu verteidigen, die von außen bedroht und von innen belagert wird.

CHUQUICAMATA

Eine enorme Explosion, um Kupfer in Chuquicamata abzubauen. Ein Bagger bei der Arbeit und weitere Arbeitsaufgaben.

ERZÄHLER

Am 16. Mai lehnen die Arbeiter der Mine »Chuquicamata« eine Arbeitsniederlegung aus Solidarität mit »El Teniente« ab. Dasselbe geschieht im Bergwerk »El Salvador«. Der Opposition gelingt es nicht, den Streik auf die anderen Kupferminen auszudehnen.

PARLAMENT

Eine Gruppe von Bergarbeitern steht von Paketen umringt auf den Stufen des Kongressgebäudes. In der Mitte vor ihnen steht eine Statue der Heiligen Jungfrau, der ein Schild umgehängt wurde auf dem steht : »Unsere Schutzheilige der Bergleute«.

ERZÄHLER

Am 6. Juni entsenden die Streikenden eine Abordnung nach Santiago. Der Kongress, der das gewaltsame Vorgehen früherer Regierungen gegen Arbeiter gutzhieß, öffnet seine Gärten für die Bergleute, die dort Geld und Lebensmittel erhalten.... Und das Parlament veröffentlicht eine Erklärung – ohne Gesetzeskraft – die den Streikenden Recht gibt. Parallel dazu strömen Spenden, und für gut situierte Kreise wird es zur Pflicht, die Bergleute zu unterstützen.

KATHOLISCHE UNIVERSITÄT

Eine Versammlung in der Turnhalle der Universität. Die Kamera bewegt sich zwischen den Teilnehmern bis zum Sprecher , der sich an Hunderte von Jugendlichen wendet.

MEDINA

Ich bin der festen Überzeugung, dass dieser Konflikt internationale Auswirkungen haben wird. Was hier auf dem Spiel steht, ist unsere Standfestigkeit der Arbeiter bei der Verteidigung ihrer Errungenschaften. Auf der anderen Seite steht die oberste Regierung, die sich bis heute taub gestellt hat beim Klären der Krise.

Die einzigen Verantwortlichen für die Verlängerung des Streiks, der seit 37 Tagen andauert, haben Namen! Es ist die Konsequenz Inkompetenz der Minister für Bergbau und Arbeit und der Regierungsbeamten der Codelco[39]!

ERZÄHLER
Zum ersten Mal wird ein Arbeiterführer an der Katholischen Universität empfangen. Während 75 Prozent der Arbeiter und 10 Prozent der Angestellten von »El Teniente« weiterarbeiten, erhält hier der Streikführer Guillermo Medina die Unterstützung der privilegierten Klasse.

Medina erhält einen großen Applaus am Ende dieser Rede.

STUDENTEN
Arbeiter und Studenten, vereint Euch und vorwärts!

DEMONSTRATION

Nach der Versammlung marschieren die Jugendlichen in Richtung des Regierungspalastes La Moneda. Die vordersten reihen tragen Helme und Schlagstöcke.

STUDENTEN
Weg mit der unfähigen Regierung!... Weg mit der unfähigen Regierung!...

ERZÄHLER
Die Studenten der Katholischen Universität werden zu den Hauptagitatoren der Bewegung.

STUDENTEN
Das Volk ist auf der Strasse....Es fordert Freiheit!....Wenn wir nicht das Volk sind ... wo ist das Volk dann?

ERZÄHLER
Während der Streik in »El Teniente« abbröckelt, politisiert die Opposition den Konflikt. In Santiago beginnt die Organisation »Macht der Weiblichkeit« Geld für die Frauen der Bergarbeiter zu sammeln. Ein erheblicher Teil der Mittelklasse beginnt, bewusst oder unbewusst, sich den Reihen des Faschismus anzuschließen.

Eine Gruppe marschiert in paramilitärischer Aufstellung vorwärts.

STUDENT

Kopf unten halten!...

STUDENTEN

Nationalismus! Jetzt und hier!...Nationalismus! Vorwärts!... Nationale Front! Vaterland und Freiheit!

STUDENTEN

Chile ist eins!...Chile ist groß!...Chile ist frei!...Vorwärts Chile!

ERZÄHLER

Zur gleichen Zeit treten in der Bergbaustadt Rancagua Händler, Freiberufler und Spediteure aus Solidarität mit den Bergleuten in den Streik.

Die Kamera verlässt die Demonstration und zeigt die Schlagzeilen der Tageszeitung: »Generalstreik in Rancagua«.

RANCAGUA

Eine Stadt im Chaos. Barrikaden und Feuerstellen auf der Strasse. Man hört Feuerwehrsirenen und Explosionen. Gruppen von Menschen, die wegrennen. Die Kamera nähert sich einem Gebäude.

ERZÄHLER

Am 10. Juni besetzt die Opposition gewaltsam die Rundfunkstation der Stadt. Aber das reicht nicht, um dem Konflikt, dem ansonsten die Luft ausgeht, eine politische Dimension zu geben. Die Opposition beschließt sich freiwillig zurückzuziehen und den Konflikt in die Hauptstadt zu verlagern.

DIE SCHLACHT UM SANTIAGO

Aus der Höhe zeigt die Kamera das Gebäude der Partido Demócrata Cristiano.

ERZÄHLER

Am Morgen des 15. Juni treffen 3.000 Streikende aus Rancagua am Sitz der Christdemokratischen Partei in Santiago ein. Sie repräsentieren rund 25 Prozent des Bergwerkspersonals.

EINE GRUPPE

Christdemokratische Jugend!

ERZÄHLER

Die Opposition schickt ihre Stoßtrupps auf die Straße. Die Regierung antwortet mit Polizeipräsenz und Mobilisierung ihrer Anhängerschaft. Eine Gruppe von Studenten auf dem Dach der Universidad de Chile. Unten, marschiert ein Trupp von Carabineros[40] mit Schutzschildern auf der Alameda vorwärts. In Grossaufnahme eine brennende Barrikade. Die Polizei nähert unter Steinwürfen. Ein Polizist bückt sich, hebt einen Stein auf und wirft ihn zurück... Ein Tankerfahrzeug nähert sich. Dahinter folgen die Anhänger Allendes. Man hört die Feuerwehrsirenen.

ERZÄHLER

Arbeiterbrigaden und Polizeikräfte suchen gemeinsam, die Ordnung aufrechtzuerhalten.

Die Tankerfahrzeuge nähern sich den Barrikaden.

ERZÄHLER

Agitatoren provozieren die Polizei und ergreifen dann die Flucht.

Es kommt zum Zusammenstoss der Tankerfahrzeuge.

ERZÄHLER

Die linken Arbeiter reißen die Barrikaden nieder.

EINE GRUPPE

Aufräumen Compañeros!...Hierher!...Lasst uns die Strasse aufräumen!... Auf zu der Ecke dort, Compañeros!

Die Gegner flüchten über die Strasse San Diego.

EINE STIMME

Wie lange wollen die verdammten »Momios« uns noch auf den Geist gehen!
Eine Menge versammelt sich vor dem Regierungspalast La Moneda.

ERZÄHLER

Mittags versammeln sich die Sympathisanten der Unidad Popular gegenüber dem Moneda-Palast. Die Straßenschlacht geht bis tief in die Nacht weiter.

EINE GRUPPE

Wir unterstützen die Regierung des Volkes!

Auseinandersetzungen in der Strasse Ahumada, Ecke Huérfanos. Einige Bomben explodieren. Einen Krankenwagen kommt über die Strasse Bandera herangefahren. Die Kamera nimmt die Fassade des Kinos »Metro« ins Objektiv. Der angekündigte Film heißt »Ciudad Violenta[41]« In der Nacht sieht man die Polizisten schießen. Der weiße Rauch der Bomben bedeckt die ganze Strasse Alameda. Vor dem Regierungspalast versammeln sich die Anhänger Allendes. Das Gebäude von LKWs umgeben. Die Menschen schützen sich durch kleine Feuer vor der Kälte.

EINE GRUPPE

Allende, Allende, das Volk steht an Deiner Seite!... Allende, Allende, das Volk steht an Deiner Seite!...

Die Kamera filmt Interviews

MANN 1

Ich bin hier, Compañero, weil ich Klassenbewusstsein habe. Ich bin da, wo meine Compañeros sind, wir sind hier, um die Arbeiterregierung zu verteidigen. Und ich werde hier bleiben, wenn es sein muss bis zum Tod.

EINE GRUPPE

Schaffen wir die Volksmacht! Die geeinte Linke wird niemals besiegt werden!

MANN 2

Ich bin seit 7 Uhr morgens hier, Compañero. aus reiner Überzeugung. Ich habe 12 Kinder. Ich weiß sehr genau, dass ich das, wofür diese Regierung kämpft nicht mehr selbst erleben werde. Mir bleibt nur noch wenig Zeit für Kämpfe und Opfer. Ich bin hier für meine Kinder.

MANN 3

Was wir hier verteidigen, ist die Konstitution. Wir sind gegen den Faschismus. Wir sind für die Regierung des Volkes.

MANN 4

Wir sind der Meinung, dass dieser Kampf der gerade hier stattfindet, gerecht ist, und wir sind gekommen, um mit unser Bewegung alle Arbeiter zu verteidigen. Wir wollen nicht, dass eine Gruppe Privilegierter wie die Bergleute von El Teniente der Regierung Probleme bereiten. Wir verteidigen die Position unserer

Regierung bis zur letzten Konsequenz.

REGISSEUR

Compañera, warum sind Sie hier?

FRAU

Na, weil ich Chilenin bin. Ich fühle mich verpflichtet, die Regierung Allendes zu verteidigen, weil es meine Regierung ist, die Regierung des Volkes.

REGISSEUR

Möchten Sie dazu etwas sagen?

MANN 5

Nicht dass...wir haben den Faschismus satt. Damit muss ein für alle Mal Schluss gemacht werden. Es reicht jetzt mit den Dummheiten.

MANN 6

Das ist es was das Volk will!...überall wo Sie hinkommen, werden Sie das Gleiche hören. Es reicht, dass diese Faulpelze im Kongress fürs Nichtstun bezahlt werden, Compañero...

REGISSEUR

Reden Sie ruhig weiter, Compañero.

MANN 6

Das ist genau was alle Arbeiter wollen und alle Bewohner der Elendsviertel, Companero!... Und endlich muss mit den Spekulanten abgerechnet werden!... Das Gesetz gegen Wirtschaftsverbrechen muss verabschiedet werden, damit diese Banditen und Halsabschneider ins Gefängnis kommen!

EINE GRUPPE

Unidad Popular! Wir werden siegen!...

DER RÜCKZUG

Fassade des Gebäudes der Democracia Cristiana. Es sind ungefähr 1000 Personen versammelt.

ERZÄHLER

Am nächsten Tag stehen die letzten militanten Gruppen Streikender gegenüber dem Sitz der Christdemokratischen Partei. Viele sind noch in der Nacht nach Rancagua zurückgefahren. Inzwischen begibt sich eine symbolische Delegation zur Katholischen Universität.

Generalaufnahme der Gießerei und der Installationen des Bergwerkes.

ERZÄHLER
In »El Teniente« sind mittlerweile 93 Prozent der Beschäftigten an die Arbeitsplätze zurückgekehrt. Am 21. Juni ruft die Einheitszentrale der Arbeiter zu einer Großdemonstration gegen den Faschismus auf.

Grossaufnahme vieler Kolonnen von Demonstranten in den Strassen Santiagos.

GRUPPE
Schaffen wir die Macht des Volkes!

GRUPPE
Unidad Popular, vorwärts ohne Kompromisse!

GRUPPE
Unidad Popular gegen die kriminellen »Momios[42]«!

GRUPPE
Schaffen wir die Miliz des Volkes!

Ein Traktor voll von Arbeitern in der Avenida Santa María.

TRAKTOR
UP Vorwärts! UP Vorwärts!

Eine Reihe von LKWs mit der Hymne der Einheitszentrale der Arbeiter. Eine Kolonne von LKWs in der Alameda. Eine Reihe von Karren, die von Pferden gezogen werden.

PFERDEKARREN
Arbeiter an die Macht!

Eine Gruppe Verkäufer von Zuckerwatte hupen. Eine große Menge hüpft gemeinsam rauf und runter auf der Plaza de la Constitución gegenüber dem Regierungspalast La Moneda.

MASSE

Wer nicht springt, ist »Momio[43]«!, Wer nicht springt, ist »Momio «!

Ein Sprecher kündigt den Staatschef an.

SPRECHER

Hier sprechen die Sendestationen von »Stimme des Vaterlands«. Der erste Arbeiter des Landes wendet sich an euch: Der Präsident der Republik, Compañero Salvador Allende Gossens...

MASSE

Unidad Poluar!...Unidad Popular!...

Das Gebäude der Katholischen Universität wird von den Carabineros bewacht. Folgende Spruchbänder lass sich lesen: »Gegen die Repression der Regierung – Solidarität mit den Verbänden!«.»Katholische Universität – Asyl gegen Unterdrückung«. Auf dem Dach des Gebäudes sind einige Personen.

ERZÄHLER

Während sich im Zentrum von Santiago eine halbe Million Demonstranten versammelt, verfolgen die letzten Streikenden – überwacht von den Ordnungskräften – die Ereignisse von den Dächern der Katholischen Universität aus.

Allende beginnt seine Rede.

ALLENDE

Ich unterstreiche, ...dass sich niemals im Laufe unserer Geschichte ein Ereignis von solcher Größe und Erhabenheit, und mit einem solchem Gehalt ereignet hat. Wir mussten neue Methoden erfinden, um das Ausmaß zu erfassen zu können, wenn auch nur annäherungsweise, dieser außergewöhnlichen, Vielfalt mit Kampfgeist, die die Straßen Moneda, Agustinas, Amunátegui, Ahumada, Morandé, Huérfanos, Teatinos und einen Teil von Alameda erfüllt.... Und der Menschenzug aus Tajamar hat noch nicht mal angekommen können, auch nicht der aus Vicuña Mackenna!... Niemals in seiner Geschichte war das chilenische Volk je so kampfbereit und stark gewesen.

Während Allende redet, sind die Kolonnen die er beschreibt und die zuhörenden Menschen zu sehen.

ALLENDE

Hier fühlen wir heute Geschichte ... Hier verankern wir heute unser Recht, eine

Zukunft in Gerechtigkeit und Freiheit aufzubauen, uns den Weg zum Sozialismus zu eröffnen!...

EPILOG

Die Fassade der Katholischen Universität.

ERZÄHLER

Eine Woche später ist der Kupferstreik beendet. Am 28. Juni ziehen sich die 500 Bergleute, die die Katholische Universität besetzt hielten, in kleinen Gruppen zurück. Insgesamt hat der Konflikt 76 Tage gedauert und den Staat Millionen von Dollar gekostet.

Fassade des Kongresses und des Gerichtshofes

ERZÄHLER

Am Ende dieses Streiks kann man sagen, daß Allendes Gegner fast alles versucht haben, um seine Regierung zu stürzen. Alles bis auf einen letzten Schritt!

Generalaufnahme der Strasse Augustinas. Im Hintergrund ist ein Panzer zu sehen. Es fallen Schüsse. Die Leute rennen los.

EINE STIMME

Macht hier alles frei!

ERZÄHLER

Am folgenden Tag, dem 29. Juni um 9.10 Uhr, greift das 2. Panzerregiment mit 6 Panzern und einigen Transportfahrzeugen den Moneda-Palast an.

EINE STIMME

Aufpassen!

Eine Gruppe von Leuten rennt in Richtung Kamera. Man hört ein Maschinengewehr. Im Hintergrund erscheint ein Pritschenwagen mit 7 Soldaten.

ERZÄHLER

Um halb 10 haben Parlament, Justiz und Oppositionsparteien immer noch nicht reagiert... Der Rest der Streitkräfte zieht nicht mit.
Ein Offizier steigt vom Wagen und bedroht mit der Waffe einen Fußgänger, der

auf den Boden gefallen ist. Er schießt in Richtung der Kamera. 3 Soldaten auf dem Wagen schießen zur gleichen Zeit…Das Bild verschwimmt und fällt ab.

ERZÄHLER
Kurze Zeit später filmt der argentinische Journalist Leonardo Henricksen seine allerletzte Einstellung. Er filmt nicht nur seinen eigenen Tod. Er filmt auch, zwei Monate vor dem endgültigen Putsch, das wahre Gesicht der chilenischen Armee.

Die vorherige Sequenz wiederholt sich in Zeitlupe. Der Offizier schießt erneut.

EINE STIMME
Aufpassen! Aufpassen!…Weg hier!

Man hört einen Schuss. Das Bild verschwimmt. Es erscheint ein Text:

UNTERTITEL
Ende des ersten Teils.

Anmerkungen

1. mein Herr
2. Frau, Dame
3. Genosse oder Kamerad, auch Kollege, je nach Kontext.
4. Herrn
5. Nationalpartei
6. die Rechten. Der Spitzname »momio« (Mumie) ist zu seiner Zeit für die Konservativen erfunden worden und die Rechte im Allgemeinen, um auf deren politische Unbeweglichkeit hinzuweisen.
7. Nationalstadion = das nationale Fußballstadion
8. C.O.D.E. = Confederación por la Democracia, eine Koalition der Rechten
9. die Christdemokratische Partei
10. Stimme des Abgeordneten Mario Palestro de San Miguel.
11. CUT = Central Única de Trabajadores = Einheitszentrale der Arbeiter
12. La Moneda = der Regierungspalast
13. Vaterland und Freiheit
14. Nationale Gesellschaft für Landwirtschaft
15. Gesellschaft für Manufakturentwicklung
16. Von den Arbeitern organisierte Vereinigung der Industriebetriebe (cordón = Kordel, hier: Ring)
17. Polizisten
18. Soldaten
19. In Chile werden die Autobusse »micros« genannt.
20. Senator der Partido Démocrata Cristiano (DC), der christdemokratischen Partei.

21 Senator der Partido Démocrata Cristiano (DC)
22 Julio Estuardo, Intendant von Santiago, Beamter der Regierung
23 Erziehungsminister
24 Arbeitsminister
25 Außenminister
26 Generalsekretär der Kommunistischen Partei
27 hier: »Bourgeoisie« oder »die Rechte«
28 Die Bezeichnung entspricht dem deutschen Amtsgericht
29 Spitzname des Präsidenten Salvador Allende.
30 Die »cordones industriales«
31 Halbmond = »medialuna«, eine Arena, in dem ländliche Fest gefeiert werden, wir Rodeos u.a.
32 Im Originaltext: compañeros
33 Das sind wir, das Kamerateam. Es wird angenommen, wir filmen für das französische Fernsehen.
34 Marta Harnecker begleitet das Kamerateam beim Besuch von El Teniente.
35 Organisation der Koordination der verschiedenen Gewerkschaften im Bergwerk.
36 Der nächstliegende Ort in der Nachbarschaft des Bergwerkes
37 palo blanco = weisser Stock = Streikbrecher
38 vergleichbar mit einem Bürgermeister
39 Staatliche Kupfergesellschaft
40 Polizei
41 Die Stadt der Gewalt
42 Hier: die Bourgeoisie oder die Rechte.
43 »Momio« bedeutet hier »kriminell« oder »gehört zur Rechten«

General Pinochet, Putschist und Massenmörder.

Film 2
Der Staatsstreich

VORSPANN

Auf schwarzem Hintergrund erscheint der Vorspann. Man hört den Motor eines Hubschraubers, eine Polizeisirene, Schüsse und anonyme Stimmen.

BOMBARDIERUNG

Eine Straße im Stadtzentrum. Leute rennen. Im Hintergrund sieht man einen Panzer.

ERZÄHLER
> Santiago de Chile, am 29. Juni 1973. Da es nicht gelingt, den Präsidenten Allende mit verfassungsmäßigen Mitteln abzusetzen, gehen die US-Regierung und die chilenische Opposition nun zur Strategie des Staatsstreichs übcr.

Eine Gruppe flieht. Im Hintergrund erscheint ein leichter Lastwagen mit sieben Soldaten. Das Knattern von Maschinengewehren ist zu hören.

ERZÄHLER
> Nach der Wahlniederlage vom März 1973 beginnt die Opposition konsequent mit der Umsetzung eines Putschplanes. Am 29. Juni bringt ein Teil der Armee die Ereignisse ins Rollen. Um 9 Uhr 10 vormittags greift ein einzelnes Regiment mit sechs Panzern und mehreren Fahrzeugen den Regierungspalast an.

Ein Offizier steigt aus dem Lastwagen. Er bedroht mit einem Revolver einen Fußgänger, der zu Boden gefallen ist.

ERZÄHLER
Wenig später filmt ein argentinischer Reporter seinen eigenen Tod und zeigt damit das wahre Gesicht eines Teiles der chilenischen Armee, zwei Monate vor dem eigentlichen Putsch.

Der Offizier schießt in Richtung Kamera. Drei Soldaten aus dem Lastwagen schießen ebenfalls. Das Bild verwackelt und reißt ab.

»TANCAZO«

Derselbe Lastwagen aus einem anderen Blickwinkel gefilmt. Eine Gruppe Neugieriger steht daneben.

ERZÄHLER
Eine Stunde dauert der Feuerwechsel zwischen den Panzern und der Präsidentengarde, die sich im Moneda-Palast befindet. 22 Menschen kommen dabei ums Leben. Weder Parlament, noch Jurisdiktion, noch Oppositionsparteien äußern sich dazu.

Mehrere Panzer stehen vor dem Regierungspalast.

ERZÄHLER
Aber die putschenden Einheiten erhalten keine Unterstützung vom Rest der Streitkräfte.

Ein Hubschrauber am Himmel.

ERZÄHLER
Die übrigen Offiziere beteiligen sich nicht an der Aktion, vielleicht weil sie meinen, dass die Voraussetzungen für einen erfolgreichen Aufstand noch nicht erfüllt sind. Zur gleichen Zeit führen regierungstreue Truppen einen ersten Gegenangriff, um den Belagerungsring aufzubrechen.

Ein Lastwagen zum Transport von Panzern in der Alameda.

EINE STIMME
Achtung … Achtung …. Weg da!

Zwei Panzer im Hintergrund. Der Kameramann rennt mit der Kamera und filmt in alle Richtungen.

EINE STIMME

Schieß doch nicht, du Idiot!

ERZÄHLER

Um 10.30 Uhr marschieren weitere regierungstreue Einheiten in Richtung Stadtzentrum.

Ein Lastwagenkonvoi bewegt sich auf einer Straße vorwärts.

RADIOSPRECHER

Zehn Transportfahrzeuge mit Truppen des Infanterieregiments bewegen sich aus der Stadt San Felipe kommend vorwärts auf der »Panamericana Norte«. Die Zivilbevölkerung soll Ruhe bewahren.

Eine Maschinengewehrsalve aus einem Gebäude verursacht Panik auf der Alameda. Gruppen von Personen suchen Zuflucht hinter dem Andrés-Bello-Denkmal. Die Soldaten besetzen die an die Moneda grenzenden Straßen.

ERZÄHLER

Nach kurzer Konfrontation beginnen die aufständischen Panzer, sich zurückzuziehen. General Carlos Prats, Oberkommandierender der Armee, leitet die Operationen persönlich.

Ein Panzer zieht sich von der Vorderfront der Moneda zurück.

ERZÄHLER

Um 11 Uhr vormittags betritt der Präsident der Republik den Regierungspalast, während die Kämpfe noch andauern. Gleichzeitig trifft eine andere Abteilung regierungstreuer Soldaten ein, geführt von Verteidigungsminister José Tohá.

Die Leute applaudieren, als ein Konvoi Soldaten herankommt. Auf der Alameda bezieht ein Jeep der Artillerie Posten. Eine Gruppe von Allende-Anhängern ruft Parolen – Arm in Arm. Einige stehen auf einem Bagger.

MASSE

Kommunistische Jugend Chiles!.... Es lebe der Präsident der Arbeiter!...
Kämpfen, Volksmacht schaffen!.... Kämpfen, Volksmacht schaffen! ...
Kämpfen, Volksmacht schaffen! ...

ERZÄHLER

Die Situation ist zwar fast wieder unter Kontrolle, aber einige rebellierende Einheiten geben nicht auf. Sie feuern weiter aus ihren Stellungen.

GRUPPE

Allende, Allende!...

ERZÄHLER

Verteidigungsminister José Tohá versucht, für Ruhe zu sorgen angesichts der Gefahr einer neuen Konfrontation. General Pickering unterstützt ihn dabei.

PICKERING

Minister, wenn wir die Leute hier nicht unter Kontrolle haben, wird es hier ein Massaker geben, hören Sie, bitte, helfen Sie mir bitte. Gehen Sie, Mann! Gehen Sie weg hier!... Gehen Sie bitte weg hier, wenn nicht, dann können hier einige von Ihnen zu Tode kommen.

Bilder von Pickering und Tohá inmitten der Leute. Der General verscheucht die Personen. Die Kamera folgt ihm.

ERZÄHLER

Die Generäle Pickering, Sepúlveda und Prats übernehmen die Führung der Offiziersgruppe, die am entschiedensten gegen den Aufstand ist. Andere höhere Offiziere dagegen warten nur ab.

Prats, Tohá und Pinochet gehen voran. Das Bild friert ein, als die Kamera Pinochet in den Fokus nimmt.

ERZÄHLER

So Augusto Pinochet, der später Chef der Militärregierung wird, sich diesmal jedoch den regierungstreuen Kräften anschließt. Um 11.30 Uhr bestätigt General Carlos Prats dem Verteidigungsminister die Kapitulation der Rebellen und gibt die Stellung seiner eigenen Truppen bekannt.

PRATS

Südlich von der Moneda ist die Unteroffiziersschule und auf der nördlichen Seite steht das Buin-Regiment.

ERZÄHLER

General Prats hält es jedoch für erforderlich, den Belagerungszustand auszurufen, um die Situation unter Kontrolle zu bekommen.

PRATS
Der Belagerungszustand muss unverzüglich ausgerufen werden, denn sonst ist diese Situation nicht kontrollierbar.

Aus der Vogelsperspektive Bilder von einer Kolonne von Anhängern, die ein Portrait von Allende und eine große chilenische Fahne tragen.

MASSE
Allende, Allende, das Volk verteidigt dich!... Allende, Allende, das Volk verteidigt dich!...

ERZÄHLER
Mittags, nachdem der Fehlschlag des Aufstands bestätigt ist, betonen die Christdemokraten ihre Unterstützung für das verfassungsmäßige Regime. Die Nationalpartei, der andere Teil der Opposition, will sich nicht äußern.

Währenddessen flüchtet die Leitung der faschistischen Gruppe »Vaterland und Freiheit« in die Botschaft von Ecuador und entpuppt sich damit als Drahtzieher des Putsches.

Frontalaufnahme von der Kolonne.

MASSE
Hart durchgreifen!... Hart durchgreifen!... Hart durchgreifen! ...

Ein Unteroffizier spielt Trompete vor dem Regierungspalast.

ERZÄHLER
Um 6 Uhr abends holt die Garde, die den Palast verteidigt hat, die Präsidentenflagge ein. Zwei Stunden lang hat sich diese Kompanie unter der Leitung von Leutnant Pérez geweigert, den Regierungssitz zu übergeben. Gemeinsam mit General Prats sind sie die Helden des Tages.

Die Flagge wird vor den Soldaten niedergeholt.

LEUTNANT PÉREZ
Schultert das Gewehr!... Ahrr!... Rechtsum!... Habacht!.....Maarsch!

MASSE

Ihr wart klasse!... Ihr wart klasse!...

Die Garde betritt die Moneda.

ERZÄHLER

Die Leichtigkeit, mit der dieser Putschversuch unterdrückt werden konnte, erhebt eine große Zahl von Fragen. Es hat sich gezeigt, dass er bei einer ganzen Reihe Offiziere Unterstützung fand und dass nur die Befürchtung, anderen bewaffneten Einheiten der Streitkräfte gegenüberzustehen, sie davon abgehalten hat, sich dem Aufstand anzuschließen. Allende stützt sich daher auf die verfassungstreuen Offiziere und verwirft die Aktionen, die den rechtmäßigen Charakter seiner Regierung beeinträchtigen könnten.

Von einem Balkon aus spricht der Präsident zu seinen Anhängern.

ALLENDE

Wir werden die revolutionären Veränderungen in Pluralismus, Demokratie und Freiheit durchführen, das bedeutet aber keine Toleranz gegenüber den Gegnern der Demokratie, kein Dulden der Subversiven und erst recht keine Toleranz gegenüber den Faschisten, Genossen!

MASSE

Schließt, schließt den Nationalkongress!...
Schließt, schließt den Nationalkongress!...

ALLENDE

Aber ihr müsst verstehen, welche die wirkliche Position dieser Regierung ist. Ich werde – denn das wäre absurd – den Kongress nicht schließen. Das werde ich nicht tun

MASSE

(Pfiffe)

ALLENDE

Ich habe gesagt ... ich sagte, ich respektiere... Aber wenn es nötig ist, wenn es erforderlich ist, werde ich einen Gesetzesentwurf für eine Volksabstimmung erarbeiten, damit das Volk in dieser Sache entscheidet.

INDUSTRIEKORDONS

Zwei Demonstrationszüge von Arbeitern in den Straßen von Santiago.

MASSE

»Mumie – Scheißbourgeois«, denk dran, die Straße gehört der Linken!
»Mumie – Scheißbourgeois«, denk dran, die Straße gehört der Linken!

ERZÄHLER

Am folgenden Tag fordert Allende den Kongress auf, den Ausnahmezustand auszurufen. Indessen haben seit dem Morgen des 29. Juni linke Arbeiter die Kontrolle über Fabriken, Betriebe, Bergwerke und landwirtschaftliche Zentren in ganz Chile übernommen.

Ein weiterer Demonstrationszug im Stadtzentrum.

GRUPPE

Schaffen, schaffen, Volksmacht schaffen! Schaffen, schaffen, Volksmacht schaffen!

Eine Versammlung im Industriegürtel Cerrillos

ARBEITER 1

Ich, Genossen… der Beschluss der 500 Arbeiter der Verpackungsfabrik ist folgender: die Industriegürtel stärken, die kommunalen Räte stärken, die Nachbarschaftskomitees starken, die Volksversorgungskomitees (JAP) stärken. Es gilt, alle bestehenden Organisationen auf kommunaler Ebene zu stärken, Genossen!

ARBEITER 2

Genossen, wir glauben, dass es erforderlich ist, diesen Moment zu nutzen, um unsererseits in die Offensive zu gehen, in der Hinsicht, dass wir neue Bereiche für uns gewinnen, nicht wahr, also dass noch mehr Fabriken vergesellschaftet werden.

LEITER DES KORDONS

Wir Arbeiter stehen auf unserem Kampfposten, d.h. an unserem Arbeitsplatz, und wir versehen uns mit den notwendigen Mittel, um uns bis zum Letzten zu verteidigen gegen jedweden Angriff des Faschismus. Oder gegen jeden Putschversuch von anderen Teilen der Streitkräfte, wenn die versuchen sollten, die Regierung zu stürzen… Wir glauben, dass wir unseren Gefechtsstand gut sichern müssen, der zuallererst hier in den Betrieben ist. Fassade zahlreicher Fabriken in Santiago

ERZÄHLER

Gleichzeitig werden alle Formen der Volksmacht gestärkt, besonders in den »Industriekordons«. Jeder Industriegürtel ist ein Zusammenschluss von Fabriken und Betrieben, welche die Aufgaben der Arbeiter in dem betreffenden Bereich koordinieren. In den wichtigsten Städten des Landes sind 31 Industriegürtel gebildet worden, 8 davon gehören zu Santiago.

Die Kamera zeigt einen nach dem anderen die führenden Vertreter in einer Versammlung.

REGISSEUR

Genosse, wen vertreten Sie hier?

ARBEITERFÜHRER

»Den »Kordon Macul«, Genosse.

REGISSEUR

Und Sie, Genosse?

ARBEITERFÜHRER

»Kordon Macul«

REGISSEUR

Und Sie, Genosse?

ARBEITERFÜHRER

»Kordon Cerrillos de Maipú«

REGISSEUR

Und Sie, Genosse, wen vertreten Sie?

ARBEITERFÜHRER

»Kordon Cerrillos«

REGISSEUR

Und Sie, Genosse?

ARBEITERFÜHRER

»Kordon Vicuña Mackenna«

REGISSEUR
Und Sie, Genosse?

ARBEITERFÜHRER
»Kordon Vicuña Mackenna«

REGISSEUR
Genosse, wen vertreten Sie?

ARBEITERFÜHRER
»Kordon O'Higgins«

REGISSEUR
Und Sie?

ARBEITERFÜHRER
Die Christliche Linke

REGISSEUR
Und Sie?

ARBEITERFÜHRER
… Radikale Partei

ENTEIGNUNGEN

Fassade einiger Fabriken. Eine Versammlung in der Halle der Fabrik »Alusa«

ERZÄHLER
Mit Unterstützung der Kordons ist die Regierung in der Lage, bestimmte, strategisch wichtige Fabriken permanent zu kontrollieren, stützt sich dabei aber auf gesetzliche Regelungen.

INSPEKTEUR
Genossen … wie wir alle wissen, haben faschistische Gruppen versucht, die Regierung zu stürzen, und, wie es scheint, gibt es noch entsprechende Seilschaften. Deswegen besteht weiterhin eine latente Gefahr für den Prozess, den die Arbeiterklasse begonnen und in ihre Hände genommen hat… Heute erging folgender Beschluss: unter Berücksichtigung der Tatsache, dass die Fabrik für Alu-Folienverpackungen »Alusa« die Lieferung ihrer Produkte ausgesetzt hat, was eine

Behinderung des Vertriebs bedeutet, und gemäß Oberstem Dekret Nr. 338 und dem Gesetz Nr. 16.464 wird beschlossen: erstens, der Industriebetrieb, Maschinenpark und sonstige für Produktion und Vertrieb der Verpackungsfabrik »Alusa« notwendige Mittel sind zu beschlagnahmen ...

PARLAMENT

Zwei Kellner betreten die Abgeordnetenkammer mit Tee- und Milchgläsern. Bilder von Abgeordneten, dem Parlamentspräsidenten und den Sekretären.

ERZÄHLER
> Am 2. Juli wird der von Allende vorgeschlagene Entwurf eines Notstandsgesetzes dem Parlament zur Abstimmung vorgelegt. Dieses Gesetz würde dem Staatschef außerordentliche Befugnisse erteilen, mittels derer der Präsident führende Offiziere nach Belieben ernennen, versetzen oder absetzen könnte.

PARLAMENTSPRÄSIDENT
> Ich erteile das Wort... ich erteile das Wort ...Schluss der Debatte!

ERZÄHLER
> Unter den drei vorherigen Regierungen wurde zweimal der Ausrufung des Notstands zugestimmt.

Die Abgeordneten der Regierung stimmen mit Handzeichen ab.

PARLAMENTSPRÄSIDENT
> Ich bitte die Herren Abgeordneten, welche den Vorschlag ablehnen, die Hand zu heben.

Die Opposition, die Mehrheit der Abgeordneten, hebt die Hand. Die Linke protestiert.

ERZÄHLER
> Dieses Mal wird die Ausrufung des Notstands, wichtigstes legales Instrumentarium in einer Ausnahmesituation, abgelehnt.

PARLAMENTSPRÄSIDENT
> Ergebnis der Abstimmung. Ja-Stimmen: 52. Dagegen: 81 ...
> Damit ist der Vorschlag der Exekutive abgelehnt.

Kamera zeigt Parlamentarier und Journalisten

ERZÄHLER

Die Initiative der Exekutive kann das Parlament nicht überzeugen. Die Opposition findet es nicht gerechtfertigt, Allende außerordentliche Vollmachten zuzugestehen.

ERSTE DURCHSUCHUNG

Helikoptergeräusch. Ein Krankenwagen mit Blaulicht. Mehrere Lastwagen mit Soldaten, lediglich deren Silhouetten gegen den Abendhimmel sind zu sehen.

ERZÄHLER

Am 2. Juli, am selben Tag, an dem der Kongress die Ausrufung des Notstands verhindert, ordnet das Oberkommando der Seestreitkräfte die Durchsuchung einer Fabrik durch Marinesoldaten in Valparaíso an ... Ein Jahr zuvor hatte das Parlament ein Waffenkontrollgesetz verabschiedet, das die Militärs zu derartigen Razzien auf der Suche nach Waffen befugt, ohne richterliche Anordnung und vorherige Genehmigung der Regierung ... Trotz wachsender terroristischer Aktionen der rechtsextremen Gruppen war dieses Gesetz bisher noch nie von den Militärs angewendet worden.

Aufnahmen von Soldaten in der Fabrik

ERZÄHLER

Jede Razzia beinhaltet eine Besetzung der Fabrik, mit vorübergehender Festnahme der Arbeiter und anschließendem Verhör So beginnen einige Offiziere, gegen die Angestellten und Arbeiter von Fabriken vorzugehen – ohne die geltenden Gesetze zu übertreten.... Bei dieser ersten Razzia werden keine Waffen gefunden.

CORVALÁN

Eine Massenveranstaltung der kommunistischen Partei. Es erscheint eine Bildunterschrift.

BILDUNTERSCHRIFT

1972 schlossen sich die Christdemokraten der rechten Opposition an und positionierten sich damit eindeutig gegen alle sozialistischen Veränderungen.

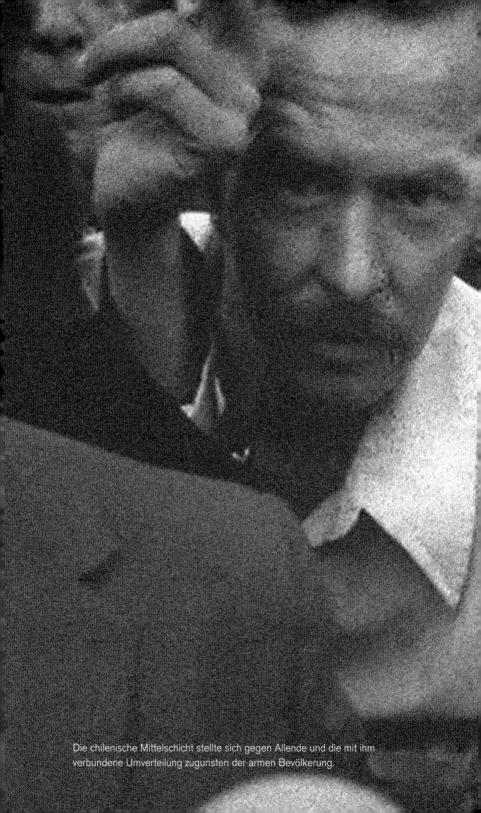

Die chilenische Mittelschicht stellte sich gegen Allende und die mit ihm verbundene Umverteilung zugunsten der armen Bevölkerung.

Luis Corvalán, Generalsekretär der Kommunistischen Partei Chiles.

CORVALÁN

Chile erlebt einen Angriff des nordamerikanischen Imperialismus, eines Teiles der Oligarchie, die sich im Oktober 1970 mit ITT und dem CIA verbündet hat, um diese Regierung zu stürzen. Sie haben die Absicht, einen ähnlichen weiteren Putschversuch zu unternehmen. Der Kampf bekommt jetzt also einen patriotischen und nationalen Charakter. Chile hat absolut das Recht, gemäß dem Willen seiner Bevölkerung regiert zu werden. Gleichzeitig ist ein Prozeß revolutionärer gesellschaftlicher Veränderungen im Gange, mit dem Ziel, den Weg zu einer sozialistischen Gesellschaft zu bahnen.

Im Hintergrund ist ein großes Transparent zu sehen: »Stoppt den Putsch! ... Nein zum Bürgerkrieg!«

ERZÄHLER

Angesichts des drohenden Staatsstreichs stimmen die Kommunistische Partei und ein Teil der Linken mit den Vorstellungen des Präsidenten Allende überein. Es geht darum, eine bewaffnete Konfrontation zu verhindern, allerdings – so ist die Einschätzung – unter ungünstigen Bedingungen.

Zu diesem Zweck schlägt dieser Teil der Linken vor, sich auf diejenigen militärischen Befehlshaber zu stützen, welche das demokratische System respektieren. In politischer Hinsicht möchten Allende und dieser Teil der Linken ein Minimalabkommen mit der Christdemokratie erreichen.

DISKUSSIONSFORUM

Verschiedene Personen diskutieren in einem Programm des Fernsehsenders Canal 9. Eine Bildunterschrift erscheint.

BILDUNTERSCHRIFT

Alejandro Rojas, kommunistischer Abgeordneter

ROJAS

Die haben in den vergangenen Tagen eine ganze Kampagne gestartet, sie machen weiter mit ihrer Kampagne, die beweisen soll, daß es sich bei der Volksregierung um eine unrechtmäßige Regierung handelt. Ich möchte den Herrn Victor García Garzena fragen, wie ist die Meinung der Nationalen Partei zu den Ereignissen vom 29. Juni, zum »tancazo«, zum Putschversuch, bei dem mehr als 20 unschuldige Menschen umgekommen sind. Ich möchte Ihre Meinung hören, denn die Zeitung »La Tribuna« nannte diese Ereignisse am nächsten Tag eine »Show«. Denn Radio Agricultura sendete während des Putschversuchs Parolen nach dem Motto: »Der große Tag, auf den die Chilenen so gewartet haben, ist endlich gekommen, endlich haben die Streitkräfte beschlossen, dieser totalitären marxistischen Regierung Paroli zu bieten« und andere Begrifflichkeiten, welche die Partei des Herrn Víctor García Garzena gern verwendet ... Das ist ein politisches Verbrechen ... Das ist ein Angriff gegen unser Volk, ein Angriff schlimmster Art gegen die Demokratie und gegen die Verfassung, deren angebliche Verteidigung sie laut herausposaunen.

Dieser Herr war schon einmal im Gefängnis, 1967 unter der christdemokratischen Regierung, wegen seiner aufrührerischen Handlungen im Namen der Nationalpartei.

BILDUNTERSCHRIFT
Víctor García Garzena, Abgeordneter der Nationalen Partei

GARCÍA
Guten Abend, verehrte Zuschauer. Wie Sie sehen und hören konnten, hat dieser junge Student mich herausgefordert, indem er mich als Aufrührer darstellt. Aber hören Sie ihn an und sehen Sie sich ihn genau an und dann sehen Sie mich an! Sehen Sie sich sein Leben an und das meine! Ich wundere mich, daß die Kameras nicht vor Scham umgefallen sind! Also wirklich...Er, der nur für die Revolution gelebt hat, der nie etwas anderes getan hat als Revoluzzer zu sein – gegenüber einem Mann, der seit 35 Jahren seinen Beruf ausübt, der 25 Jahre Professor an der Universität war, der seinen Lebensunterhalt mit Arbeit und Anstrengung verdient hat. Und dieser junge Student fordert mich heraus und stellt mich als Aufrührer hin! Also, das ist derart lächerlich, dass ich zu anderen Dingen übergehen werde... Diese Gesellschaftsordnung funktioniert nicht ohne Tugenden, ohne republikanische Tugenden! Das ist mein Standpunkt, den alle Welt kennt und wonach ich immer gehandelt habe. Ich verurteile nicht die Hoffnungslosen. Ich verurteile nicht die Leute, die heute wie die armen gebeutelten LKW-Fahrer einen Stein werfen... Ich verurteile auch nicht die Leute, die protestieren und sich erheben... Ich bin nicht und war auch nie für Aufstände. Ich bin nicht für Staatsstreiche oder irgendwelche Abenteuer. Aber heute sehe und verstehe ich, dass ein ganzes Land nicht ruhig leben kann, wenn seine ele-

mentarsten Grundbedürfnisse, wie diese Hausfrau eben zugegeben hat, nicht befriedigt werden.

ROJAS

Er hat sich bestens beschrieben! Er hat sein Aufrührergesicht gezeigt, das Putsch-Gesicht der Nationalpartei. Und das, Herr Ansieta, das ist die größte Gefahr für die verfassungsmäßige Ordnung und die Demokratie, die Sie zu verteidigen vorgeben... Herr García Garzena hat gesagt, und das haben Sie,die Zuschauer, selbst gehört, dass er den Putschversuch vom 29. Juni nicht verurteilt, der von einem Regiment ausging, das die Tradition, zweifelsohne die saubere Tradition unserer Streitkräfte verraten hat. Er verurteilt nicht den Mord an mehr als 20 Menschen. Er verurteilt den nicht. Ganz im Gegenteil! Aber er war hier nicht aufrichtig genug – genau so ist es –, hier zuzugeben, dass er den Putschversuch begrüßt, so wie ihn SEINE Radiostation, Radio »Sociedad Nacional de Agricultura« getan hat, oder wie es SEINE Tageszeitung »La Tribuna« getan hat, die am Tag nach dem Putschversuch schrieb, es sei ein inszenierter Putsch gewesen, eine von der Unidad Popular veranstaltete »Show«... Wiederholen Sie das hier vor uns, Herr Víctor García!

GARCÍA

Ich habe nicht gesagt, dass ich den Aufstand unterstützt habe. Drehen Sie mir nicht das Wort im Mund um, das dulde ich nicht!

ROJAS

Dann drücken Sie sich klar aus!

GARCÍA

Ich habe mich soeben klar ausgedrückt und ich werde Ihnen keine Beachtung mehr schenken!... Ich möchte Ihnen, meine Zuschauer, erklären, dass unser System kein System des Hasses oder des Klassenkampfes ist, sondern es geht um die »nationale Integration«. Das wollen wir, dass wir uns alle als Mitglieder ein und desselben Vaterlandes fühlen.

ROJAS

Wie in Uruguay...

GARCÍA

Dass wir uns wie richtige Brüder fühlen ... Warum bringen Sie mich durcheinander?

ROJAS

Wie in Bolivien...

GARCÍA

Warum kommen Sie mir diesen Ländern, die nichts damit zu tun haben!

ROJAS

Wie in Brasilien ...

GARCÍA

Sind Sie etwa Bolivianer!

ROJAS

Regen Sie sich nicht auf, ganz ruhig, Herr Víctor García, werden Sie nicht hysterisch! Lassen Sie mich bitte fortfahren. Das sind die eigentlichen Probleme... Woher kommen die Attentate gegen Demokratie und Freiheit?

Sie sollen den Dialog behindern und verhindern und uns letztendlich in den Bürgerkrieg führen. Das ist das Einzige, das Herr Víctor García Garzena will, diese Friedenstaube, die wir hier vor der Kamera sahen, der will in Chile eine faschistische Diktatur errichten wie in Uruguay mit José Maria Bordaberry, und wenn nicht, dann äußern Sie sich, Herr García, zu den Diktaturen in Brasilien und Bolivien ... Und ich wiederhole es und fordere Sie heraus.

KABINETT

Straße vor dem Regierungspalast La Moneda. Blick auf Santiago de Chile mit Cerro San Cristóbal im Hintergrund.

ERZÄHLER

Am 5. Juli bildet Salvador Allende ein neues Kabinett, um die Krise zu entschärfen und günstige Bedingungen für einen Dialog mit den Christdemokraten zu schaffen. Zu diesem Zweck versucht er, einen ihrer Vertreter ins Kabinett aufzunehmen.

Im Salon Toesca in der Moneda.

ALLENDE

Ich weiß sehr wohl, daß revolutionäre Prozesse die Völker erschüttern und in Aufruhr versetzen. Aber ich weiß auch, daß wir hier etwas wollen und etwas zu tun versuchen, was andere nicht geschafft haben: Eine Revolution auf anderen, neuen Wegen, im Einklang mit unserer Geschichte, unserer Tradition und unserer Realität... Ich hoffe, daß wir es schaffen, eine neue Seite der Geschichte zu schreiben, um zu beweisen, daß Chile seinen eigenen schöpferischen Willen besitzt und den edlen Beschluss, das Vaterland wachsen zu lassen. Und jetzt bitte ich, die Vereidigung vorzunehmen.

ALLENDE

Ich möchte noch erläutern, dass ich den Rektor der Katholischen Universität, Fernando Castillo, gebeten habe, im Kabinett mitzuarbeiten. Leider hat er andere Verpflichtungen, die ich respektiere. Ich habe also seine Gründe respektiert und trotz seiner prinzipieller Bereitschaft konnte ich ihn also nicht als Mitarbeiter gewinnen... Ich weiß aber, dass das Land jederzeit unter allen Umständen auf seine Unterstützung zählen kann. Ich wollte Ihnen das alles darlegen und zum wiederholten Mal versichern, dass wir durch die gemeinsame Anstrengung aller diese schwierige Zeit überwinden werden. Vielen Dank.

CASTILLO

Großaufnahme einer Person

BILDUNTERSCHRIFT

Fernando Castillo, Rektor der Katholischen Universität. Christdemokrat.

STIMME

Warum kommt es zu diesem Bruch, den niemand will, weder die Regierung noch Teile der Christdemokraten?

CASTILLO

Meiner Meinung nach aus folgendem Grund: Wenn die UP Programme entwickelt, Projekte für Chile, die wirklich was voranbringen und mit deren Hilfe wir eine zielgerichtete Bündelung von Interessen erzielen könnten, dann stellt sie sich als erstes die Frage: »Wer könnte dagegen sein?« Mit der Lupe sucht sie überall nach allen potentiellen Gegnern, um diese dann als Minderheit darzustellen. Ich dagegen glaube, dass bei derart großen Projekten zur Umgestaltung der Gesellschaft die Botschaft klar und deutlich sein muss und dass versucht werden muss, all jene einzubinden, die als eine tatsächlich wachsende Kraft zu den Zielen Chiles beitragen können. Das ist die wichtigste Aufgabe einer Regierung.

FREI

Eduardo Frei leitet eine Routinesitzung im Kongress

ERZÄHLER

Unter dem Einfluss ihres traditionellsten Flügels wünscht die Christdemokratische Partei derzeit keinen Dialog mit der Regierung. Trotz allem unternehmen Allende, ein Teil der Linken und sogar ein Teil der Christdemokraten alles, um Gespräche aufzunehmen und damit das Kräfteverhältnis angesichts eines möglichen Putsches zu verändern.

GAZMURI

Eine Veranstaltung im Theater Caupolicán

BILDUNTERSCHRIFT

Jaime Gazmuri, Generalsekretär der Partei MAPU-Arbeiter und Bauern

GAZMURI

Genossen, wir müssen diejenigen Teile der Christdemokratischen Partei, die noch selbstständig denken und nicht dem Diktat des Pentagon, der CIA oder dem der chilenischen Großunternehmer vom Typ der Yarur oder der Dunny Edwards folgen, zu Besonnenheit und Patriotismus aufrufen, damit sie sich mit aller Kraft, an der Basis, in den Gewerkschaften, überall der faschistischen Offensive, dieser reaktionären Offensive entgegenstellen. Denn wenn der Faschismus siegt, Genossen, dann würden die Faschisten nicht den Kupferarbeiter fragen, ob er Kommunist, von der MAPU, Sozialist oder Christdemokrat ist, bevor sie ihn fertigmachen.

ZWEITE UND DRITTE DURCHSUCHUNG

Ein Hubschrauber landet in der Nähe der Kamera

ERZÄHLER

Am 8. Juli führt die Marineinfanterie eine Razzia in Valparaiso durch. Am selben Tag besetzen drei Hubschrauber der Luftwaffe einen Friedhof in Santiago. 200 Soldaten durchsuchen Gräber und Grabnischen nach Waffen. Bei beiden Durchsuchungen werden keine Waffen gefunden.

Geöffnete Gräber. Frauen, die in der Nähe des Friedhofs wohnen, werden interviewt.

FRAU 1

Das ist nicht von dieser Welt, kann man sagen. Sehen Sie nur, was diese »momios«, diese Scheißrechten Tag für Tag tun! Hier her kommen und die Toten rausholen... Was fällt denen ein?... Wo hat man sowas schon gesehen? Also, die Toten haben keine Kugeln und gar nichts, wie sollten sie sie töten? Was sagen Sie dazu? Die Ärmsten hier aus den Gräbern holen!...
Wenn sie die Knochen noch beisammen hätten, könnten sie die damit beschmeißen... Das heißt, morgen oder übermorgen oder noch heute Nacht werden sie Flugzeuge schicken gegen uns und fertig. Sie werden uns alle umbringen und da wir uns nicht verteidigen können, war's das dann!

REGISSEUR

Man müsste dann das Volk bewaffnen!

FRAU 1

Natürlich! Genau das muß die Regierung tun und zwar so schnell wie möglich.

FRAU 2

Denn wenn nicht, dann tun wir das selbst ... Auf uns beruht die Macht der Regierung. Denn Allende ist Präsident, weil wir ihn gewählt haben, die doch nicht! Die Reichen werden niemals auf unserer Seite sein. Alles, was wir Arbeiter jetzt haben, verdanken wir der jetzigen Regierung. Vorher hatten wir nichts.

FRAU 3

Wie kann man dieser Regierung nicht dankbar sein? Das muss man diesen Scheißrechten klarmachen, die immer noch nichts begriffen haben. Die Rechten sind vollkommen verquer im Kopf und begreifen die Veränderungen nicht, die vor sich gehen. Wenn du jeden Tag rausgehst und Dinge erledigst,
kriegst du mit, was dort oben passiert, was die Regierung für die ärmere Bevölkerung tut.

REGISSEUR
Aber was müssen wir tun, um diese Regierung zu verteidigen?
FRAU 2
Erstmal uns zusammenschließen, einig sein!
REGISSEUR
Und wenn die mit Waffen kommen, was setzten wir ihnen entgegen?
FRAU 2
Ach, wir müssten auch Waffen haben, um uns verteidigen zu können.
FRAU 3
Ich glaube, das ist die Meinung der meisten hier. Zumindest hier in dieser Siedlung hat niemand Waffen. Niemand. Und Sie wissen, mit Fäusten und Knüppeln kommt man nicht weit. Wenn die mit Schußwaffen kommen, können wir nichts machen.

Eine Versammlung anderswo in der Stadt

ARBEITERFÜHRER
Es gibt Verteidigungsorganisationen unter den Arbeitern!...
Es gibt die Brigaden, die jederzeit mobilisiert werden können. Aber es gibt keine Waffen, um die Betriebe zu verteidigen, es gibt nicht einmal Volksorganisationen, um kampfbereite Arbeiter für den Straßenkampf gegen irgendwelche militärische Gruppen oder bewaffnete faschistische Kreise zu mobilisieren ...

ALTAMIRANO

Ein Demonstrationszug von Arbeitern im Stadtzentrum.

DEMONSTRANTINNEN
Schaffen, schaffen, Volksmilizen schaffen. Schaffen, schaffen, Volksmacht schaffen.

ERZÄHLER
Am 12. Juli gibt die Sozialistische Partei ihre Haltung gegenüber dem drohenden Putsch bekannt. Eine Versammlung mit verschiedenen Delegierten von Industriekordons.

BILDUNTERSCHRIFT

Carlos Altamirano, Generalsekretär der Sozialistischen Partei.

ALTAMIRANO

Die Soldaten, Matrosen, Flieger und Angehörigen der bewaffneten Polizei dürfen zu keinem Zeitpunkt und unter keinen Umständen bereit sein, Arbeiter zu ermorden. Und falls es dazu kommen sollte, dass irgendwelche Offiziere sich erheben, dann sind die Offiziere, Unteroffiziere und einfachen Soldaten keinesfalls gezwungen, ihnen Folge zu leisten. Noch deutlicher gesagt: sie haben nicht nur die Pflicht, den Gehorsam zu verweigern, wenn sie angewiesen werden, auf das Volk zu schießen oder an Putschabenteuern gegen die Arbeiterregierung teilzunehmen, sondern sie müssen dagegen aktiv Widerstand leisten. Der Bourgeoisie muss klar sein, dass sie so was nicht ungestraft tun kann. Auf jede subversive Aktion, auf jeden Angriff auf Chile und seine Regierung wird es eine Antwort der Arbeiter geben, die alle dazu notwendigen Methoden und Mittel anwenden werden. Unsere Partei ist der Ansicht, dass Besetzungen von Betrieben, Fabriken, Landgütern eine legitime Antwort der Arbeiterklasse und der Werktätigen auf das aufrührerische Verhalten und die Putschversuche der Rechten sind. Wir haben gesagt, dass die Reaktion jeden einzelnen ihrer Schritte genau bedenken sollte.

Ein Arbeiter formuliert seine Bedenken.

ARBEITER

Ich möchte wiessen, welche Position der Partei zu den Durchsuchungen in unseren Betrieben hat, bei denen die Militärs nach Waffen suchen. In meinen Augen ist das ein Angriff gegen die Arbeiterklasse. Denn ich meine, wenn die Arbeiter sich bewaffnet hätten, dann nur, um ihre Regierung zu verteidigen, die Regierung der Arbeiter. Sie als Rechtsanwalt und Jurist, können Sie uns erklären, wann das legal und wann das illegal ist? Denn das ist so eine Sache. Wir wären in der Illegalität, wenn wir versuchen würden, die Arbeiterregierung zu verteidigen, als Arbeiter, die wir sind, wenn wir uns dazu vorsichtshalber Waffen beschaffen würden... Ich meine, das Volk muss zur Verteidigung seiner Regierung auf alle Mittel zurückgreifen können, die zur Verfügung stehen.

BESETZUNGEN

Zahlreiche von den Arbeitern besetzte Betriebe

ERZÄHLER

Das Problem der Bewaffnung ist eng verbunden mit dem Problem der Betriebsbesetzungen. Für einen Teil der Unidad Popular, angeführt von den Kommunisten, stellt die wahllose Besetzung von Fabriken einen Fehler dar, weil dadurch das gesetzestreue Image der Regierung beschädigt wird. Für den anderen Teil unter Führung der Sozialistischen Partei jedoch ist die Besetzung von Fabriken eine angemessene Form de Mobilisierung, nützlich auch für die Vorbereitung und Organisierung des Kampfes, der näher rückt. Dieser Sektor vertritt die Ansicht, dass die bewaffnete Konfrontation mit der Rechten unvermeidlich ist und dass die Organisierung der Massen und die Stärkung der Volksmacht, insbesondere der »Industriekordons«, das einzige Mittel sei, einem Putsch zu begegnen.

GARRETÓN

Eine Versammlung im Fußballstadion Chile.

BILDUNTERSCHRIFT

Oscar Guillermo Garretón, Generalsekretär der Einheitlichen Volksaktion MAPU

GARRETÓN

Heute, Genossen, ist es auch unsere Aufgabe, den Reaktionären wie eine Mauer entgegenzutreten und unsererseits voranzukommen, indem wir im ganzen Land Industriekordons bilden. Es geht darum, Genossen, dass unsere Gewerkschaftsführer diese Aufgabe als vorrangig einstufen, dass sich Genossen aus anderen Betrieben anschließen, dass die in ihren Gewerkschaften den jeweiligen Anführern die Notwendigkeit klarmachen, sich mit den Genossen aus dem Betrieb nebenan oder aus anderen Stadtteilen zu vereinen... Und so, Genossen, werden wir nach und nach die Volksmacht aufbauen, welche die Grundlage ist, um vorwärts zu kommen, welche die Mauer ist, um den Putschplänen der Reaktion Einhalt zu gebieten.

VERTE UND FÜNFTE DURCHSUCHUNG

Soldaten bewachen eine Fabrik. Im Hintergrund sind einige Jeeps zu sehen.

ERZÄHLER

Am 19. Juli dringt das Regiment Arauco in die Arbeiterzentrale der Stadt Osorno ein. Am nächsten Tag führen Marinesoldaten eine weitere Razzia in Concepcion durch. In keinem Falle werden Waffen gefunden. Am 12. Juli gibt die Bewegung der Revolutionären Linken (MIR), die außerhalb der Unidad Popular steht, ihre Position bekannt.

ENRÍQUEZ

Eine Versammlung im Theater Caupolicán

BILDUNTERSCHRIFT

Miguel Enríquez, Generalsekretär der Bewegung der Revolutionären Linken MIR.

ENRÍQUEZ

Im ganzen Land hört man nur den einen Ruf, der widerhallt in den Fabriken, auf den Landgütern, in den Armenvierteln und in Schulen, in den Stellungen des Volkes. Den Ruf »schaffen.... Volksmacht zu schaffen», zu stärken und zu vervielfältigen, die Macht der Kommandos auf Gemeindeebene, die Macht der Arbeiter und Bauern... Die Revolutionäre und Arbeiter müssen weiter Betriebe und Landgüter besetzen, die Verteidigungsmaßnahmen verdoppeln, Volksmacht als lokale Regierung vorantreiben, die autonom ist gegenüber den Staatsgewalten... Die Unteroffiziere und die bewaffneten Polizisten müssen sich den Befehlen der Putsch-Offiziere widersetzen und in diesem Fall ... Und in diesem Fall ...sind alle Formen des Kampfes legitim!.... Dann ist es tatsächlich so, dass die Arbeiter dann zusammen mit den Soldaten, den Matrosen, den Polizisten, den Unteroffizieren und Offizieren, die gegen den Putsch sind, das Recht haben werden, ihre eigene Armee aufzubauen!... Die Volksarmee!

ZUSAMMENSTOSS AUF DER STRASSE

Eine Gruppe Arbeiter blockiert eine breite Straße mit Reifen und Fässern. Ein Krankenwagen fährt in schneller Fahrt vorbei.

ERZÄHLER
Am 19. Juli besetzen die Arbeiter des Industriekordons Vicuña Mackenna die wichtigste Fernstraße dieses Gebietes.

REGISSEUR
Warum wird die Straße hier besetzt?

ARBEITER
Das geschieht, Genosse, zur Unterstützung der bei »ICMETAL« ausgesperrten Kollegen.

REGISSEUR
Werden irgendwelche Regierungsvertreter hierher kommen?

ARBEITER
Genau das hoffen wir, Genosse. Dass jemand von einer Behörde kommt und das Problem dieser Kollegen löst.

Aufnahme von der Straßenblockade. Totale.

ERZÄHLER
Am Vortag haben die Arbeiter des Kordons Cerrillos eine ähnliche Aktion durchgeführt. Diese Arbeiterproteste richten sich gegen Versuche der Regierung, bestimmte Betriebe zu reprivatisieren, um zu einem möglichen Minimalkonsens mit den Christdemokraten zu gelangen. Die Widersprüche innerhalb der Linken bezüglich der Strategie zur Verhinderung des Putsches treten deutlich zu Tage. Um 11.30 Uhr befiehlt der Polizeipräfekt, den Weg freizumachen.

Die bewaffneten Polizisten zerstören eine Barrikade und feuern Tränengaspatronen ab. Die Arbeiter werfen Steine vom Dach der Fabrik.

ERZÄHLER
Die bewaffneten Polizisten kommen nur bis zu der ersten Barrikade. Weiter vorn haben sich 4.000 Arbeiter auf einer Strecke von 7 Kilometern versammelt. Pfeifkonzert gegen die Polizei. Die Arbeiter bauen die Barrikade wieder auf.

ERZÄHLER
Um 11. 45 Uhr erscheint der Intendant von Santiago, Beamter der Unidad Popu-

lar und Chef der obersten Provinzbehörde. Seine Mission besteht darin, die Auseinandersetzung auf der Straße zu beenden. Der Intendant geht auf die Polizisten zu.

INTENDANT

Die Genossen sollen hier warten.

ERZÄHLER

Nachdem er die Arbeiter angehört hat, nimmt der Intendant Julio Estuardo die Einsatzbefehle für die Aufstandsbekämpfungstruppen zurück.

INTENDANT

Informieren Sie den Präfekten, dass auf meine Anweisungen hin hier nichts passiert, und Sie ziehen sich 2 Häuserblöcke zurück. Also, die Polizeikräfte ziehen sich, wenn möglich, bis hinter die Avenida Matta zurück und teilen Sie dem Präfekten mit, dass dies auf meine Anweisungen hin geschieht. OK, danke.

ERZÄHLER

Die Polizei muss sich also zurückziehen, aber das Problem der besetzten Fabriken wird in Anwesenheit der Delegierten des Gewerkschaftsdach- verbandes (CUT) weiter debattiert.

DEBATTE

Versammlung im Kordon Recoleta. Mehrere Redner ergreifen das Wort.

GEWERKSCHAFTSFÜHRER

Die CUT, der Einheitliche Dachverband der Arbeiter, hat eine Kommission zur Untersuchung der Betriebe eingesetzt, die heute in den Händen der Arbeiter sind. Und diese Kommission untersucht derzeit die Probleme mit Hilfe der zuständigen Instanzen, dem Verband zur Förderung der Industrie – CORFO und dem Wirtschaftsministerium. Denn hier muss klar gesagt werden, Genossen, dass es viele Fabriken gibt, heutzutage gibt es in Santiago eine enorme Zahl besetzter Fabriken und nicht alle werden vergesellschaftet werden können – aus verschiedenen Gründen . Als die CUT zu Betriebsbesetzungen im Falle eines Putschversuchs aufgerufen hat, galt dies für, sagen wir, einen kritischen Zeitpunkt, um den Vormarsch des Faschismus
zu stoppen. Aber das bedeutet nicht, dass alle möglichen Betriebe ohne

Unterschied verstaatlicht werden, denn da gibt es auch einige Probleme mit einigen Fabriken, die total unterfinanziert sind, und wenn der Staat diese Betriebe übernimmt, dann übernimmt er praktisch Altlasten, und das kann nicht sein. Darum ist darüber mit den betroffenen Kollegen Arbeitern der fraglichen Fabriken diskutiert worden.

ARBEITER 1

Wie ich dir sage, was wir möchten, ist eine schnelle Entscheidung der CUT, eine gute oder schlechte, aber eine Entscheidung. Damit die CUT nicht zu einem Antikörper in der Arbeiterschaft wird, Genosse.... Weiter nichts!

GEWERKSCHAFTSFÜHRER

Leider gibt es noch weitere Grundsatzfragen. Dieses Unternehmen mit Schweizer Kapital, zum Beispiel... Was passiert damit?...Daraus ergibt sich ein Problem ...ein Problem der internationalen Beziehungen. Aber was haben internationale Beziehungen mit den Problemen der Arbeiter zu tun? Viel haben die damit zu tun. Denn die Schweizer Regierung ist eines der wichtigsten Mitglieder im »Club von Paris«, wo die Auslandsschuld Chiles diskutiert und neu verhandelt wird. Ihr wisst, dass z. B. die USA im Zuge der Entscheidung, das Kupfer zu verstaatlichen, mit dem Boykott begonnen haben. Und deswegen hat unser Land weder die Devisen noch die Kredite, die es vorher hatte. Eben das wird im »Club de Paris« neu verhandelt, und Chile muss daher äußerste Vorsicht walten lassen.

ARBEITER 2

Hier geht es nicht um Internationales. Es geht einfach darum, alle Betriebe, die uns interessieren, zu verstaatlichen, ohne faule Kompromisse einzugehen, Genosse! Das ist der Punkt!

ARBEITER 3

Denn was ihr da im internationalen Kontext erklärt, werden die Arbeiter zweifellos nicht verstehen. Wenn ihr denen keine »hausgemachteren« Gründe gebt und das nicht mit Worten erklärt, die wir alle verstehen, in diesem Fall ... könnte es dann nicht passieren, dass die Kollegen über die Gewerkschaftsführer, die in der CUT sind, hinweggehen?

GEWERKSCHAFTSFÜHRER

Gut, ich werde auch darauf antworten, das heißt, es gibt durchaus Erklärungen, die näher liegen, »chilenischere«. Ihr wisst selbst, Genossen, dass wir, die Arbeiterklasse, durch die Regierung einen Teil der Macht, aber nicht die gesamte Macht errungen haben. Die Reaktion wartet geradezu darauf, dass die Ordnungskräfte, sei es Polizei oder Militär, in Auseinandersetzungen mit den Arbeitern geraten, in diesem Kampf, von dem ihr sprecht, in dem die Arbeiter nicht der zentralen Leitung folgen und eigenmächtig Entscheidungen fällen und dann Auseinandersetzungen mit der Polizei haben oder sich der Armee entgegenstellen. Und dann wird der Regierung vorgehalten, dass hier kein Disziplin herrscht, dass sie sich nicht durchsetzen kann ... Und dann sind wir nur einen Schritt davon entfernt, dass der Staatspräsident des Verfassungsbruchs angeklagt wird. Das ist es doch, was die wollen!

ARBEITER 4

Genossen, aber wir wissen auch genau, worum es geht. Wir, die Arbeiter, wurden aufgefordert, uns zu organisieren, uns an den Kordons zu beteiligen und uns an allen Fronten zu organisieren... Wir haben uns in den Armenvierteln organisiert, an der Arbeiterfront, in den Gewerkschaften. Wir haben uns auch in den Kordons organisiert.. Und dann ist es immer dasselbe Lied, Genosse! ...Es sei nicht der richtige Zeitpunkt und es gebe eine Legislative und eine Gerichtsbarkeit... Man hat uns gesagt, wir sollen uns von Anfang an organisieren, von den Wohngebieten an bis in die höchsten Ebenen, und wir haben uns bis auf den heutigen Tag organisiert... und der Genosse Präsident bittet uns immer wieder und immer weiter darum, Ruhe zu bewahren!.... wir sollen so weitermachen und uns weiter organisieren... Aber wozu? Warum fürchtet man, dass wir, die Arbeiter, in Generalstreik treten, gemeinsam mit den Bewohnern der Armenviertel, und den Präsidenten und die gesamte Exekutive bitten, sich ein für allemal zu entscheiden, Genosse! Welches ist der Schlachtplan? Welchen Plan gibt es, damit wir durch die Organisation für die Konfrontation mit der Rechten gerüstet sind. Wir wollen, wenn es notwendig sein sollte, wie die Rechte es fordert, dass es zu einer Volksabstimmung kommt, dass wir mit dem Plebiszit in den Vororten anfangen, bis ganz oben hin, und ich versichere euch, wir werden gewinnen, von hier bis nach Rancagua, haushoch, Genosse! Denn wir sind organisiert in den durch Landbesetzung entstandenen Vierteln, in den Kordons und in den Gewerkschaften... Aber die CUT bittet uns immer noch, Ruhe zu bewahren, nicht dies oder jenes zu tun, weil dies der Königin Elisabeth und jenes der Schweiz gehört. Und so erfinden sie immer neue Gründe. Die Wahrheit ist, Genossen, dass das Volk, die Arbeiter es langsam satt haben.... Denn das ist der endlos lange

Weg durch die Institutionen! Und wir schlagen uns mit der Bürokratie herum, sogar innerhalb unserer eigenen Vertretungen, unseren eigenen Gewerkschaften, in unseren eigenen Strukturen, wie es die CUT ist, gibt es noch Bürokratie, Genosse! ... Wie lange noch ? ... Ich möchte Sie was fragen... Haben Sie etwa kein Vertrauen in die Volksmacht, Genosse? Hat die CUT kein Vertrauen in uns Arbeiter, die wir am Freitag vor Allende aufmarschiert sind und ihm lautstark unsere volle Unterstützung zugesichert haben? ... Vertraut der Präsident unseren Organisationen nicht, die wir auf sein Geheiß hin aufgebaut haben ? Haben die Abgeordneten kein Vertrauen, sie, die da oben sitzen und nichts machen wollen?... Haben die Senatoren kein Vertrauen, die statt für die Angelegenheiten zu streiten, die wir Arbeiter ihnen aufgegeben haben, statt für uns zu kämpfen... das einzige, was ihnen einfällt, wenn die Abgeordneten der Rechten auftauchen, ist von ihren Sitzen aufzustehen und zu gehen, Genosse! Es reicht uns! Wir haben uns für ein Ziel organisiert und genau deswegen sind wir heute Abend hier, Genosse, um zu fordern, dass vergesellschaftet wird, dass soviele Fabriken wie möglich vergesellschaftet werden sollen. Die Schrottfabriken, die können wir den Rechten überlassen, denen von der Bourgeoisie! Wenn die Regierung diese Altlasten nicht übernehmen kann, dann sollen die sie doch behalten, und wir, wir kämpfen weiter... Gehen Sie mal, Genosse, zur »Vega« und sehen Sie sich an, was es da alles auf dem Schwarzmarkt zu kaufen gibt!... Und die Genossen bitten uns immer noch, wir sollen Ruhe bewahren... Wie lange noch, Genosse, die Lage wird immer brenzliger!

Heftiger Applaus

GEWERKSCHAFTSFÜHRER

Wisst ihr denn nichts von der Klassenzusammensetzung innerhalb der Armee? Wisst ihr nicht, dass die Mehrheit der Offiziere für einen Staatsstreich ist?... Warum erlangt man die Macht, Genossen, nicht nur durch gute Organisation. Ein hoher Organisationsgrad ist vorhanden. Aber wir brauchen auch ein gewisses Gewicht als Gegengewicht zur faktischen Macht, die im Moment in der Hand der Rechten ist. Darum sprechen wir in der CUT von den Schutzkomitees. Was sind diese Schutzkomitees? Es sind Komitees in den Produktionsbetrieben... aber auch Schutzkomitees für den Krieg, Genossen! Das sind Dinge, die wir hier nicht diskutieren und auch nicht im Detail erläutern können, denn das wäre ein Fehler. Aber wir Arbeiter müssen uns auf den Kampf vorbereiten, auf allen Gebieten. Und auf diesem Standpunkt, in diesem Kampf steht heute die CUT. Dass es Mängel gibt, das gebe ich zu. Aber das Problem entsteht, wenn Organisationen mit gewissen parallelen Führungsstrukturen zur Arbeiterorganisation existieren wollen.Da läuft dann was schief. Und deswegen, Genossen, ich erkenne an, dass viele von euch hier Dinge ohne böse Absichten ansprechen, aber das sind Sachen, die genauer diskutiert werden müssen, Genossen. Man kann nicht einfach dieser oder jener Organisation bzw. diesem oder jenem Funktionär bestimmte Fehler vorwerfen. Denn ich glaube, wir alle bilden diese Organisationen und wir tragen alle einen Teil der Verantwortung.Und ihr habt eure Strukturen, um diese Probleme anzusprechen. Und wir sind einverstande, hier müssen für die heute angesprochenen Probleme entsprechende Lösungen gesucht werden... Aber vergessen wir nicht, Genossen, dass es hier eine Regierung gibt unter dem Präsidenten Allende und dass wir dieser Führung Folge leisten müssen. Es gibt Arbeiter Organisationen, die unsere Interessen vertreten, und es gibt die Parteien als Klassenorganisationen, die auch eine Orientierung bieten.

SECHSTE DURCHSUCHUNG

Ein Militärkonvoi bewegt sich auf einer Autobahn vorwärts.

ERZÄHLER

Am 19. Juli durchsucht die Infanterieschule eine Fabrik im Ort San Bernardo. Alle linken Kräfte sind ausnahmslos von der Notwendigkeit überzeugt, die bewaffnete Verteidigung der Regierung vorzubereiten. Aber das Fehlen einer einheitlichen Führung verhindert die Ausarbeitung eines gemeinsamen Planes.

FRIEDENSGOTTESDIENSTE

Auf dem Gipfel des Berges San Cristóbal versammeln sich des Nachts mehrere Bischöfe.

ERZÄHLER

Am 20. Juli ruft die katholische Kirche angesichts der wachsenden Gewalt öffentlich zum friedlichen gegenseitigen Verständnis auf. Die Kampagne mit Kardinal Silva Henríquez an der Spitze gipfelt in »Gottesdiensten für den Frieden« im ganzen Land.

BISCHOF

Für die Volksvertreter, die die Staatsgewalten ausüben, mögen sie durch ihre Kompetenz, gestärkt durch die Weisheit und Voraussicht Gottes, immer im Dienste des Vaterlands handeln zum wahrhaftigen Wohl der Gemeinschaft. Laßt uns zu Gott beten.

CHOR

Gott, erhöre uns, wir flehen dich an.

BISCHOF

Für die Bürger unseres Vaterlandes. Möge Gott in der Vielfalt der Meinungen und Vorlieben unser Bewußtsein erleuchten, unsere Leidenschaften bezähmen, den Parteienstreit beenden, damit das Allgemeinwohl der Chilenen an erster Stelle steht. Lasst uns zu Gott beten.

ERZÄHLER

Der Friedensaufruf der Kirche bringt einige christdemokratische Führer in eine schwierige Lage. 20 Tage lang haben sie den Dialog mit Allende abgelehnt. Wenn sie nicht ihre Haltung ändern, stünden sie im Widerspruch zur öffentlichen Position der Kirche.

CHOR

Lamm Gottes, das du die Menschheit von der Sünde befreist, erbarme Dich unser!

DIALOG UP – CHRISTDEMOKRATIE

Im Vorzimmer des Präsidenten erwarten die Fotografen die Ankunft Allendes.

ERZÄHLER

Einige Tage später begeben sich Patricio Aylwin, späterer Präsident Chiles, und Osvaldo Olguín, Chef der Christdemokraten, zu einer Unterredung mit dem Staatspräsidenten in den Regierungspalast.

Allende ist sich der Divergenzen bewusst, aber überzeugt von seiner Strategie. Er zeigt sich bereit, einen Minimalkonsens zu suchen, um den Bruch mit der Verfassung zu verhindern.

Der Präsident reicht seinen Gästen die Hand und dankt den Journalisten.

ALLENDE

Vielen Dank.

ERZÄHLER

Die Möglichkeit einer Einigung zwischen Allende und den Christdemokraten beunruhigt die unversöhnlichen Regierungsgegner zutiefst.

ATTENTAT MARINEADJUTANT

Fotografie des Adjutanten Allendes. Schüsse sind zu hören.

ERZÄHLER

Am 27. Juli um 13. 30 Uhr ermorden Rechtsextremisten Admiral Arturo Araya Peters, Marineadjutant des Präsidenten Allende.

Fassade des Regierungspalastes.

ERZÄHLER

Der Gewalt fällt ein Offizier zum Opfer, der direkt mit der Person des Präsidenten der Republik verbunden ist, und genau in dem Moment, da die Christdemokratie den Dialog mit Allende akzeptiert.

Der Präsident beim Betreten der Moneda. Unter den Journalisten entsteht ein Tumult.

ERZÄHLER

Als Vertrauter des Präsidenten war Araya wichtigster Verbindungsmann zwischen der Regierung und den verfassungstreuen Offizieren der Marine geworden. Am selben Tag wird der Leichnam des Adjutanten in den Moneda-Palast gebracht.

Ein Leichenwagen hält vor dem Palast. Präsident Allende steigt die Stufen hinab und nähert sich dem Sarg. Ein Unteroffizier spielt Trompete.

ERZÄHLER

Anschließend werden die sterblichen Reste nach Valparaíso überführt und mit militärischen Ehren beerdigt.

In der Marineschule in Valparaíso ist der Trauermarsch zu hören.

ERZÄHLER

40 Jahre lang brauchten die chilenischen Streitkräfte nicht zur Sicherung der Kontinuität des Systems einzugreifen. Aber Mitte 1973, als die Gesellschaftsordnung vom revolutionären Prozess überrollt zu werden droht, scheint die Mehrheit der Offiziere zur Intervention bereit zu sein. In den Gesichtszügen der Militärs ist eine Verschwörungsbereitschaft wahrzunehmen. Einige wenden ihr Gesicht der Kamera zu.

ERZÄHLER

Monate später, aus dem Exil in Buenos Aires und vor seiner Ermordung, erklärt General Carlos Prats, einer der Gründe für die Beseitigung des Kommandanten Araya sei gewesen, zu verhindern, dass Allende über die Vorgänge in Militärkreisen von Valparaiso informiert würde. Denn genau dort beginnt ein Teil der Offiziere mit Unterstützung der amerikanischen Regierung, den Staatsstreich zu planen.

Der Trauermarsch geht zu Ende. Ein Trompetensignal ist zu hören. Allende steht zwischen zwei Offizieren.

ERZÄHLER

Für Raúl Montero, Flottenadmiral und Verteidiger der Verfassung, bedeutet Arturo Arayas Tod den Verlust eines seiner besten verfassungstreuen Offiziere. Für Allende ist dies einer der schlimmsten Augenblicke seiner Amtszeit. Für José Toribio Merino jedoch, späteres Mitglied der Militärregierung, ändert der Tod des Adjutanten nichts an seinen Plänen.

Die Fassade des Friedhofs namens »Cárcel« (Gefängnis).

STIMME EINES MODERATORS

Es nahmen Abschied von den sterblichen Überresten des Kommandanten Arturo Araya Peters der Oberkommandierende der Marine, Admiral Raúl Montero Cornejo, und Kapitän zur See Guillermo Aldonei Hansen, der mit ihm die Ausbildung absolviert hat... Hier auf dem Gottesacker des »Cárcel«-Berges bezeugen ihm die Ehre zwei Abteilungen der U-Boot-Schule und das Musikkorps der Waffenschule. Die Marinelaufbahn des Kommandanten, des Kapitäns zur See Arturo Araya Peters, war vorbildlich. Seine Exzellenz, der Präsident der Republik, Doktor Salvador Allende, Staatsminister, Oberkommandierende der Streitkräfte sind hierher gekommen ...

SIEBTE UND ACHTE DURCHSUCHUNG

Drei Militärlastwagen und ein Truppenkontingent besetzen eine Fabrik. Am Eingang zu einer Fabrik ist zu lesen: »Kupfer Cerrillos von seinen Arbeitern besetzt«.

ERZÄHLER

Die Suche nach Waffen wird verschärft. Am 3. August umzingeln die Militärs eine der größten Fabriken des Kordons Cerrillos in Santiago. Diese Razzien ermöglichen den Offizieren, das Terrain und die Reaktion der Arbeiter zu erkunden. Außerdem werden die Truppen daran gewöhnt, gegen die Zivilbevölkerung vorzugehen, und das Verhalten der eigenen Soldaten kann beobachtet werden. Am nächsten Tag durchsucht die fünfte Heeresdivision das Industriegebiet von Punta Arenas. Bis zu diesem Tag haben die Militärs im ganzen Land 27 Durchsuchungen ausgeführt, ohne Waffen zu finden. Zum ersten Mal werden bei einer solchen Operation Panzer eingesetzt.

TRANSPORTUNTERNEHMER

Etwa tausend LKW stehen auf einem Haufen in ländlichem Gebiet

ERZÄHLER

In dieser Woche haben die Transportunternehmer zum unbefristeten Streik aufgerufen. Die extreme Rechte möchte durch diesen Streik das wirtschaftliche Chaos verschärfen und den Dialog zwischen Staatschef und Christdemokraten sabotieren. Die Unternehmer sammeln ihre Fahrzeuge an strategischen Punkten, um den Eindruck von Stärke zu erzeugen und den inneren Zusammenhalt zu stärken. Die New York Times hat später enthüllt, dass die Streikenden mit 5 Millionen Dollar vom CIA unterstützt wurden. Jeder der 35.000 Unternehmer erhält den Gegenwert von 4 Dollar pro Tag zum Schwarzmarktkurs.

EHEFRAUEN

Streikende in den Gärten des Kongresses. Einige Frauen veranstalten Geldsammlungen unter den Passanten.

ERZÄHLER

Unterdessen sammeln die Frauen der LKW-Fahrer in den Gärten des Kongressgebäudes – wie schon während des Kupferstreiks – in der Bevölkerung Geld und Lebensmittel.

BESCHLAGNAHMUNG

Eine Reihe Traktoren fährt in Richtung Kamera.

ERZÄHLER

Am 31. Juli ordnet die Regierung die gesetzliche Wiederaufnahme der Arbeit an und schickt Traktoren, um die streikenden Fahrzeuge bis nach Santiago abzuschleppen. Aber die Unternehmer widersetzen sich mit Gewalt und werfen der Regierung vor, sich an Privateigentum zu vergreifen. Diese Ereignisse werden von Canal 13 gefilmt, der auf der Seite der Streikenden steht.

BOYKOTT DES SENATS

Der Halbkreis des Senatssaals.

ERZÄHLER

Einige Tage später macht das Parlament in Zusammenarbeit mit Journalisten der Opposition aus diesem Vorfall einen Skandal. Der Kongress fordert Canal 13 auf, seine Filmversion der Ereignisse noch einmal auszustrahlen, damit die Herren Parlamentarier sich eine Meinung bilden könnten.

Vier Fernsehgeräte werden im Kreis vor den Senatoren aufgestellt.

ERZÄHLER

Durch ihre Billigung der Reportage erreichen die Parlamentarier, dass diese Bilder mehrmals öffentlich gesendet werden, wodurch sie einen »offiziellen Charakter« erhalten.

Nach dem Ende der Sendung räumen Angestellte die Geräte weg.

ERZÄHLER

Dies verdeutlicht die Macht, die die Opposition in den Medien besitzt, sowie die Tolerierung der Pressefreiheit durch die Regierung. Der Oppositionsblock kontrolliert Canal 13, den wichtigsten Fernsehsender Santiagos, sowie 75 Prozent der Rundfunkstationen und 70 Prozent der Printmedien. Hier dient die Beschlagnahme der LKW zur Unterstützung einer Verleumdungskampagne gegen die Regierung.

DIE CHRISTDEMOKRATEN BRECHEN DIALOG AB

Den Vorsitz des Senats hat Eduardo Frei inne.

ERZÄHLER
Während sich dies im Parlament abspielt, erreichen Allendes Kontakte mit den Christdemokraten den Nullpunkt. Die christdemokratische Parteiführung stellt dem Präsidenten drei Bedingungen:
Er soll sich dem Kongress unterwerfen und somit die Befugnisse des Präsidenten aufgeben, die andere chilenische Staatschefs innehatten.
Er soll seine Verstaatlichungen rückgängig machen.
Und schließlich soll er Schlüsselpositionen der Regierung mit Militärs besetzen, die das volle Vertrauen der Christdemokraten genießen.

Ansicht des Regierungspalastes La Moneda.

ERZÄHLER
Eine solche Kapitulation verweigert Präsident Allende. Am selben Tag brechen die Christdemokraten die Unterredungen ab.

ESKALATION DES TERRORS

Zwei Explosionen: ein Hochspannungsmast auf dem Boden, eine Ölpipeline in Flammen.

ERZÄHLER
Nach Abbruch des Dialogs schließt sich die gesamte Opposition der eskalierenden Bewegung gegen die Regierung an. In den Monaten Juli und August begehen vom amerikanischen Geheimdienst ausgebildete Terrorgruppen 250 Attentate mit Dynamit und Brandbomben. Angesichts dieses Machtvakuums erhält Allende die Unterstützung der Oberkommandierenden der Streitkräfte und erreicht, dass die Militärs sich bereit erklären, in dieser Lage die Verantwortung zu teilen.

KABINETT UP – GENERÄLE

Allende spricht voller Empörung in der Moneda, umgeben von Journalisten, leitenden Politikern, Botschaftern und Militärs.

ALLENDE

Ein Land kann nicht leben, wenn es der Bedrohung durch Schurken unterliegt! Die Straßen von Santiago waren gestern übersät mit derartigen Pamphleten... Und man müsste sich fragen, wer finanziert das? Wo wird das gedruckt? Wer sind die Unternehmen, die daran teilnehmen mit dem Ziel, das Leben der Nation zu stören, gegen die Regierung und das Land?

»Maßnahmen zum Sturz der Regierung.« Derart unverschämt gehen sie vor! Dieses Kabinett muß dem faschistischen Streik der Transportunternehmer ein Ende setzen, und zwar durch die Entscheidung dessen, der unerbittlich das Gesetz anwendet, und der weiß, dass er auf die immense Mehrheit der Chilenen zählen kann, die den Bürgerkrieg in unserem Land um jeden Preis verhindern wollen.

Die Gesichter der Oberkommandierenden. Hinter der ersten Reihe sieht man Pinochet.

ERZÄHLER

Am 9. August werden die führenden Militärs in die Regierung aufgenommen. General Prats, führende Persönlichkeit unter den regierungstreuen Offizieren, wird Verteidigungsminister. Die Heeresführung fällt somit vorübergehend General Pinochet zu, der ebenfalls als verfassungstreu gilt. Das neue Kabinett ruft bei den meisten Politikern Ablehnung hervor. Die Rechte lehnt es ab. Die Christdemokraten sind gespalten. Die Linke zweifelt. Erst zwei Tage später unterstützen die kommunistische und sozialistische Partei Allendes Entscheidung.

ALLENDE

Ich danke Ihnen. Die Sitzung ist geschlossen.

REGIERUNGSFÜHRUNG DES KABINETTS

Ein Hubschrauber mit Offizieren landet in der Nähe einer Ansammlung von LKW.

ERZÄHLER

Am 11. August ergreift das aus Zivilisten und Militärs gebildete Kabinett seine ersten Maßnahmen, um Lastwagen zu beschlagnahmen. Aber bei den meisten Offizieren, die für den Streik und gegen jegliche Sanktionen gegen die Streikenden sind, stoßen die Initiativen der Oberkommandierenden auf Ablehnung, wodurch deutlich wird, dass ein Teil des militärischen Apparats in die Offensive gegen die Regierung verwickelt ist. Laut späteren Enthüllungen der nordamerikanischen Presse hat der ehemalige CIA-Direktor William Colby, der im Oktober 1973 vom Repräsentantenhaus in Washington verhört wurde, nie die Unterstützung des CIA bei der Vorbereitung und wirtschaftlichen Unterstützung des Streiks geleugnet.

GESCHEITERT

Von einem Flugzeug aus sind tausende LKW und Busse nahe einer Autostraße zu sehen.

ERZÄHLER

Am 12. August kündigen die Christdemokraten an, dass sie offiziell den Streik unterstützen. In den Betrieben sinken die Rohstoffbestände und auf den Feldern wird das Saatgut knapp. Unter diesen Umständen ist das aus Zivilisten und Militärs bestehende Kabinett gescheitert.

REAKTION DER BEVÖLKERUNG

Junge Leute laden Säcke mit Lebensmitteln an einer Bahnstation ab.

ERZÄHLER

Aber die Antwort des Volkes angesichts des Streiks geht weiter. Die Regierung und ihre Anhänger mobilisieren Brigaden, um die Produkte in die Verteilungszentren zu bringen. Wegen der Schließung der Geschäfte unterstützt ein Teil der Bevölkerung die Versorgungsräte und stärkt die so genannten »Volkskaufhäuser«. Sie werden jeweils von Bewohnern eines Stadtteils gebildet, die die Lebensmittel direkt vom Staat kaufen und zum Selbstkostenpreis weitergeben. Innerhalb kurzer Zeit verfügt halb Santiago über Direktversorgung.

EIN MANN

Versorgung!

GRUPPE
Direkt!

ERZÄHLER
In bestimmten Viertel schicken die Betriebskordons Arbeiterkolonnen, um die Verteilung zu überwachen und geschlossene Geschäfte zu öffnen.

GRUPPE
Arbeiter an die Macht! Arbeiter an die Macht!

ERZÄHLER
An diesem Punkt und zum ersten Mal ist die Volksmacht schneller als die Polizei, was die Aufrechterhaltung der öffentlichen Ordnung und die Kontrolle der Geschäftsleute angeht.

POLIZIST
Wartet hier. Seid so gut und holt die Kinder hier weg.

ARMENVIERTELBEWOHNER 1
Denn das ist kein Streik von Arbeitern, sondern von Transportunternehmern. Ich glaube nicht, dass ein Arbeiter, der einen LKW besitzt, diesen lahmlegt. Die Streikenden sind die, die ganze LKW-Flotten besitzen, und die sind es, die diesen sinnlosen Streik aufrecht erhalten.

ARMENVIERTELBEWOHNER 2
Das ist ein ganz und gar politischer Streik. Das ist ein komplett politischer Streik, der uns Bewohnern der Armenviertel schadet. Und wir alle zahlen den Preis mit diesem ewigen Schlangestehen. Wenn die Transportunternehmer die Arbeit wieder aufnehmen, gibt es keine Schlangen mehr.

ARBEITER
Aber wir bewusstenArbeiter gehen auf die Straße, kämpfen und erfüllen unsere Aufgabe als Arbeiter, indem wir unsere Arbeitsplätze verteidigen und weiterproduzieren, und indem wir die Waren eigenhändig und zügig befördern, damit es der Bevölkerung nicht an Lebensmitteln mangelt. All das haben wir den Arbeitern, dem Genossen Präsidenten und der Regierung gezeigt.

Ein Konvoi LKW bewegt sich auf einer großen Straße vorwärts.

ERZÄHLER

Ein Teil der Transportunternehmer, die die Regierung unterstützen, organisieren Konvois, um die Verteilung der Lebensmittel über Provinzgrenzen hinweg zu sichern. Die Bevölkerung entwickelt ebenfalls ein Versorgungssystem pro Familie, genannt »canasta popular«, »Warenkorb des Volkes«.

Eine Demonstration von Armenviertelbewohnern marschiert durch ein Arbeiterviertel.

GRUPPE

Wir verteidigen ohne faule Kompromisse den »Warenkorb des Volkes«!
Wir verteidigen ohne faule Kompromisse den »Warenkorb des Volkes«!
Interview eines älteren Mannes.

BILDUNTERSCHRIFT

Juan Cáceres, Chef des Nationalen Kommandos für Direktversorgung.

REGISSEUR

Wie denken Sie über die Haltung der Regierung angesichts der Krise, die wir erleben?

CACERES

Die Haltung der Regierung, Genosse? Die muss geschickt manövrieren. Sie an ihrer Stelle täten dasselbe. Denn die Regierung steckt häufig in kniffligen Situationen.Und ich glaube nicht, daß es ihr Fehler ist. Ich bin seit 1932 bis heute marxistischer Sozialist, denn ich habe an den Kämpfen für die »Sozialistische Republik« von Marmaduke Grove und anderen teilgenommen, der sich später geirrt hat. Als das Volk Waffen gefordert hat, hat er, obwohl er Militär war, nicht nachgegeben, Genosse. Klar, es wäre zu unkontrolliertem Blutvergießen gekommen. Was hätte alles passieren können. So wie auch heute, Genosse, uns fehlt noch vieles, meine ich, um wirksam Front zu machen, obwohl wir die Front eigentlich in der gesamten Bevölkerung haben: Wir haben antifaschistische Organisationen, Genosse, und Verteidigungskomitees. Aber es fehlt noch ein bisschen die regionale und nationale Koordination, um in einer einzigen Front geschlossen zu handeln. Es darf uns nicht wie in Spanien gehen, wenn die Konfrontation kommt, wo es zur Spaltung der Parteien, der Anarcho-Syndikalisten auf der einen und der Sozialisten auf der anderen Seite gekommen ist, so dass der Franco-Faschismus die Macht übernehmen konnte.

MARINESOLDATEN

Vier Kriegsschiffe kreuzen nahe der Küste.

ERZÄHLER

Zur gleichen Zeit entdeckt eine Gruppe Marinesoldaten die Konspiration innerhalb der Seestreitkräfte und informiert mehrere linke Politiker. Die Aktion wird von der Führung entdeckt, die betreffenden Marinesoldaten werden der Meuterei angeklagt, kommen ins Gefängnis und werden gefoltert.

VERFASSUNGSBRUCH

Langsame Kamerafahrt durch den Parlamentssaal, die Gesichter der schweigenden Parlamentarier werden gezeigt.

ERZÄHLER

Am 22. August bricht die Opposition, durch eine Vereinbarung im Abgeordnetenhaus, endgültig mit der verfassungsmäßigen Ordnung. Gemäß dieser nicht rechtswirksamen Vereinbarung »sei die Regierung im Begriff, die Verfassung zu verletzen«, was ein offensichtlicher Aufruf zum Eingreifen des Militärs ist. Diese Erklärung wird mit einfacher Mehrheit verabschiedet und verleiht dem Staatsstreich Legitimität.

Das Schweigen hält an.

ERZÄHLER

Von nun an überstürzen sich die Ereignisse. Eine Gruppe Frauen trifft sich vor dem Haus des Oberkommandierenden der Armee, General Prats, führender Repräsentant der Offiziere, die das demokratische System respektieren.

PRATS

Eine Kundgebung von Offiziersgattinnen wird von der Polizei vor dem Haus von Carlos Prats aufgelöst.

ERZÄHLER

Die Demonstration, an der 6 Generalsgattinnen teilnehmen, soll Carlos Prats zeigen, dass die führenden Militärs ihn nicht mehr unterstützen. Am nächsten Tag entzieht ihm der Rat der Generäle seine Unterstützung, und Carlos Prats reicht sein Rücktrittsgesuch ein.

Die TeilnehmerInnen beschimpfen die Polizei.

GRUPPE

Ihr Schwulen!... Ihr Scheißschwuchteln!...Ihr Unholde!

ERZÄHLER

Die Generäle Pickering und Sepúlveda, die wichtigsten regierungstreuen leitenden Offiziere, treten ebenfalls zurück. Augusto Pinochet, scheinbar ein Berufssoldat und verfassungstreuer Militär, wird neuer Oberkommandierender der Streitkräfte.

FRAUENPOWER

Hunderte Frauen in der Sporthalle der Katholischen Universität

ERZÄHLER

Während die Konspiration voranschreitet, geht die zivile Opposition zur letzten Offensive über. Am 14. August versammeln sich die Frauen der Bewegung »Frauenpower« zur Unterstützung des Streiks im Transportsektor.

REDNERIN

Genau darum muss dieser Kampf der Transportunternehmer, der ja schon im Oktober 1972 geführt wurde, dieses Mal ein Kampf bis zur letzten Konsequenz sein. So ist die Einschätzung von uns allen, die wir die Transportunternehmer in ihrem gerechten Kampf unterstützen.

LETZTE KUNDGEBUNG DER BOURGEOISIE

Tausende Personen vor der Katholischen Universität. An der Fassade hängt ein Transparent: »Die chilenischen Berufsverbände fordern den Rücktritt!«

ERZÄHLER

Tage später fordern die Regierungsgegner den Rücktritt des Staatschefs. Durch fast drei Jahre Wirtschaftskrieg konnten das Weiße Haus und die Opposition im

Lande einen bedeutenden Teil der Mittelschicht gewinnen. Hier finden die aufständischen Offiziere die soziale Basis für die Fortsetzung ihrer Pläne.

GROSSDEMONSTRATION DES VOLKES

Ein großer Zug von Anhängern der Regierung kommt die Avenida Providencia herunter.

ERZÄHLER
Der 4. September ist der dritte Jahrestag von Salvador Allendes Wahlsieg. Trotz der Krise veranstalten die Sympathisanten der Regierung eine der gewaltigsten Demonstrationen in der politischen Geschichte des Landes.
Der Demonstrationszug zieht an der Moneda vor Allende vorbei. Ein riesiges Transparent auf der Tribüne:»Einheit und Kampf gegen die Putschisten, das Vaterland wird siegen!«

ERZÄHLER
Ab 5 Uhr nachmittags ziehen 800.000 Menschen vor dem Staatspräsidenten vorbei. Drei Tage später informiert Salvador Allende seine Mitarbeiter über seine Absicht, eine Volksabstimmung durchzuführen, um den Fortbestand der Regierung mit demokratischen Mitteln zu gewährleisten. Für die öffentliche Bekanntgabe der Volksabstimmung ist der 11. September vorgesehen. Die Demonstration geht unterdessen weiter.
Eine heterogene Masse von Werktätigen, Bauern, Arbeitern, Angestellten, Frauen, Studenten, Alten, Kindern aller Altersstufen, Formationen von politischen Aktivisten verschiedener Parteien, diverse Gruppen ziehen bis spät in die Nacht am Präsidentenpalast vorbei. Manche kommen mit LKW, andere auf Treckern, Anhängern, Fahrrädern usw.

GRUPPE
Dem Bourgeois, der spekuliert, gehört der Schniedel abrasiert.
Und wenn der gibt keine Ruh, auch die Eier noch dazu!

GRUPPE
Arbeiter in Aktion, stoppt die Konspiration!

GRUPPE
JJCC – Kommunistische Jugend Chiles!

GRUPPE

Allende, Allende, das Volk verteidigt dich!

EIN MANN

Viel Kraft, Präsident, viel Kraft!

ANDERER MANN

Kopf hoch und voran, Chicho * (Kosename Allendes)! Er lebe hoch!

GRUPPE

Unidad Popular voran!

GRUPPE

Kämpfend Volksmacht aufbauen!

GRUPPE

Chi-Chi-Chi-le-le-le … Sozialistische Partei Chiles

EIN MANN

Die enteigneten Fabriken werden niemals zurückgegeben!

GRUPPE

Schluss mit dem Abwiegeln, es ist Zeit zu kämpfen!

GRUPPE

Volk, Bewusstsein, Gewehr – MIR, MIR!
Volk, Bewusstsein, Gewehr – MIR, MIR!

GRUPPE

Lauter.... MAPU! Aus voller Kehle, Scheiße: MAPU!

GRUPPE

Allende, Allende, das Volks verteidigt dich!

GRUPPE

Chicho, ganz ruhig, das Volk steht hinter dir …
Chicho, ganz ruhig, das Volk steht hinter dir …

ERZÄHLER

Angesichts dieser Mobilisierung des Volkes, das keine Waffen hat, kommt das letzte Mittel der internen Opposition und des State Department der USA zum Einsatz.

ALLENDE KOMMUNIQUE EINS

Komplett weißer Bildschirm.

BILDUNTERSCHRIFT
Morgen des 11. September 1973. Erstes Kommuniqué des Präsidenten Allende.

ALLENDE AUS DEM OFF
Ich spreche zu ihnen als Präsident der Republik aus dem Regierungspalast La Moneda. Bestätigten Informationen zufolge hat ein Teil der Marine Valparaiso eingekreist und die Stadt besetzt.Auf jeden Fall befinde ich mich im Regierungspalast und werde hier bleiben, um die Regierung zu verteidigen, die ich gemäß dem Willen des Volkes vertrete.

MARINE

Ein Kriegsschiff am Horizont.

ERZÄHLER
Am 11. September beginnt die Marine im Hafen von Valparaiso mit dem Staatsstreich. Gleichzeitig nähern sich 4 nordamerikanische Zerstörer der chilenischen Küste, um an der »Operation Unitas« teilzunehmen, und halten permanent Kontakt mit den Putschisten.

Luftaufnahme von Santiago.

ERZÄHLER
Um 7. 30 Uhr erreicht Präsident Allende den Regierungspalast und gibt erste Anweisungen. Die Lage ist kritisch. Es gibt keinen Gesamtplan für die bewaffnete Verteidigung der Regierung. Im Morgengrauen sind die meisten verfassungstreuen Offiziere neutralisiert worden.

ALLENDE KOMMUNIQUÉ ZWEI

Zwei Flugzeuge tauchen am Himmel auf.

ERZÄHLER
Um 8 Uhr morgens überfliegen mehrere Maschinen der Luftwaffe die Haupt-

stadt. Um 8. 20 Uhr fordern die Anführer des Aufstands den Rücktritt des Staatschefs und bieten ihm ein Flugzeug zum Verlassen des Landes an. Um 9. 15 Uhr bereitet sich der verfassungsmäßige Präsident auf den Kampf vor und spricht von neuem im Rundfunk.

Foto von Allende mit Militärhelm und einer Maschinenpistole in der Hand.

ALLENDE AUS DEM OFF

Die Luftwaffe hat die Sendeanlagen von Radio Portales und Radio Corporación bombardiert. Angesichts dieser Tatsachen habe ich den Arbeitern nur eines zu sagen: Ich werde nicht zurücktreten!... In diesem historischen Moment, in den mich die Geschichte stellt, werde ich meine Loyalität zum Volk mit dem Leben bezahlen... Die Geschichte gehört uns und sie wird von den Völkern gemacht ... Es lebe Chile!... Es lebe das Volk!... Es leben die Arbeiter!

KAMPF UND ULTIMATUM

Es wird ununterbrochen geschossen. Panzerfeuer.

ERZÄHLER

Nach mehreren Stunden des Widerstands stellen die Militärs Salvador Allende ein Ultimatum. Wenn er sich nicht ergibt, werde die Luftwaffe mit der Bombardierung beginnen. In dieser Lage überlässt der Staatschef den
Mitgliedern der Palastgarde die freie Entscheidung. Sie verlassen das Gebäude. An der Seite von Präsident Allende, der sich weigert, sich zu ergeben, bleiben 40 zivile Kämpfer, bereit, dem Angriff zu widerstehen.

BOMBARDIERUNG

Ein erstes Flugzeug beschießt die Fassade des Regierungsgebäudes. Das zweite wirft zeitgleich zwei Bomben ab: in die Innenhöfe und auf die Fassade. Mit jeder neuen Welle der Bomberflugzeuge wird fast der gesamte Innenbereich des Gebäudes immer mehr in Schutt und Asche gelegt.

ERZÄHLER

Trotz der Bombardierung halten die Verteidiger des Palastes drei Stunden die Stellung. Gleichzeitig finden an verschiedenen Orten in Santiago und in der Provinz kleinere Gefechte statt. Um 14. 15 Uhr stirbt Präsident Allende im Regierungspalast »La Moneda«. Um 21 Uhr wenden sich die Anführer des Aufstands an das Land.

DIE DIKTATUR BEGINNT

Filmaufnahmen von der Verlautbarung der vier Generäle von einem Fernsehbildschirm

BILDUNTERSCHRIFT
General Augusto Pinochet

PINOCHET
Die Streit- und Ordnungskräfte haben heute eingegriffen, nur in dem patriotischen Bestreben, das Land dem Chaos zu entreißen, in das es von der marxistischen Regierung von Salvador Allende gestürzt wurde...Die Junta wird die Richterliche Gewalt und den Rechnungshof beibehalten... Die Sitzungen der Kammern des Parlaments werden bis auf weiteres ausgesetzt!... Das ist alles.

BILDUNTERSCHRIFT
Admiral José Toribio Merino

MERINO
Es ist gewiss traurig, dass mit einer demokratischen Tradition gebrochen wurde, die auf diesem Kontinent lange herrschte. Aber wenn der Staat seine Befugnisse verliert, müssen jene – das ist ihr Mandat! – für sein Fortbestehen sorgen und diese Aufgabe übernehmen. Heute tun wir das. Wir sind sicher, dass ganz Chile begreifen muss, welche Opfer das bedeutet.

BILDUNTERSCHRIFT
General César Mendoza

MENDOZA
Es geht nicht darum, ideologische Richtungen oder Strömungen zu unterdrücken, noch um persönliche Rache, sondern, wie gesagt, die öffentliche Ordnung wiederherzustellen und das Land wieder auf den Pfad des Respektierung der Verfassung und der Gesetze der Republik zurückzuführen.

BILDUNTERSCHRIFT

Die Schlacht um Chile

General Gustavo Leigh

LEIGH

Drei Jahre lang mussten wir das marxistische Krebsgeschwür ertragen, das uns in ein wirtschaftliches, moralisches und soziales Desaster geführt hat und dass man aufgrund des heiligen Interesses des Vaterlandes nicht länger dulden konnte. Nun haben wir uns gezwungen gesehen, diese unsere traurige und schmerzhafte Mission zu erfüllen. Wir haben keine Angst. Wir wissen um die gewaltige Verantwortung, die auf unseren Schultern lasten wird. Aber wir sind sicher, sind überzeugt, daß die enorme Mehrheit des chilenischen Volkes hinter uns steht... bereit ist, den Marxismus zu bekämpfen!...bereit ist, ihn bis zur letztenKonsequenz auszurotten.

INVASION

Repressionsszenen.

ERZÄHLER

Ab 11. September 73 werden alle Ressourcen der chilenischen Armee mobilisiert, um die Volksbewegung zu unterdrücken, mit Wissen und Unterstützung durch die nordamerikanische Regierung. Der anfängliche bewaffnete Widerstand in einigen Industriekordons, Armenvierteln, Bergwerken und Landwirtschaftszentren wird in ungleichem Kampf rasch niedergeschlagen. Rollende Panzer. Trupps von Soldaten durchstreifen Gebiete. Festnahme von Personen in den ärmeren Vierteln.

ERZÄHLER

Hunderte von Menschen verlieren das Leben, und die größten Sportstadien werden in Konzentrationslager verwandelt. Die älteste repräsentative Demokratie in der Geschichte Lateinamerikas existiert nicht mehr. Aber ab dem 11. September beginnen die demokratischen Kräfte, sich nach und nach im Untergrund neu zuorganisieren, und entwickeln zahlreiche Formen des Widerstands. Die Schlacht um Chile ist noch nicht zu Ende.

ENDE

Ein Text erscheint auf der weißen Leinwand. In der Ferne sind Kampfgeräusche zu hören.

SIE HABEN DIE MACHT
SIE KÖNNEN UNS UNTERWERFEN
ABER DIE GESELLSCHAFTLICHEN PROZESSE
WERDEN SIE NICHT AUFHALTEN
WEDER DURCH VERBRECHEN
NOCH DURCH GEWALT
DIE GESCHICHTE GEHÖRT UNS
UND SIE WIRD VON DEN VÖLKERN GEMACHT
MACHT WEITER IM WISSEN
DASS FRÜHER ODER SPÄTER
SICH DIE GROSSEN ALLEEN ÖFFNEN WERDEN
DURCH DIE DER FREIE MENSCH SCHREITET
AUF DEM WEG
ZU EINER BESSEREN GESELLSCHAFT

Salvador Allende 11.IX.1973

ENDE DES ZWEITEN TEILS

Im Juli 1973 legten die Transportunternehmer mit Blockaden das Transportwesen lahm und eskalierten die politische Situation. Sie wurden von Kreisen der konservativen Opposition und mit finanziellen Mitteln der CIA unterstützt. Mit ihren Mitteln versuchten Fabrik- und Landarbeiter diese Blockade zu durchbrechen.

Film 3
Die Macht des Volkes

VORSPANN

Auf schwarzem Hintergrund erscheint der Vorspann. Man hört die Hymne der Unidad Popular. Später von ferne Applaus, die chilenische Nationalhymne und Stimmen von Militärs.

JAHRESTAG

OFFIZIER
   Erste Kompanie... Achtung!.....Stillgestanden!.....Schultert das Gewehr!..... In einem offenen Wagen fährt Allende zum Parlament, um einen Rechenschaftsbericht seiner Amtsführung im Jahr 1972 abzulegen. Im Vorbeifahren erhält er eine protokollarische Ehrenbezeugung der Streitkräfte. Die Menschen in Santiago applaudieren ihm.

GRUPPE
   Allende!...Allende!...Allende!...

Die Kamera zeigt die Truppe, die Menschenmenge und den Wagen des Präsidenten.

GRUPPE
   Die vereinte Linke wird niemals besiegt werden!...

ERZÄHLER

Die Schlacht um Chile

Santiago de Chile, 1972. In nur 18 Monaten hat es die sozialistische Regierung von Salvador Allende geschafft, einen wesentlichen Teil ihres Programms der gesellschaftlichen Veränderung umzusetzen. In anderthalb Jahren hat sie die großen Bergbaubetriebe verstaatlicht: Kupfer, Eisen, Nitrat, Kohle und Zement.

Die Leute jubeln, die Soldaten präsentieren ihre Gewehre.

ERZÄHLER

In dieser Zeit ist es gelungen, die Mehrheit der wichtigsten Monopolunternehmen des Landes unter Kontrolle des Staates zu bringen.

GRUPPE

Allende! Gib dem Reaktionär Saures! ...

GRUPPE

Allende, Allende, das Volk verteidigt dich!...

ERZÄHLER

Darüber hinaus hat der Staat 6 Millionen Hektar Ackerland enteignet und fast alle chilenischen und ausländischen Banken verstaatlicht.

GRUPPE

Strophen aus der Nationalhymne *Und dieses Meer, das dich ruhig umspült, verspricht dir eine glänzende Zukunft ... süßes Vaterland, nimm die Stimmen hin ... was du Chile mit deinen Waffen geschworen hast...*

Allende fährt an der Kamera vorbei und grüßt mit Kopfnicken und winkt.

GRUPPE

Er lebe hoooooch!....

ERZÄHLER

Die US-Regierung und die chilenische Opposition haben ihrerseits während dieser 18 Monate die Regierungsarbeit ernsthaft behindert. Aber Salvador Allende erhält weiterhin entschlossene Unterstützung breiter Bevölkerungsschichten.

EINE FRAU

Es lebe die Unidad Popular! Nieder mit den Reaktionären!...

GRUPPE

Allende, Allende, das Volks verteidigt dich!... U-ni-dad Po-pu-lar... Wir werden siegen!

Allende ist hinter Soldatenhelmen zu sehen.

LASTWAGEN

Dutzende LKW von vorn.

ERZÄHLER

Ende 1972 verstärkt der harte Kern der Opposition seine Strategie. Die Nationalpartei besteht auf der Notwendigkeit, die Regierung noch vor den nächsten Parlamentswahlen stürzen. Dazu initiiert sie einen Streik der Transportunternehmer, der als Auslöser für den allgemeinen Zusammenbruch der Wirtschaft dienen soll. Der von der US-Regierung bewusst unterstützte Mangel an Ersatzteilen bietet der Nationalpartei ideale Bedingungen, um die Kontrolle über die Führungsriege dieser Unternehmer zu übernehmen.

VERSAMMLUNG

Die Transportunternehmer füllen ein Theater in Santiago.

REDNER

Wir von der Transportunternehmervereinigung wollen eine angemessene Lösung! Schluss mit den Tricks und dem ständigen Hin und Her! Eine Lösung muss her: für das Problem der Preise, der Ersatzteile, für angemessene Erneuerungen, für mehr Gerechtigkeit und weniger Bürokratie!....Und darum bitten wir Sie um Ihr Vertrauen, damit dieser Vorstand diese Herausforderung annimmt... Wir glauben, dass... wie ein Mann, wie ein einziger Transportunternehmer und seine Frauen, die Seite an Seite mit dabei sind, dass die Stunde gekommen ist, die Fahne des unbegrenzten und entscheidenden Streiks hochzuhalten, und zwar bis zur letzten Konsequenz. Denn wenn wir untergehen müssen in Elend, in Konkurs und Ruin geraten, dann lasst es uns aufrecht, entschlossen und stolz tun, denn so ist das Bild des einfaches Mannes, das sich in unserer Organisation widerspiegelt!... Vielen Dank.

Langes Beifallklatschen unterstützt die führenden Vertreter der Transportunternehmer.

VORSTANDSMITGLIED

Darum hat, meine Herren Unternehmer, der Vorstand unseres Verbandes allen unseren Berufsgliederungen entsprechende Anweisungen gegeben, damit ab gestern, Dienstag, null Uhr, die Transportdienste in ganz Chile eingestellt werden.

Erneuter Beifall, Gesichter und Blicke der führenden Vertreter.

VORSTANDSMITGLIED

Meine Herren Unternehmer, wir haben somit das dem Vorstand dieses Verbandes auf der landesweiten Versammlung erteilte Mandat ausgeführt.

LKW-CAMP

Die Kamera zeigt eine große Ansammlung von privaten Lastwagen und Bussen in einer ländlichen Gegend.

ERZÄHLER

Am 11. Oktober 1972 wird der erste Transportunternehmer-Streik ausgerufen.

Am nächsten Tag erhalten die LKW-Fahrer die Unterstützung des Nationalen Landwirtschaftsverbandes sowie des Verbandes der kleinen und großen Händler, die ebenfalls in den Ausstand treten.

In der Nacht des 14. Oktober beschließt auch die Christdemokratische Partei, den Streik zu unterstützen. Der Nah- und Fernverkehr auf den Straßen ist ein strategischer Teil der Produktionskette. Das Fehlen der Fahrzeuge verhindert die Versorgung mit Rohstoffen und lähmt landesweit die Auslieferung von Gütern. Wie die New York Times später aufdeckt, kommt die hauptsächliche Unterstützung für den Streik von der US-Regierung. Auch die in der »Sociedad de Fomento Fabril« zusammengeschlossenen Großunternehmer stoppen die Produktion und leiten die völlige Schließung ihrer Fabriken ein. Sie verteidigen das private Unternehmertum und stellen sich gegen jegliche Form der Vergesellschaftung der Wirtschaft.

UNTERNEHMERVERTRETER 1

ORLANDO SÁENZ

Die chilenischen Industriellen sind zusammengeschlossen in einer Einrichtung, die sich »Sociedad de Fomento Fabril« nennt, und ich bin ihr Vorsitzender. Sie ist die älteste ihrer Art in Lateinamerika und wurde 1883 gegründet. Bis heute hatte sie 19 Vorsitzende und ich bin die Nummer 20.

ERZÄHLER

Historisch gesehen ist die »Sociedad de Fomento Fabril« eines der Sprachrohre des in- und ausländischen Großkapitals. Während des Streiks im Oktober steht diese Gruppe an der Spitze der wichtigsten Fabrikbesitzer.

ORLANDO SÁENZ

Wir haben die Fabrikbesitzer gebeten, sich der Bewegung anzuschließen, und sie haben sich als Einzelpersonen dieser Bewegung angeschlossen. Außerdem ist es so, dass es vielerorts zum Stillstand der Fabriken kam, weil auch abhängig Beschäftigte sich unserer Bewegung anschlossen: die Akademiker, die Ingenieure, Bankangestellte, Personal aus dem Gesundheitswesen, Akademiker wie Rechtsanwälte, Ingenieure...und natürlich Händler sowie kleine und mittlere Gewerbetreibende, im Grunde die gesamte Industrie, der Handel, es war also eine Bewegung, die weiteste Teile der Wirtschaft erreicht hat.

DER STREIK

Ein Bus fährt durch das Zentrum von Santiago, aus Türen und Fenstern hängen Fahrgäste.

ERZÄHLER

In Santiago stellen 70 Prozent der privaten Autobusse den Betrieb ein. Der städtische Nahverkehr gerät in eine Krise.

Lastwagen voller Menschen in mehreren Straßen.

ERZÄHLER

Die Arbeiter holen daher Lkws aus den Betrieben und improvisieren eine Art minimalen Ersatzverkehr. Angesichts der Notsituation bekämpfen sie den Streik von Anfang an.

Weitere Lastwagen voller Fahrgäste. Ein Trecker mit Anhänger. Reihen von Arbeitern, die in eine Fabrik hineingehen.

DIE ANTWORT

ERZÄHLER

Dem Aufruf der Regierung folgend, gelangt die große Mehrheit der Arbeiter trotz allem an ihre Arbeitsplätze.

Interviews in Betrieben des Kordon Cerrillos in Santiago

ARBEITER

Als wir erfuhren, dass diese feinen Herren Transportunternehmer in den Streik getreten waren, dachten wir uns gleich, dass das ein Manöver gegen die Regierung war. Wir haben uns sofort versammelt und die notwendigen Maßnahmen ergriffen, denn wir gehören zum vergesellschafteten Sektor und müssen unseren Betrieb schützen.

REGISSEUR

Habt ihr weitergearbeitet?

ARBEITER

Wir haben weitergearbeitet wie immer. Wir sind spät zur Arbeit gekommen, aber wir sind gekommen.

REGISSEUR

Wie denn?

ARBEITER

Mit Lastwagen, in dem, was es gab. Die Fabrik hat Lastwagen gestellt, hat private Busse organisiert und damit sind wir zur Arbeit gekommen.

ARBEITER

Also, wir haben einfach gearbeitet. Eben mit aller Kraft gearbeitet.

REGISSEUR

Und als es keine Transportmittel gab, wie seid ihr zur Arbeit gekommen?

ARBEITER

Mit Privatbussen oder wie wir konnten, zu Fuß oder irgendwie. Worum es ging, war, hierher zu kommen.

ARBEITER

Ein paar Kollegen arbeiteten hier, haben uns Lastwagen geliehen, damit wir zur

Arbeit kommen und so sind wir dann hergekommen. Hergekommen und nach Hause zurückgekommen.

REGISSEUR

Hat die Fabrik stillgestanden?

ARBEITER

Nein, die stand nicht still.

ARBEITER

Unsere Haltung dazu ist, dass wir immer weiterarbeiten, um mit der Regierung zu kooperieren. Und deswegen haben wir alles getan, was in unserer Macht stand, um die Regierung zu unterstützen.

ARBEITER

Klar, gerade während der Unternehmerstreiks haben wir nie gefehlt. Wir sind immer hier gewesen, pünktlich wie die Maurer.

ARBEITER

Das war halt ein Streik der Aufrührer.

REGISSEUR

Wie haben die Arbeiter reagiert?

ARBEITER

Sie haben normal gearbeitet wie immer.

ARBEITERIN

Sogar junge Mütter kamen zur Arbeit, mit ihren Babys auf dem Arm und sogar schwangere Frauen.

UNTERNEHMERVERTRETER 2

Privatbusse, die von rechten Jugendlichen angegriffen werden. Die Polizei schreitet ein.

ERZÄHLER

In dieser Zeit greifen Stoßtrupps der Opposition im Zentrum von Santiago die Busse derjenigen an, die den Streik noch nicht mitmachen.

Bilder von Gebäuden und Wohnhäusern des Oberschichtsviertels.

ERZÄHLER

In den Wohnvierteln der Reichen bleibt der größte Teil der Führungskräfte, Ingenieure und Techniker der Industrie zu Hause und unterstützen so entschieden den Streik.

FÜHRENDER VERTRETER

Derzeit bin ich Vorsitzender des Gesamtverbandes der Akademiker Chiles, der ungefähr 50.000 Akademiker vertritt, Spezialisten mit einer akademischen Bildung, die in verschiedenen Fabriken und Teilen des Landes arbeiten.

ERZÄHLER

Diese Art Berufsverbände, vermeintlich unpolitisch, arbeitet eng mit den Oppositionsparteien zusammen.

FÜHRENDER VERTRETER

An der Basis sind wir sehr gut organisiert, eine disziplinierte, bewusste, verantwortungsbewußte Organisation. Das hat der Oktoberstreik bewiesen.

ERZÄHLER

Nach und nach legen diese Verbände ein Verhalten an den Tag, das dem Faschismus sehr nahe kommt.

FÜHRENDER VERTRETER

Ich glaube auch nicht an den Mythos, dass ein Arbeiter alles kann, nur weil er ein Arbeiter ist!

ERGEBNISSE

Interviews in den Betrieben

ARBEITER

Also, hier sind außer den Ingenieuren auch die Chefs gegangen. Sie haben den Betrieb verlassen, der dann in Händen unserer führenden Genossen lag. Wir haben uns sofort organisiert und mit ihnen zusammen die Verantwortung übernommen.

ARBEITER

Das läuft gut. Die Bosse haben uns verlassen, aber mit uns geht's vorwärts.

ARBEITER

Sie haben sich zurückgezogen und uns die Fabrik überlassen, und wir haben normal weitergearbeitet, ohne Probleme. Bis heute hatten wir kein einziges Problem. Es geht voran, wie man so sagt.

ARBEITER

Also ich meine, das war eine miese Aktion, denn sie haben uns nichts davon gesagt. Aber jetzt sind wir wesentlich zufriedener, uns geht's viel besser und ich würde gern meinem Genossen Allende die Hand schütteln!

ARBEITER

Also, hier geht's uns prima, so wie wir jetzt arbeiten.

ARBEITER

Ich glaube, es läuft sehr gut jetzt, mit der Reform in der Industrie. Wir kommen sehr gut zurecht und wir strengen uns noch mehr an, damit es vorangeht.

REORGANISIERUNG

Von oben gefilmt, Arbeitsszenen in einem Industriebetrieb im Kordon Cerrillos

ERZÄHLER

In den Fabriken leiten die erfahrensten Arbeiter den Produktionsbetrieb. Die wenigen Ingenieure, die mit der Regierung sympathisieren, verteilen sich auf die verschiedenen benachbarten Fabriken. Auf diese Weise kann sich ein einziger Ingenieur mit den Problemen von vier bis fünf Betrieben gleichzeitig befassen. Und die Produktion geht weiter.

Arbeitsszenen; Stahlwerk, Lastenkran, Druckerei, Packerei, Papierfabrik und Kupferguss.

SENAT

Eine Gruppe von Senatoren im Kongress.

ERZÄHLER

In dieser Zeit veröffentlicht eine Gruppe von 10 Senatoren eine Erklärung, in der sie behaupten, die Regierung sei im Begriff, die Gesetze zu übertreten. Durch dieses Dokument ohne juristische Bedeutung soll die Verfassungstreue Allendes in den Augen der Armee in Frage gestellt werden. Unter den 10 Unterzeichnern sind auch Vertreter der Christdemokratischen Partei.

CHRISTDEMOKRATIE

Interviews und Gespräche mit Arbeitern

ARBEITER

Sehen Sie, ich finde wirklich, dass die Christdemokraten in diesem Fall die Reaktionäre zu Unrecht unterstützen. Ich bin selbst Christdemokrat gewesen und meine, dass sie das Vaterland verraten wenn sie diese Leute unterstützen.

ARBEITER

Die Bourgeoisie hat die Arbeiter alle in Unwissenheit gehalten und es ist doch klar... Warum verstehen so viele Arbeiter überhaupt nichts von Politik?... Sie bezeichnen sich als unpolitisch, wissen aber nicht, dass alles Politik ist... dass man sich entscheiden muss!... Und die Arbeiter mussten sich vereinen, um sich zu organisieren und auf welcher Grundlage haben sie sich vereint? Mit eben den Organisationen, die aus den politischen Parteien hervorgegangen sind. Und die Parteien, welche in diesem Augenblick die Unidad Popular unterstützen, waren immer auf der Seite der Arbeiter. Nicht die Oppositionsparteien da, die wie im Fall der Christdemokraten, die Arbeiter ausgenutzt haben. Die haben diesen Paternalismus erfunden, um die Arbeiter zu benutzen.

REGISSEUR

Gibt es christdemokratische Arbeiter?

ARBEITERIN

Ja, es gibt so ziemlich alles.

REGISSEUR

Gibt es Probleme mit denen?

ARBEITERIN

Nein.

REGISSEUR
Arbeiten sie auch?

ARBEITERIN
Wir arbeiten gemeinsam und sind uns einig. Kein Problem bisher.

REGISSEUR
Gibt es hier christdemokratische Arbeiter?

ARBEITERIN
Ja, ja.

REGISSEUR
Arbeiten sie auch?

ARBEITERIN
Die arbeiten auch.

ERZÄHLER
Obwohl die Christdemokraten beschlossen hatten, den Streik zu unterstützen, arbeiten einige christdemokratische Arbeiter weiter. Dadurch treten diese Arbeiter in Widerspruch zu ihrer Parteiführung. Sie identifizieren sich stärker mit ihren Arbeitskollegen als mit den Bossen.

REGISSEUR
Wenn Sie nicht auf der Seite der UP sind, auf wessen Seite stehen Sie denn?

ARBEITER 1
Ich stehe auf der Seite der Arbeiter.

REGISSEUR
Auf wessen Seite stehen die Arbeiter dieses Betriebs?

ARBEITER 2
Auf der Seite der Unidad Popular.

REGISSEUR
Habt ihr während des Unternehmerstreiks gearbeitet?

ARBEITER 2

Klar.

REGISSEUR
Warum?

ARBEITER 2
Weil wir ein Arbeiterbewusstsein haben.

REGISSEUR
Sind Sie während des Streiks zur Arbeit gekommen?

ARBEITER 1
Ja.

REGISSEUR
Stehen Sie also auf der Seite der Unidad Popular?

ARBEITER1
Auf der Seite der Arbeiter.

Diverse Maschinen und Arbeitsszenen.

ARBEITER
Denn die Reaktionäre haben diese Regierung nie respektiert.Wer sie respektiert – das Volk respektiert die Regierung, folgt allen Anordnungen der Regierung, das Volk tut das. Aber diese Herren ... wie soll ich sagen ... die Herrschaften, die das Geld haben, die jetzt Zinsen verlieren, die beschweren sich lauthals, weil sie wissen, dass die Bevölkerung Sachen kaufen muss, was zu essen braucht, und die versuchen jetzt, die Waren zu verstecken, die das Volk für den Lebensunterhalt braucht....Und dieses Chaos verursachen sie, damit die Leute sich gegen die Regierung wenden.

HORTEN

Säckeweise Zucker, Waschmittelpackungen, Nescafé-Dosen, Kisten mit Tee, Wein in Karaffen und Getränkekisten. Zwei lange Schlangen von Leuten vor den Verkaufsständen.

ERZÄHLER
Die Opposition hortet verstärkt Produkte des Grundbedarfs. Sie will eine Situati-

on allgemeiner Warenknappheit schaffen. Die Regierung und die Volksorganisationen reagieren mit erhöhter Wachsamkeit zur Auffindung solcher verborgener Warenlager. Trotzdem ist es für die Bevölkerung außerordentlich schwierig, die vorhandenen Waren zu bekommen.

NOTSTANDSGEBIET

Polizei und Militär bewachen den Verkauf von Benzin.

ERZÄHLER

In der sich zuspitzenden Lage ruft die Regierung in der Hauptstadt und in mehreren Provinzen den Notstand aus. Damit erhalten die Streitkräfte den Auftrag, für die öffentliche Ordnung zu sorgen. Die Opposition wirft daraufhin Allende vor, das Militär für politische Zwecke einzusetzen. Die Oppositionspresse wiederum ruft die Armeeangehörigen auf, der Regierung den Gehorsam zu verweigern.

KRISE

ARBEITER

Ich glaube, wir durchleben einen für unser Land sehr kritischen Moment. Aber wenn die Arbeiter zusammenhalten, dann werden wir es schaffen, so oder so.

REGISSEUR

Genosse, was meinen Sie zu der Krise, in der wir stecken?

ARBEITER

Es sieht ziemlich schlecht aus.

REGISSEUR

Was muss getan werden?

ARBEITER

Nun ja, mit all dem, was passiert, muss Schluss sein, und dann versuchen, das Land wieder in Schwung zu bringen.

ARBEITER

Es steht schlecht um uns.

REGISSEUR
Und was sollte getan werden?

ARBEITER
Mehr arbeiten und mehr produzieren.

REGISSEUR
Sagen Sie das lauter.

ARBEITER
Mehr arbeiten und mehr produzieren, Genosse.

ARBEITER
Im Grunde ist die Lage wirklich sehr ernst!

ARBEITER
Die Krise? ... Ihr die Stirn bieten und ranklotzen und immer vorwärts.

REGISSEUR
Wie?

ARBEITER
Mehr arbeiten und mehr produzieren und wir müssen dem Genossen Präsidenten helfen.

ARBEITER
Nicht nach der Pfeife der Reaktionäre tanzen, denn was die wollen, ist doch einzig und allein: uns abwürgen, uns ersticken und davon profitieren, dass die USA unsere Würde als Chilenen mit Füßen treten wollen. Dabei machen sie doch mit! Und das können wir nicht akzeptieren, nicht als Chilenen, als Arbeiter, als Männer, die reichlich lange gearbeitet haben, uns ihren Wünschen zu fügen.... Nein! ...Weder jetzt noch in Zukunft. Ganz im Gegenteil! Wir werden immer für ein neues Chile kämpfen, für ein wirtschaftlich und politisch freies Chile.

DIREKTVERKAUF

Ein Lastwagen mit Textilien verlässt eine Fabrik. Die Arbeiter organisieren einen Verkaufsstand in einem ärmeren Stadtviertel.

ERZÄHLER

Unterdessen beginnen einige Fabriken, ihre Produkte direkt an die Bevölkerung zu verkaufen. Die Gewerkschaften verschiedener Branchen tun sich zusammen, um die Produkte in die Arbeiterviertel zu transportieren.

Interview mit den »Inspektoren«

ANGESTELLTER
Zur Zeit sind wir ehrenamtlich als Inspektoren tätig....Nein, zur Arbeit gehen wir nicht, aber wir bekommen weiterhin den Lohn vom Betrieb ...Unsere Arbeit besteht in gewisser Weise darin, die Vermarktung der elektrischen Haushaltsgeräte zu koordinieren.

Eine Gruppe versucht, ein Geschäft im Zentrum von Santiago zu öffnen.

ERZÄHLER
Andere Fabriken entsenden Gruppen von Arbeitern, um die geschlossenen Läden zu öffnen. Diese Arbeiter gelten als Inspektoren mit Regierungsauftrag.

ATTENTATE

Eine Bombe explodiert auf Bahngleisen. Ein Brandsatz brennt auf einem Landweg. In den Nachrichten von Canal 9 werden die Ereignisse kommentiert.

MODERATORIN
Die Leitungsausschüsse veschiedener Eisenbahnerorganisationen haben nach dem gestrigen Attentat faschistischer Elemente auf einen Personenzug eine Erklärung abgegeben, in der sie bekanntgeben, dass sie keine weiteren Aggressionen tolerieren werden.

MODERATOR
Ihrer Ansicht nach ist das gestrige Attentat auf einen Personenzug eine kriminelle Handlung, die sich sowohl gegen Gleisarbeiter als auch gegen Fahrgäste richtet, die den Eisenbahnern ihr Leben anvertraut haben.

SELBSTVERTEIDIGUNG

Meinungsäußerungen von Arbeitern an ihren Arbeitsplätzen

ARBEITER

Ja, es gab ein Komitee, um die Fabrik Tag und Nacht zu überwachen. Es gab zwei Komitees.

REGISSEUR

Was haben die getan?

ARBEITER

Sie haben die Fabrik überwacht, damit die nicht kommen und sie besetzen.

ARBEITERIN

Genosse, hier bewacht ein Wachkomitee die Fabrik täglich, samstags, sonn- und feiertags. Die Fabrik bleibt nicht einen Moment unbewacht.

ARBEITER

Wir wollen auf jeder Seite der Fabrik, an den vier Seiten, vier Türme bauen, um das Blickfeld der Wachen zu vergrößern, die rund um die Uhr in der Fabrik Dienst tun.

Die Arbeiter einer Fertigungshalle montieren die Karosserie an einen LKW.

ERZÄHLER

Tag für Tag entstehen neue Wachsamkeitskomitees in den wichtigsten Industriegebieten Santiagos.

Ein Arbeiter spricht vor einem Tanklastwagen.

REGISSEUR

Erzählen Sie mir die Geschichte dieses LKW.

ARBEITER

Ok, unsere Kollegen haben eine Arbeiterversammlung abgehalten und beschlossen, mit der Regierung zu kooperieren, um dem Transportunternehmerstreik bestmöglich zu trotzen und ihn zu stoppen. Wir haben Tankwagen hergestellt, um Benzin zu transportieren. Wir haben unser Fertigungsverfahren beschleunigt, so dass wir nur eine Woche brauchten, bis wir der Regierung 10 LKW wie diesen hier geliefert haben.

Ein Konvoi von Tanklastwagen fährt vor der Kamera vorbei.

ERZÄHLER

Mitte Oktober übersteigt die Organisationsfähigkeit der Arbeiter alle Erwartungen.

ARBEITERSELBSTVERWALTUNG

Aufnahmen von der Fassade einer Fabrik. Interieur einer Fertigungshalle, in der gearbeitet wird.

ERZÄHLER

Die Arbeiter schaffen es, eine relativ normale Produktion aufrechtzuerhalten, indem sie so weit wie möglich die Reserven an Ersatzteilen einsetzen. Die Betriebe schaffen es, untereinander ein regelrechtes Austauschsystem für Ressourcen aufzubauen. In der Praxis entstehen die so genannten Industriekordons.

Verschiedene Arbeiter, die an ihren Maschinen arbeiten.

ERZÄHLER

Jeder Industriekordon ist ein Zusammenschluss von Fabriken und Betrieben, die die Aufgaben der Arbeiter eines Gebietes koordinieren. Sie sind eine erste Keimzelle von »Volksmacht« in Chile. Während die Regierungsanhänger kurz vor der Überwindung der Krise zu stehen scheinen, setzen gewalttätige Gruppen der Opposition alles daran, den Eindruck von Chaos und Machtvakuum zu erzeugen.

KONFRONTATION

Chaotische Szenen im Stadtzentrum. Die Sirenen von Krankenwagen und Tränengasgeschosse sind zu hören. Menschengruppen rennen. Die Ereignisse werden in den Nachrichten von Canal 9 kommentiert.

MODERATORIN

Durch den effizienten Eingriff der Polizei und die Mobilisierung Tausender von Arbeitern, die zur Unterstützung der Regierung auf die Straße gegangen sind, konnte verhindert werden, dass faschistische Elemente einen blutigen Aufstand in Santiago provozieren.

MODERATOR

Mitglieder paramilitärischer faschistischer Gruppen im Straßenkampf.

Die faschistischen Gruppen lieferten sich Scharmützel mit Studenten und Arbeitern, die ihre Unterstützung für die Regierung bekundeten. Geschäfte wurden verwüstet. Die Städtebaugesellschaft wurde geplündert und evakuiert. Es gab auch einen Schußwechsel. Die Anwesenheit der Arbeiter hat bewirkt, dass die Gruppen der Provokateure, die eine Atmosphäre des Aufruhrs in der Stadt erzeugen wollten, flüchteten. Die Bauarbeiter und die aus den Arbeiter der verstaatlichten Betriebe marschierten auf der Alameda, um weitere Übergriffe der Faschisten zu verhindern.

SACKGASSE

Blick auf hunderte von streikenden Lastwagen, die im Gelände stehen.

ERZÄHLER

Am 23. Oktober zeigt die Unternehmerbewegung erste Zeichen von Ermüdung. In den Fabriken ist die Situation der Arbeiter ebenso kompliziert, denn die Lagerbestände sind nahezu erschöpft. In dieser Lage schafft Präsident Allende die notwendigen politischen Bedingungen für eine Verständigung mit der Christdemokratie. Dazu nimmt er die Oberkommandierenden der Streitkräfte in die Regierung auf.

ZIVIL-MILITÄR-KABINETT

Gruppe von Journalisten im Innern des Regierungspalastes Moneda. Allende begrüßt Carlos Prats und betritt dann sogleich einen Salon, um sich mit den neuen Ministern fotografieren zu lassen.

ERZÄHLER

Für die Bildung dieses Zivil-Militär-Kabinetts stützt sich der Präsident auf den General Carlos Prats, der unter den demokratischen Kräften der Armee die führende Persönlichkeit ist. Gestützt durch diesen Sektor erzielt Allende eine Einigung mit der Christdemokratie und verhandelt über eine Beendigung des Streiks im Transportwesen.

Die Kameras filmen die im Hintergrund sitzenden Minister, die sich zum Fotoshooting versammelt haben. Ein Militäradjutant beobachtet die Szene.

ERZÄHLER

Ein großer Teil der linken Arbeiter interpretiert die Beteiligung der Militärs als eine Möglichkeit, mit eiserner Hand gegen die Opposition vorzugehen.

Interviews in Fabriken.

REGISSEUR

Was halten Sie von den Militärs in der Regierung?

ARBEITER

Ich bin einverstanden, dass Militärs da im Kabinett sind. Denn nur so bekommt man die Reaktionäre in den Griff. Die harte Hand, das wollen die Reaktionäre doch.

REGISSEUR

Was halten Sie von den Militärs im Kabinett?

ARBEITER

Sie haben lange dazu gebraucht. Die hätten von vornherein dadrin sein sollen.

REGISSEUR

Wozu?

ARBEITER

Um alle Probleme zu lösen, die es gibt.

REGISSEUR

Was halten Sie von den Militärs?

ARBEITER

Ich bin auch sehr mit den Militärs einverstanden. Ich bin ganz und gar einverstanden. Im Gegenteil, sie hätten mehr davon in die Regierung aufnchmcn sollen.

REGISSEUR

Glauben Sie, dass die Militärs hinter dem Volk stehen?

ARBEITER

Natürlich! Heutzutage stehen sie hinter dem Volk. Alle tun das, alle....

REGISSEUR

Woher wissen Sie das?

ARBEITER

Das wissen wir, denn erstens, haben die Reaktionäre es nicht geschafft, die gesamten Streitkräfte für sich zu gewinnen. Das zeigt uns klar und deutlich, dass sie hinter der Regierung und dem Volk stehen. Nach der gestrigen Erklärung von General Prats wissen wir ganz genau, dass es für uns eine Sicherheit ist.

ARBEITER

Ich bin gegen die Militärs in der Regierung.

REGISSEUR

Warum?

ARBEITER

Ganz einfach, weil demokratische Systeme nichts mit den Militärs gemein haben.

REGISSEUR

Warum hat dann der Genosse Allende auf die Militärs zurückgegriffen?

ARBEITER

Ich denke mal, weil die Lage zu kritisch geworden ist, dann war es notwendig, einfach aufgrund der Umstände, die Autorität, um Ordnung zu schaffen… Aber hoffentlich ist das nicht von Dauer, sondern nur vorübergehend.

ARBEITER

Im Moment kann niemand eindeutig sagen, ob es einen Bürgerkrieg gibt oder nicht. Das hängt einzig und allein von den Streitkräften ab. Wenn die Armee sich weiterhin loyal gegenüber dem Volk verhält, loyal gegenüber der Ordnung und die Gesetze achtet, dann besteht nicht die Gefahr einer Konfrontation. Die Regierung wird's schwer haben, aber sie wird weitermachen.

REGISSEUR

Und was müsste getan werden, wenn so ein Streik wiederholt wird?

ARBEITER

Die Lastwagen müßten Staatseigentum werden, der gesamte Transportbereich müsste verstaatlicht und dann von den Arbeitern selbst verwaltet werden. Denn ohne die Arbeiter können die Lastwagen nichts ausrichten. Wir Arbeiter sind es, die das Land voranbringen.

ARBEITER

Den Leuten sind jetzt die Augen geöffnet worden und sie merken, dass sie nicht mehr so wie früher sind.. Früher hat man uns für dumm verkauft und uns von vorn bis hinten betrogen.

ARBEITER

Denn ich meine, auf der ganzen Welt müßte man den Arbeiter ernstnehmen. Nicht nur in Chile, sondern überall auf der Welt.

ATEMPAUSE

Ein Privatbus verkehrt ganz normal im Zentrum. Gesamtblick auf die Alameda mit viel Auto-, LKW- und Busverkehr, von privaten und staatlichen Bussen.

ERZÄHLER

Am 10. November 1972 erreicht das Zivil-Militär-Kabinett die Beendigung des Streiks. Für die US-Regierung und die Opposition ist dies eine schwere Niederlage. Obwohl sie dem Land großen wirtschaftlichen Schaden zugefügt haben, können sie die Regierung jedoch nicht stürzen, was ihr eigentliches Ziel war. Und für einen Großteil der Arbeiter dienen die Erfahrungen des Monats Oktober später als Ausgangspunkt für den Aufbau von »Volksmacht«. Einige Tage später, auf einer Massenveranstaltung zur Feier des Endes vom Konflikt taucht zum ersten Mal der so genannte »Kordon Cerrillos« auf, eine Organisation, die vor dem Streik nicht existierte und die 250 Betriebe aus dem Süden von Santiago umfasst.

FEIER

Demo auf der Alameda zur Unterstützung der Regierung. Rufe, Musikgruppen, Transparente, chilenische Fahnen, Parolen usw.

ARBEITER

Arbeiter des Kordons Cerrillos...

GRUPPE

Wir sind hier!

STIMME
　Arbeiter von »Fensa«...

GRUPPE
　Wir sind hier!

STIMME
　»Sindelén«…

GRUPPE
　Wir sind hier!

STIMME
　Maestranza «Cerrillos«…

GRUPPE
　Wir sind hier!

STIMME
　Arbeiter von »Ralco« …

GRUPPE
　Wir sind hier!

STIMME
　Arbeiter vom Kordon »Cerrillos«

GRUPPE
　Wir sind hier!

STIMME
　Jetzt!

GRUPPE
　Und immer!

Gesamtblick auf die Demo vor dem Berg Santa Lucía. Die Gruppe «Quilapayún« singt im Nationalstadion.

DIE INDUSTRIEKORDONS

Mit den Füßen fast in der Luft zieht ein junger Mann, sehr schnell rennend, einen Handkarren durch die Straße Bellavista.

ERZÄHLER

Nach dem Oktober-Streik, sind fast alle Basisbewegungen dem Konzept »Volksmacht« verbunden. Das ist eine Initiative, die die Regierung zwar kanalisiert, die sie jedoch nicht ausgelöst hat. Diese Macht beunruhigt häufig einige der Linksparteien, die sich wegen der Spontaneität bestimmter Aktionen der Bevölkerung im Alarmzustand befinden.

Kolonnen von Arbeitern an verschiedenen Punkten der Stadt.

GRUPPE

Schaffen, schaffen, Volksmacht schaffen…

ERZÄHLER

Nach diesem Oktober wird der Slogan »Schafft die Volksmacht!« im ganzen Land weiter vernehmbar sein.

GRUPPE

Schaffen, schaffen, Volksmacht schaffen…

GRUPPE

Arbeiter an die Macht, Arbeiter an die Macht…

GRUPPE

Schaffen, schaffen, Volksmacht schaffen…

Die Kamera nähert sich einer kleinen, von ihren Arbeitern besetzten Fabrik. An der Fassade hängen Schilder und Plakate. Die Arbeiter und Angestellten befinden sich in einem auf dem Bürgersteig errichteten Zelt.

ERZÄHLER

Mitte 1973 sind in den wichtigsten Städten 31 Industriekordons entstanden, acht davon in Santiago. Wenn Konflikte mit den Arbeitgebern auftreten, vor allem in kleineren Betrieben, erhalten die betroffenen Arbeiter Unterstützung vom Kordon, dem sie angehören. Durch diese Solidarität erhalten kleine Gewerkschaften mehr Gewicht gegenüber den Unternehmern.

Interview in einer besetzten Fabrik.

ARBEITER

Riesige Reichtümer haben diese Bosse durch uns angehäuft. Und sie wollen nichts für das Wohlergehen ihrer Arbeiter tun. Und jetzt versuchen sie sogar, uns zu vernichten.es gibt eine große Verfolgung von führenden Gewerkschaftern, aber wir Funktionäre sind nicht allein. Wir bekommen Unterstützung von allen unseren Arbeitern und von den Industriekordons: Und die Industriekordons breiten sich aus, im ganzen Land, von oben bis unten, also sind wir ziemlich stark. Und die haben sich wieder mal vertan... Jetzt sind wir organisiert und wir haben ein Klassenbewusstsein. Und wir Arbeiter haben unsere Augen weiter geöffnet und haben jetzt mehr Durchblick. Wir sind besser ausgebildet und werden unterstützt. Und je mehr wir geeint sind, um so machtvoller, stärker sind wir. Denn der Feind, dem wir gegenüberstehen, die Rechte, ist außerordentlich mächtig und gut organisiert. Und warum sollten wir nicht organisiert sein? Warum sollten wir nicht die zahlenmäßige Überlegenheit dieser Masse, die wir Arbeiter sind, nutzen? Wir Arbeiter sind zahlenmäßig mehr als die Bosse. Es ist leicht, sie vernichtend zu schlagen. Aber dazu müssen wir organisiert sein und uns einig sein.

Interview in einer Schneiderwerkstatt.

REGISSEUR

Was halten Sie von den Industriekordons?

ARBEITERIN

Die sind sehr wichtig.

REGISSEUR

Warum?

ARBEITERIN

Weil ich glaube, dass das die wahre Kraft der organisierten Leute auf Gemeindeebene ist. Und ich meine, wir alle sollten uns über die Bedeutung der Industriekordons im Klaren sein und uns Gedanken machen, wie wir für ihre Unterstützung und für ihre Organisation arbeiten müssen.

REGISSEUR

Glauben Sie, dass sie eine Parallelorganisation zur Regierung sind, dass sie mit der Regierung zusammenarbeiten oder parallel zur Regierung?... Was meinen Sie zu all dem?... Es gab ja große Ängste gegenüber den Industriekordons.

ARBEITERIN

Ja, wir selbst haben diese Angst spüren können, denn wir haben festgestellt, dass man auf den Ämtern eine Höllenangst davor hat, dass die Leute sich selbst an öffentlichen Aufgaben beteiligen.

REGISSEUR

Und Sie sehen keine Gefahr darin, dass es die Kordons gibt?

ARBEITERIN

Absolut nicht... Ich habe Vertrauen in die Intelligenz des Volkes. Und ein organisiertes Volk ist intelligent. Welche Angst könnte man dann also vor den Organisationen des Volkes haben?

BESCHLEUNIGUNG

Fassaden von besetzten Fabriken. An der Vorderseite Schilder und Transparente.

ERZÄHLER

Zur gleichen Zeit besetzen die Arbeiter Hunderte von Fabriken im ganzen Land. Einige von ihnen können legal enteignet werden. Aber viele bleiben in den Händen der Arbeiter ohne die Möglichkeit eines legalen Fundaments. Das sind die ersten Anzeichen dafür, dass der Staatsapparat beginnt, von der Wirklichkeit überholt zu werden.

Frontalaufnahme vom Kordon Cerrillos während einer Demonstration.

GRUPPE

Schaffen, schaffen, Volksmacht schaffen...

DIE KOMMUNALEN KOMMANDOS

Aufnahmen in Bewegung, die eine Arbeiterversammlung beschreiben.

ERZÄHLER

Nur wenig später erscheinen die so genannten »Kommunalen Kommandos«, eine andere Form der Volksmacht. Diese Kommandos bringen alle Mitglieder einer Gemeinde zusammen, d. h. Studenten, Hausfrauen, Arbeiter, Einwohner der ärmeren Viertel und Bauern.

Die Arbeiter sagen ihre Meinung.

REGISSEUR

Haben Sie schon von den »Kommunalen Kommandos« gehört?

ARBEITER

Ja, ich habe viel davon gehört. Das sind gut organisierte Leute. Hier gibt es auch welche. Sie kümmern sich sehr um die Probleme der Arbeiter, vor allem im Moment, in dieser revolutionären Zeit.

REGISSEUR

Was hältst du von den Kommunalen Kommandos?

ARBEITER

Die Kommunalen Kommandos sind eine Sache, eine reine Organisation der Bevölkerung, die kämpft... Sie sind das organisierte Volk und wir sollten alle daran teilnehmen, wir, die proletarische Klasse. Denn viele haben in der Hinsicht wenig Ahnung, viele Proleten driften in die falsche Richtung ab, man belügt sie, wenn es heißt, dass es nichts zu kaufen gibt, dass man Schlange stehen muss... Aber Tatsache ist, dass all das von der Reaktion kommt, das macht die Bourgeoisie, der US-Imperialismus und die chilenische Bourgeoisie. Die sind gegen Chile, denn die kämpfen nicht für Chile. Wir kämpfen für Chile und für echte Gleichheit, die für alle gleichermaßen gilt, um so einen Sozialismus tatsächlich für die proletarische Klasse aufzubauen.

REGISSEUR

Was hältst du von den Kommunalen Kommandos?

ARBEITER

Also, ich glaube, dass sie in Anbetracht der aktuellen Konjunktur die aus der Bevölkerung selbst kommende Lösung für das Versorgungsproblem sind. Und zur Einigung des gesamten Proletariats beitragen auf Gemeinde- und Provinzebene. Sowohl im Hinblick auf mögliche Auseinandersetzungen, für die tägliche Auseinandersetzung, die sich im Laufe des Prozesses ergibt wie auch für die konkrete Lösung der Probleme bei der Versorgung der Bevölkerung, bei Hygiene- und Gesundheitsproblemen und für die Wachsamkeit gegenüber der Bourgeoisie.

POLITISCHER AKTIVIST

Was fehlt uns also hier? Ich glaube, uns fehlt eine Organisation, die in der Lage ist, diese Teile des Proletariats zu führen, die Bewohner der ärmeren Viertel, die heute im ganzen Land am explosivsten sind, die am stärksten mobilisiert sind, nicht wahr?... im ganzen Land.

POLITISCHER AKTIVIST

Wir rufen die Bewohner der ärmeren Viertel auf, sich zu organisieren, damit kurzfristig und unter der Führung der Arbeiterklasse und unter der Leitung des Industriekordons Cerrillos das Kommunale Kommando geschaffen werden kann... das Kommunale Kommando, das schon morgen die Macht unserer Klasse ausdrückt, das Kommunale Kommando, das weder die bürgerliche Institutionalität noch die Reaktionäre aufhalten können.

GRUPPE

Arbeiter an die Macht, Arbeiter an die Macht…

POLITISCHER AKTIVIST

Genossen, wir sind hier ins Zentrum von Maipú gekommen, weil wir begreifen, dass das Klassenbündnis das Hauptinstrument ist bei der Aufgabe, der wir uns widmen …Das Klassenbündnis ermöglicht es uns, den Feind unterzukriegen, sei er auch noch so stark. Durch das Klassenbündnis werden wir die Machenschaften des Imperialismus in Chile stoppen, der hier über seine Strohmänner agiert. Durch das Klassenbündnis werden wir die Volksmacht auf- und ausbauen. Durch das Klassenbündnis haben wir die nötige Kraft, um die Macht zu erobern.

BESETZUNG

Eine lange Reihe Trecker bereitet sich zur Abfahrt vor, die Fahrer steigen auf, die Trecker fahren los.

ERZÄHLER

In der Praxis entstehen die Kommunalen Kommandos aus konkreten Aktionen. In diesem Fall haben die Arbeiter des Kordons Cerrillos und die Bauern des Dorfes Maipú beschlossen, 39 schlecht bewirtschaftete Güter mit Gewalt zu besetzen. Dieses Land könnte eine der wichtigsten Quellen für die Versorgung der Hauptstadt sein.

Ein Trupp Arbeiter kommt aus einer Fabrik und steigt in einen Bus.

Demonstration für die Regierung Allende Juli 1973

ERZÄHLER

Jeder benachbarte Betrieb entsendet eine Gruppe von Arbeitern, um diese Aktion zu unterstützen.

Ein Trecker mit Anhänger und ein LKW mit Arbeitern kommen näher.

ERZÄHLER

Es ist das erste Mal, dass städtische Arbeiter an einer Bauernbewegung teilnehmen. Diese Einheitsaktion bildet die Basis für ein neues Kommunales Kommando.

Von weitem nimmt die Kamera die ersten Arbeiter ins Bild, die zwischen beackerten Feldern vorangehen.

ERZÄHLER

In den ersten Morgenstunden nehmen einige Bauern- und Arbeiterbrigaden das Land in Besitz. Der Überraschungsfaktor verhindert, dass die Besitzer sich wehren. Die Wege innerhalb des Gutes und die wichtigsten Zufahrtsstraßen werden besetzt. An den wichtigsten Punkten werden ständige Wachen aufgestellt.

Interviews an einer Feuerstelle

REGISSEUR

Genosse, darf ich Ihnen eine Frage stellen?

LANDARBEITER

Bitte sehr.

REGISSEUR

Wie heißen Sie?

LANDARBEITER

Luis Gilberto Jerez.

REGISSEUR

Und wie heißt das Gut hier?

LANDARBEITER

Das heißt »Gut las Carolinas«, Santa Carolina.

REGISSEUR

Warum ist dieses Gut besetzt?

LANDARBEITER

Warum?... Weil der Besitzer die Arbeiter nicht respektierte, seine Arbeiter. Und dann gab es eine Beschwerde und darüber haben wir es geschafft, es zu besetzen. Und da wir zusammenhalten, sind wir unseren Genossen zu Hilfe zu kommen. Es sind nur vier. Ich bin in einem Komitee, das diesem Gut vorsteht. Ich bin einer der Mitbegründer dieses Komitees. Ich habe ziemlich viel auf mich genommen, ja... Ich möchte, dass die Genossen sich auch engagieren, denn vereint, mit vereinten Kräften, werden wir die Bosse rauswerfen.

REGISSEUR

Und Sie, Genosse, wo arbeiten Sie?

ARBEITER

Siam Di Tella.

REGISSEUR

Das heißt, Sie sind Industriearbeiter.

ARBEITER

Ja, ich bin führender Aktivist des Kordons Vicuña Mackenna.

REGISSEUR

Und was machen Sie hier bei einer Landbesetzung?

ARBEITER

Wir sehen, dass es notwendig ist, dass Arbeiter und Bauern sich verbünden, um gemeinsam gegen die Bosse anzugehen, denn wir haben dieselbe Art von Problemen und wir müssen eine Lösung als Klasse finden.

REGISSEUR

Wie hat hier in Maipú das Bündnis Arbeiter-Bauern funktioniert?

ARBEITER

Hier, denke ich, hatten wir gerade den ersten klaren Beweis für die Kraft und Effizienz der Einheit von Arbeitern und Bauern. 39 landwirtschaftliche Güter wurden mit Hilfe der Arbeiter der Gruppe Cerrillos und einiger von Vicuña Mackenna besetzt.

Landarbeiter am Eingangstor. Nachts wärmen sie sich an Lagerfeuern und bauen ein Zelt auf.

GRENZEN DER BESETZUNG

ERZÄHLER

Die zweite Etappe besteht darin, das Land zu nutzen. Auch hier werden Wachkomitees gegründet, die Tag und Nacht auf den Feldern patrouillieren, um Repressalien der Eigentümer zu verhindern.

Versammlung von Landarbeitern und Beamten im Hof eines der besetzten Güter. Der Chef des Kordons Cerrillos ist anwesend.

ERZÄHLER

Nun verlangen die Besetzer die Durchführung der Agrarreform und fordern die Regierungsbeamten auf, die Situation vor Ort zu begutachten.

Es erscheint ein Text: »Regierungsbeamter«.

BEAMTER1

Fassen wir zusammen: Die Landarbeiter unterstehen noch der Macht der Justiz, nicht wahr? ... das beinhaltet die Anordnung der Räumung, der Verhaftung, alles Urteile aufgrund von Straftaten, die Sie niemals begangen haben. Aber das kann durch unser Eingreifen und die Vergabe von Staatskrediten an den Verwalter und die Landarbeiter des Gutes vermieden werden.

Die Gesichter der Landarbeiter.

ERZÄHLER

Im Allgemeinen erlaubt das Agrarreformgesetz, schlecht bewirtschaftete Ländereien zu enteignen. Hier erfüllen die Güter jedoch nicht die vom Gesetz geforderten Bedingungen. Darum sind die Bauern gezwungen, die Legitimität ihres Vorgehens hartnäckig zu verteidigen.

Es erscheint ein Text: »führender Vertreter der Landarbeiter«

LANDARBEITER 1

Wir haben nicht gelogen. Und wenn hier ein Genosse lügen sollte, dann verzichten wir auf ihn. Warum? Wenn wir diese 26 Güter haben wollen, dann haben wir auch einen Grund dafür... Sind es 28, dann fordern wir aus gutem Grund 28. Das ist es, was wir wollen! ... Wenn sie dann rumtricksen, um unsere Aktion hinauszuzögern, um die Basis wegen dieser 2 oder 3 Güter misstrauisch zu machen – das akzeptieren wir auch nicht... Warum? Weil wir nicht lügen. Ein für allemal, glaubt uns!...Wenn wir diese 26 Güter fordern, dann nur, damit diese Kollegen auf diesen 26 Höfen arbeiten können. Keiner dieser Typen, dieser Beamten von der Agrarreformbehörde CORA, soll hier herkommen und anfangen, uns übers Ohr zu hauen. Das lassen wir nicht zu!...Also ist das klar, wenn wir 26 fordern, dann hat das seinen Sinn.... Wir lügen nicht und mauscheln nicht herum, nur um enteignen zu können. Nein. Wir fordern diese 26 Güter und unsere Forderung ist berechtigt. Wenn wir sagen, dass da schlecht gewirtschaftet wird, dann ist es so..

Die Kamera geht von einem Gesicht zum anderen. Alle teilen die Sorge.

ERZÄHLER

Die Grundbesitzer haben ihrerseits ein Rechtsmittel entdeckt, sich gegen Enteignungen zu wehren. Dieses Rechtsmittel erhält den Namen »Ergreifung von Vorsichtsmaßnahmen« und besagt, dass das Privateigentum während einer von den Gerichten festzulegenden Zeit geschützt ist. Da die Gerichte von der Rechten kontrolliert werden, müssten in einigen Fällen bis zur Enteignung Jahre verstreichen… Dieses Rechtsmittel erweist sich als schlagkräftige Waffe gegen die Initiative dieser Landarbeiter.

Die Kamera zeigt die beiden sich gegenüberstehenden Gruppen: Landarbeiter und Beamte.

LANDARBEITER 2

Genosse, ich frage euch: Welche Möglichkeit hätten wir, wenn nachher, Ende des Monats die zu enteignenden Güter alle unter die Vorsichtsmaßnahmen fallen? Wie können wir sie dann in Besitz nehmen?

Die Kamera zeigt einen zweiten Beamten der Agrarreformbehörde. Es erscheint ein Text: »Regierungsbeamter«.

REGIERUNGSBEAMTER 2

... Was du gestern gehört hast, das ist kein Geheimnis und nichts dergleichen. Das Problem ist, daß CORA Anwälte engagiert wurden, um die Agrarreformbehörde vor Gericht zu verteidigen.Und die Sache jetzt ist, und das müsst ihr verstehen, das ist das Problem der Auseinandersetzung die wir in diesem Land haben. Das heißt, die Agrarreformbehörde ist an ein Gesetz gebunden, um enteignen zu können. Andererseits sind auch die Bosse erfinderisch und haben ihre Anwälte, sie erfinden Verteidigungen. Ihr kennt ja das Problem der Gerichte, also wozu lang und breit darüber reden. Das Verhängen von »Vorsichtsmaßnahmen« ist nicht Sache der CORA, sondern da sind uns die Hände gebunden. Das heißt, das Problem entgleitet uns, uns allen. Das heißt, das Problem ist, um konkret auf die Frage zu antworten: Es ist wichtig, dass das alle wissen, denn es ist möglich, dass bei einigen dieser Güter die »Vorsichtsmaßnahmen« zum Zuge kommen. Und dann, also nur in diesem Fall, muss der Kampf vor Gericht weitergeführt werden....

Die Kamera zeigt die gesamte Versammlung. Das Mikrofon wird vom Beamten zum Landarbeiter gereicht.

LANDARBEITER 2

Was wir Landarbeiter tun müssen, wir müssen unbedingt alle Güter, die enteignet werden können, vor dem 1. des kommenden Monats besetzen.

EIN VOLKSGERICHT

Die Versammlung aus der Ferne.

ERZÄHLER

Von nun an zögern die Landarbeiter nicht mehr, entschlossen gegen die Staatsbürokratie vorzugehen. Unterstützt vom Kommunalkommando organisieren sie ein regelrechtes Volksgericht gegen einen Regierungsbeamten.

LANDARBEITER 1

Meine Sache ist es nicht, Zeit zu verlieren, ich bin dafür, mehr zu arbeiten und mehr zu produzieren. Das ist das System und das ist unsere Devise. Nicht da im Büro sitzen und rauchen und die Leute mit Papierkram abspeisen... Ich meine, wenn jemand unfähig ist, dann muss er, das habe ich schon gesagt, dann müssen wir den Platz räumen! Wenn ich zum Beispiel als führender Vertreter, wenn ein Landarbeitergenosse mir sagt, dass ich ein schlechter Vertreter der Landarbeiter bin, dann trete ich zurück und überlasse den Posten jemandem, der geeigneter ist als ich, wenn ich sehe, dass ich dem nicht gewachsen bin. Ich denke, hier wird offen mit dem betreffenden Genossen, geredet, und ich glaube, dass er sich zu verteidigen weiß. Aber wir werden Druck ausüben. Wenn jemand hier das hintertreibt, damit er bleibt, dann finden wir Mittel, ihm den Posten zu entziehen. Und hier in Maipú wird er nicht mehr mit Genosse angeredet, denn er hat kein einziges Problem hier bezüglich der Güter in Maipú geregelt... Wie in der Petition steht, uns ist klar, dass es an Kartoffeln, Zucker fehlt, dass alle diese Agrarprodukte knapp sind! Wir wissen genau, dass es an Nahrungsmitteln mangelt und allem, was auf dem Land erwirtschaftet wird...Natürlich sind wir zum Teil mit für dieses Versorgungsproblem zuständig, und genau deswegen fordern wir ja die Enteignungen, damit es mehr Lebensmittel gibt! Diese reaktionären Menschenschinder haben oft gesagt, dass wir Faulpelze sind. Hier beweisen wir, dass wir kein bisschen faul sind. Wir produzieren diese Lebensmittel, weil wir wissen, dass wir diesen revolutionären Prozess verteidigen müssen... Soviel nur dazu, Genosse.

CHEF DES KORDONS CERRILLOS

Der Genosse wird sich äußern wollen....

BEAMTER 3

Ja, Genosse... ich möchte zunächst Folgendes sagen: Ich habe einen Posten, der mir in puncto Bezahlung kein großes Einkommen beschert. Das möchte ich euch gleich zu Anfang sagen. Das ist wirklich nichts, um reich zu werden. Aber die Sache ist, Genossen, dass ich glaube, und hier übe ich Selbstkritik, ich habe zu sehr der Arbeit der Zentrale vertraut. Dafür muß ich die volle Verantwortung übernehmen. Das muss ich auf mich nehmen, und ich sollte daraus lernen. Ich muss das vor euch zugeben. Andererseits sage ich euch, dass ich... also, dass ich dem, worüber ihr heute diskutiert, große Bedeutung beimesse, denn ich fühle mich als Revolutionär. Und wenn ein Revolutionär sich kritisiert fühlt für eine Arbeit, die er gut zu machen glaubte, die er aber nicht gut gemacht hat, dann muss ihm das zweifellos eine Lehre sein, damit er künftig besser arbeitet. Wir können, wenn ihr wollt, ein andermal weiter über all diese Sachen diskutieren, aber ich dachte wirklich, dass ihr eine Erklärung verdient. Ich denke....

LANDARBEITER

Genosse, darf ich? ... Ja? ... Als Revolutionär und in dieser Sache engagierter Beamter sollten Sie nicht auf die Bürozeiten schauen, Sie müssen sich für die Landarbeiter einsetzen und mehr arbeiten, Genosse, ja?...

DIE DIREKTVERSORGUNG

Drei Demonstrationszüge von Arbeitern an verschiedenen Punkten der Stadt

GRUPPE

Schaffen, schaffen, Volksmacht schaffen...

GRUPPE

Kämpfend Volksmacht schaffen... Kämpfend Volksmacht schaffen...

GRUPPE

Schaffen, schaffen, Volksmacht schaffen...

ERZÄHLER

Die Volksmacht befasst sich auch mit dem Problem der Lebensmittelversorgung. Im Laufe des Jahres 1973 haben der US-Boykott und die starke Opposition im Lande ein ideales Klima dafür geschaffen, dass sich ein Großteil der Händler gegen die Regierung wendet. Sie erzielen wesentlich höhere Gewinne, wenn sie ihre Waren auf dem Schwarzmarkt verkaufen. Selbst kleine Händler bieten ihre Lebensmittel auf dem Schwarzmarkt an. Um diesen Missstand zu bekämpfen, wird in den einfacheren und Arbeitervierteln das System der »Direktversorgung« eingeführt.

Nächtliche Versammlung auf einem Platz in den Außenbezirken.

POBLADOR

Laßt uns mit dem Delegierten an der Spitze eine eigene Vertriebskooperative der Pobladores gründen. Lassen wir die Händlern einfach außen vor. Denn von denen gehen die Waren direkt zum Markt und landen auf dem Schwarzmarkt, wie der Genosse gesagt hat. Es liegt also in unserer Verantwortung: uns zusammenzuschließen, einen Delegierten bestimmen und die Kooperative bilden, um die komplette Verteilung für die hiesigen Einwohner anzugehen, für den kompletten Bedarf der Haushalte. Denn darum geht es. Dafür müssen wir kämpfen und dem unverschämten Einzelhändler nicht noch mehr Geld in den Rachen werfen, der sich die Taschen auf unsere Kosten vollstopft. Und deswegen... schließt euch zsuammen!... Schließen wir Pobladores uns alle zusammen, Straße für Straße! Gründen wir eine Kooperative und schalten wir den Händler aus!

GRUPPE

Arbeiter an die Macht... Arbeiter an die Macht...

Versammlung in einer Gemeinde

POBLADOR

Als die Pobladores feststellten, dass die Lebensmittel alle direkt vom staatlichen Großhandel kamen, in diesem Fall von DINAC direkt in die Viertel, bemerkten sie, dass viele Missstände, viele Zwischenhändler ausgeschaltet waren. Wir rufen daher den Sektor »D« auf, sich als Sektor »D« zusammenzuschließen, jede Straße, die Leute aus jeder Straße sollen zusammenkommen und die Probleme, die jeder hat, besprechen.

Gespräch in den DINAC-Lagerhäusern

POBLADOR

Wir wollen einen »Volksladen«, in dem alle Waren gesammelt werden, nicht wahr ... wo die Waren ankommen und von wo aus sie verteilt werden. Das heißt, so eine Art Supermarkt wollen wir gründen... Genau das wollen wir vorschlagen... und sie sollen uns die Antwort geben, damit wir anfangen können.

BEAMTER

Natürlich, aber das hier...Wesentlich ist hier die Organisierung der Pobladores. An vielen Orten gibt es jetzt schon Volksläden, den Laden der Bevölkerung, der von verschiedenen Betrieben beliefert wird, hauptsächlich von vergesellschafteten Betrieben, ausschließlich von Betrieben aus dem vergesellschafteten Bereich, würde ich sagen.

Alte Lastwagen an der Verladerampe der DINAC.

POBLADORA

aus dem Off Ihr müsst also das einfordern, dass die Pobladores sich selber einsetzen, damit die Pobladores fühlen, dass auch sie ihren Teil dazu beigetragen haben. Sie tun das in eigener Verantwortung, es soll ihnen nicht einfach gegeben werdern, sondern es kommt durch ihre eigene Anstrengung.

Der für einen Laden Verantwortliche schiebt eine Schubkarre zu einem LKW.

ERZÄHLER

Das Besondere eines Volksladens ist, dass es keine Zwischenhändler gibt. Jeder Stadtteil, der beschließt, eins einzurichten, ernennt eine Gruppe von Einwohnern, die die Waren besorgen.

POBLADOR

In diesem hier? Im nächsten? Platz da! Nur die, die hier arbeiten!...Platz machen, Genosse und Beeilung! Wohin soll das? Ist das für den Laster da?

Die Mitglieder des Ladens beginnen mit dem Verladen.

REGISSEUR

Was soll noch geladen werden?

POBLADOR

Reis, Zwiebeln, Algen, Nudeln, Streichhölzer, Mehl, Tomatensoße.

ERZÄHLER

Geliefert werden die Lebensmittel von der Nationalen Distributionsfirma DI-NAC, der einzigen von der Regierung kontrollierten Vertriebsorganisation. Obwohl 70 Prozent der Distributionsgeschäfts in den Händen der Gegner Allendes sind, gelingt es diesem Unternehmen, den dringendsten Bedarf der ärmeren und Arbeiterviertel zu decken.

Der LKW setzt sich in Bewegung und verlässt die Verladerampe.

ERZÄHLER

Die Leute selbst mieten einen Lastwagen, um die Produkte einmal pro Woche zur Verkaufsstelle zu transportieren

Abends verladen die Pobladores die Lebensmittel vom LKW in den Volksladen.

POBLADOR

aus dem Off Ihr müsst einzeln reinkommen.

Danach wird eine Versammlung abgehalten.

POBLADOR

Es ist 8 Uhr abends und ihr müsst verstehen, dass noch mehr Genossen kommen müssen, um den Laden zu bewachen.... Möchte jemand was sagen?

POBLADORA

Wir Frauen können bis Mitternacht, 1 Uhr, hier sein, und dann sollen die Männer kommen.

POBLADOR

Genossinnen, sagt mal: Seid ihr zufrieden mit der Direktversorgung?
ALLE Jaaaaaa!...

Morgens, Gesamtaufnahme vom Laden über ein freies Feld.

ERZÄHLER

1973 versorgen die Volkslagerhäuser fast 300.000 Familien in Santiago, mehr als die Hälfte der Gesamtbevölkerung. In den verschiedenen Gemeinden verteilen sie wohlorganisiert die verfügbaren Produkte.

Eine Frau zeigt die Produkte, die jede Familie bekommt.

POBLADORA

... ein Paket Maizena, fünf Schachteln Streichhölzer. Jede Familie erhält 250 g Tee, 500 g Nudeln und ein Kilo Reis und fünf Kilo Zucker.

POBLADOR

Welches Paket kommt jetzt?

POBLADORA

Sie sind fertig.

POBLADOR

Habe ich Ihnen die Karte gegeben?

ERZÄHLER

Jede Familie erhält eine Lebensmittelkarte. Damit lassen sich die Distribution planen und die offiziellen Preise einhalten. Um die Instandhaltung des Ladens kümmert sich auf freiwilliger Basis das Einwohnerkollektiv.

Nahaufnahme der Karten und dann Total des Ladens bei laufendem Betrieb.

REGISSEUR

Wie kriegen Sie das hin, im Laden tätig zu sein und gleichzeitig arbeiten zu gehen.

Interview des für den Laden Verantwortlichen. Wir befinden uns an der Baustelle für die U-Bahn von Santiago.

POBLADOR

Zum Beispiel werden die Waren, die Waren werden uns ... am Samstag oder Freitag ausgehändigt und wir sind dann am Tag danach, am Samstag im Laden, da ich samstags nicht arbeite. Und wenn ich mal nicht hingehen kann, dann geht meine Frau mit ein paar Nachbarinnen aus dem Viertel hin.

REGISSEUR

Die Direktversorgung – wäre das eine Art »Volksmacht«?

POBLADOR

Ja, im Augenblick denke ich schon, denn...denn wir sehen ja, dass dank der Direktversorgung wir es geschafft haben, die Massen mehr zu einen.

REGISSEUR

Was halten Sie von der Lage, in der wir uns befinden, Genosse?

POBLADOR

Ganz schön schwierige Zeiten, Genosse.

REGISSEUR

Warum?

POBLADOR

Na ja, wegen der Sachen, die alle sehen. Nach den gestrigen Erklärungen der Regierung, die Genossinnen, die da waren, haben gefordert, härter vorzugehen. Aber die Regierung kann nicht härter vorgehen, weil sie nicht die Mehrheit im Kongress hat. Und das ist zur Zeit das größte Problem. unseres Genossen Präsidenten... Ich werde unsere Regierung verteidigen, denn wir wissen... wir wissen, es ist die Regierung des Volkes, und wir müssen sie verteidigen!... Und so, deswegen sage ich Ihnen: Ich nicht, ich habe keine Angst... denn ich bin entschlossen!... Ich habe schon zu meiner Frau gesagt: »Du hast zwei Kinder, die schon groß sind. Du wirst sie gut weiter erziehen.« Und wenn ich sterben sollte... dann möchte ich bei der Verteidigung unserer Sache sterben, als Arbeiter, weil wir Arbeiter unser ganzes Leben lang ausgebeutet wurden...

ARBEITERKONTROLLE

Ein Demonstrationszug auf der Avenida Santa María.

GRUPPE

Schaffen, schaffen, Volksmacht schaffen…

ERZÄHLER

Im Laufe des Jahres 1973 verbreiten sich die Keimzellen der Volksmacht im ganzen Land. Große Teile der Bevölkerung werden immer kreativer in der Unterstützung der Regierung und wenn es um das Überleben in der Krise geht.

Von oberhalb der Brücke Pío Nono überquert ein zweiter Demonstrationszug den Fluss und ein dritter kommt aus Providencia.

GRUPPE

Arbeiter an die Macht... Arbeiter an die Macht... Schaffen, schaffen, Volksmacht schaffen...

Die Salpeter-Pampa auf der Höhe von María Helena, Pedro de Valdivia und dem Hafen von Tocopilla.

ERZÄHLER

Andererseits tauchen andere Varianten der Volksmacht in den Produktionszentren auf, die sich bereits in Händen der Regierung befinden. In den Salpeterminen z. B. wird die Arbeiterkontrolle zu einer Form der Volksmacht.

Ein Salpeterzug, der von einem Bergarbeiter manövriert wird.

ERZÄHLER

Über den Kampf für ökonomische Forderungen hinaus wollen die Menschen mehr Transparenz und Effizienz.

Interview mit einem Angestellten in einer Schlosserei.

BETRIEBSLEITER

Und wenn wir in diesem Moment unter der Blockade des Imperialismus leiden und aus diesem Grund keine Rohstoffe und keine Ersatzteile geliefert werden, was müssen wir in den Fabriken machen? Wir müssen die Produktion planen, nicht wahr? Und die Arbeit im Werkzeugbau, in den Schlossereien und den Gießereien gut organisieren und verwalten. Ohne die Schlossereien, ohne den Werkzeugbau ist die Entwicklung, die industrielle Entwicklung des Landes nicht möglich.

Der Werkzeugbau ist in diesem Moment das Herzstück, das den Maschinenpark der Industrie am Laufen hält, denn die Kollegen hier, Mensch, die stellen die Ersatzteile her...., diese Genossen hier erfinden die fehlenden Ersatzteile!... Sie bauen die Teile, die hier gebraucht werden!...

Eine Gruppe Bergarbeiter umgibt den Beamten.

BETRIEBSLEITER

Also, der Arbeiter denkt konkret, gibt sich nicht mit akademischen Abstraktionen ab.... Der Arbeiter hat die Schnauze voll vom Reden!... Die Forderungen, die du gesehen hast, die der Genosse hier stellt, sind begründet. Was fordert er?... Dass im Werkzeugbau, in der Schlosserei Ziele festlegt werden? Was fordern sie? ... Dass es eine vernünftige Verwaltung im Werkzeugbau gibt, dass Produktionspläne festgelegt werden, nicht?... Wir können nicht mit all diesen kleinen Werkstätten weitermachen, in jeder Abteilung, denn das ist keine vernünftige Verwaltung einerseits, eine Zersplitterung der Ressourcen. Bald haben diese Facharbeiter die Nase voll und gehen. Die Kollegen werden enttäuscht sein... Kein Genosse hier steht auf der Seite des Faschismus. Das sind alles Arbeiter mit einem gewaltigen Arbeiterbewußtsein!

Ein Arbeiter zeigt ein Metallrohr.

ARBEITER

Das ist einer der Gegenstände, die hier hergestellt wurden, denn seit der Blockade können wir sie nicht mehr importieren. Hier seht ihr eine Abschmelzsicherung, die dort hinten hergestellt wurden, in der Gießerei hier im Werkzeugbau. Die wurden früher auch importiert, aber wie jedermann weiß, wurde über uns eine Blockade verhängt und wir müssen die Teile selbst herstellen.

Bergarbeiter hören zu und eine Platte mit handgemachten Ersatzteilen.

ARBEITER AUS DEM OFF

Und in dieser Situation, da wir unter der Blockade des Imperialismus leiden, sind wir fest entschlossen, den Plan unserer Regierung einzuhalten, der eine Erhöhung der Produktion vorsieht, und an Ort und Stelle Lösungen für die Probleme, die wir haben, zu finden, warum? ...um die Teile zu produzieren, die unser Hauptwerk braucht.

Zwei ältere Arbeiter zeigen eine Pleuelstange.

BETRIEBSLEITER

Diese »Dinger« sind die Antwort der Arbeiter auf die Probleme, die auftauchen. Sie nennen sie »Dinger«... hier siehst du eins.

ARBEITER

Siehst du?... Hier haben wir eine Pleuelstange gemacht. Aus zwei haben wir eine gemacht.

REGISSEUR

Wofür braucht man die?

ARBEITER
Für die Kompressoren der Lokomotiven beim Kies.

REGISSEUR
Wann wurden die Lokomotiven gebaut?

ARBEITER
Diese hier sind Baujahr 1928, dafür gibt's keine Ersatzteile mehr.

Maschinen im Werk. Ein Lastzug fährt entlang der Hochebene in Richtung Wüste.

MITBESTIMMUNG

ERZÄHLER
In den Bergwerken wie in den verstaatlichten Betrieben wird weniger Bürokratie und mehr direkte Beteiligung gefordert. Daraus entsteht eine Debatte über die Grenzen des »friedlichen Weges« zum Sozialismus.

Ein Salpeterwaggon, der von einem Bergarbeiter mit einem Turban auf dem Kopf gesteuert wird.

ERZÄHLER
In der Praxis wird der Kampf um die Mitbestimmung zu einer Analyse der Realität.

Eine Versammlung von Bergarbeitern, Gewerkschaftern und führenden Aktivisten der Linken in Tocopilla.

FÜHRENDER AKTIVIST 1
Gut, Genossen, die Unidad Popular ist seit zwei Jahren an der Regierung und insbesondere in diesem Betrieb hatten wir keine richtige und wirkliche Mitbestimmung. Und warum hat es keine echte Mitbestimmung gegeben und was ergibt sich daraus? Die Mitbestimmung der Arbeiter ist ein politisches Problem. Über die Mitbestimmung können die Arbeiter die kapitalistischen Strukturen der Betriebe aufbrechen. Denn dieser Betrieb hier, Genossen, ist immer noch nach der Logik einer kapitalistischen Struktur organisiert. Das heißt, wir haben nicht die Macht, wir haben nur die Regierung. Und die verstaatlichten Betrie-

be, die dieser Regierung unterstehen, unterliegen den Konsequenzen, die sich daraus ergeben, den Widersprüchen des gesamten politischen Prozesses.Durch die Beteiligung der Arbeiter sollen diese kapitalistischen Strukturen also aufgebrochen und neue Organisationen in diesem Prozess des Übergangs zum Sozialismus geschaffen werden Das heißt, die Arbeiter müssen planen, den Betrieb analysieren und organisieren. Mitbestimmen heißt planen, heißt wissen, heißt den Betrieb von innen her analysieren.

BERGARBEITER 1

Derzeit behauptet die Mahlanlage, 1.000 Waggons Salpeter pro Tag mahlen zu können. Leider mahlen sie nur 700 oder 800 Waggons, was nicht den ursprünglich vorgesehenen Produktionplänen für diesen Sektor entspricht. Schwerwiegende Probleme? .... Probleme im Bergwerk, Probleme bei der Verarbeitung, dass es keinen Kies gibt, ganz besonders, es gibt keine Waggons... Aber dann kommt raus, dass in der Reparaturwerkstatt 200 Waggons nutzlos rumstehen! Laut den Arbeitern und den Produktionskomitees können diese 200 Waggons benutzt werden, indem aus 3 beschädigten 2 brauchbare gemacht werden. Die Arbeiter haben dies als Lösung vorgeschlagen. Sie haben das dem Bezirkskomitee unterbreitet und haben nur negative oder gar keine Antworten bekommen... Wie können wir dann sagen, dass die Arbeiter mitbestimmen, wenn die Arbeiter einen Weg zur Problemlösung und Erhöhung der Produktion vorschlagen, der aber abgelehnt wird?

BERARBEITER 2

Ich glaube, die einzige Lösung, um mit diesem Versorgungs- und Ersatzteilproblem und den Problemen mit den Löhnen fertig zu werden, ist die direkte Kontrolle der Produktion durch die Arbeiter. Wir sind es, die produzieren, und wir müssen in diesem Moment den ganzen Betrieb kontrollieren. Wir wissen, dass es schwierig ist, aber wir können es schaffen, denn in vielen Betrieben haben sie es geschafft, dass die Arbeiter die direkte Kontrolle über die Produktion übernehmen.

FÜHRENDER AKTIVIST2

Wir denken, vielleicht sollte es in jedem Werk ein Verwaltungskomitee geben, wenn es wichtige Fabriken sind. Das heißt, im Augenblick steht das ganze Problem der Mitbestimmung zur Debatte.

GEWERKSCHAFTER

Genossen, ich bin der Meinung, dass die Gewerkschaftsführer beteiligt sein müssen, denn die kriegen dann mit, in welcher wirtschaftlichen Lage die Industrie ist. Und das wäre ganz wichtig, um diese wirtschaftlichen Bedingungen auch den Arbeitern mitzuteilen, gut informiert, und nicht kämpfen um des Kämpfens willen, ohne zu wissen, um was es da geht!

FÜHRENDER AKTIVIST 1

Wenn wir davon reden, Genossen, dass Chile ein bürgerlich-kapitalistischer Staat ist, dann meinen wir, dass das oberste Gericht Minister anklagt, dass die Legislative Gesetze gegen die Arbeiter diktiert! Und es werden nicht nur Gesetze gegen die Arbeiter erlassen, sondern es wird mit dem Ziel des Aufstands Krieg gegen die Volksregierung geführt... Worin muss also die Beteiligung der Arbeiter bestehen? Es muss um die Planung der Wirtschaft durch eine direkte Beteiligung gehen, bei der die Arbeitervertreter in einer breiten Abstimmung gewählt werden, wie es jetzt in demokratischer Weise geschieht. Und welche Rolle sollen die Gewerkschaften spielen, wie sie es immer getan haben in der Arbeiterklasse und in der internationalen Arbeiterbewegung? Sie sollen die Arbeiterklasse verteidigen und zur Zerschlagung des bürgerlichen Staates beitragen, als revolutionäres Instrument im Dienste ihrer Klasse!
Applaus.

ZWEIFEL UND WIDERSPRÜCHE

Interieur einer Fabrik bei laufendem Betrieb.

ERZÄHLER

Die Unruhe der Arbeiter teilen einige von der Unidad Popular ernannte Betriebsleiter. Sie sind täglich mit den Widersprüchen konfrontiert, die sich aus der Veränderung ergeben.

BETRIEBSLEITER

Das ist ein revolutionärer Prozeß, aber keine Revolution. Und dies ist noch kein proletarischer, sondern ein bürgerlich-kapitalistischer Staat, nicht wahr?... und dieser Betrieb ist eine vergesellschafteter Betrieb innerhalb dieses Staates, der seinen Charakter noch nicht geändert hat. Das Problem der Arbeiter hier ist nicht, dass sie 16 Stunden pro Tag arbeiten, Genosse. Das Problem ist, dass sie 16 Stunden arbeiten, ohne dass die Dinge in Bezug auf Macht und Entscheidungsgewalt sich geändert hätten...Du kannst... du kannst die Arbeiter auffordern, mehr Bewusstsein an den Tag zu legen, aber du kannst an das Bewusstsein der Arbeiter appellieren, wenn du ihnen auf ihre Forderungen eine Antwort gibst...Doch hier in dieser Abteilung des verstaatlichten Betriebs, ist, was den Arbeiter, den Werktätigen angeht, ein neuer Aspekt aufgetaucht: Der Mangel an Rohstoffen und Ersatzteilen könnte nämlich dazu führen, dass der Arbeiter nur noch den Grundlohn bekommt. Denn die Prämie ist direkt mit der Produktion verbunden... Zum Beispiel der Schweißer. Der Schweißer kommt in seine Abteilung, hat eine Arbeit zu erledigen, ist gewollt, sie zu erledigen..., aber er kann sie nicht erledigen, weil er keinen Schweißdraht hat. Die einzige Lösung ist im Augenblick, unter den schon beschriebenen Umständen in der Tat die Planung der Versorgung. Wir müssen den Transport planen. Wenn morgen die Herren Spediteure in den Streik treten, wenn die Fischlastwagen in Antofagasta festsitzen und wir sie nicht hierher bringen können, dann vergammelt der Fisch, weil wir keine LKWs haben. Wir müssen die Transportmittel und den Vertrieb organisieren... Und was haben wir dafür getan, um hier den Vertrieb zu planen? Wir haben die Kontrolle über Bäckereien, Läden, Kantinen und Krankenhäuser, der Gasthäuser übernommen. Denn über diese Einrichtungen werden die Lebensmittel verteilt.

Kurze Pause des Interviewten.

BETRIEBSLEITER

Das Problem ist äußerst schwerwiegend... Wir sind verstaatlichte Betriebe, das stimmt... Wir können eine Organisation aufbauen und einige Planungslinien vorschlagen ... Wir stoßen dabei aber auf den gewaltigen Widerspruch, dass das Wesen des Staates unverändert ist....Wir sind Staatsbetriebe in einem bürgerlich-kapitalistischen Staat..., in dem die Unterdrückungs- und Herrschaftsmechanismen nach wie vor in Händen der Bourgeoisie sind... Die Regierung muss auf unseren Versorgungsbedarf reagieren, damit wir planen können, und zwar mit den Mitteln, über die sie die Kontrolle hat.

REGISSEUR

Aber wie kann man in solch einer Situation planen?

BETRIEBSLEITER

Also, ich sage ja nicht, dass du so alle Probleme zu 100 Prozent gelöst kriegst. Aber es ist möglich, alternative Lösungen zu finden, Alter. Du kannst dich nicht hinsetzen .... na gut... warten wir ab, bis der Imperialismus von allein kaputt geht.

Wir müssen vorankommen und zur Offensive übergehen und nach und nach die Macht übernehmen, zusammen mit den Massen, die Macht absichern mit den Massen. Wir können das Klassenproblem nicht länger an die Geschäftsführer, Funktionäre, Minister, Abgeordneten delegieren!... Denn die Rechte hat uns gegenüber einen Vorteil. Sie verhaftet die Betriebsleiter, klagt hohe Beamte an, stellt Misstrauensvoten gegen die Minister... Gerade habe ich gehört, dass vor Kurzem, letzte Woche der Staatssekretär Anibal Palma ein Strafverfahren bekommen hat... Wie lange wollen wir so weitermachen? Was wollen wir noch, wo wir im März 1973 doch schon 44 Prozent der Stimmen bekommen haben... Wir haben keine Chance, nicht die geringste, 60 Prozent zu bekommen... das ist unmöglich!... Wir müssen diese Zeit des Anstiegs der Massenbewegung nutzen, um sie für die Klassenziele zu mobilisieren.

NOCH WEITER GEHEN?

Ein Bergarbeiter fährt auf einem Salpeterwaggon, ein zweiter Waggon kommt von hinten, gesteuert von einem anderen Arbeiter.

ERZÄHLER
Mitte des Jahres 1973 wächst die Ungeduld bestimmter Bevölkerungsgruppen. In den kämpferischsten Betrieben diskutieren einige Arbeiter direkt die Grundfragen des Übergangs zum Sozialismus.

Eine Versammlung

ARBEITER
Zur Zeit werden die Verfassung und Gesetze in Frage gestellt, nicht wahr?... Wenn die Arbeiterklassen die Justiz in Frage stellt und sogar die Verfassung, die Regierung, dann heißt das, dass wir in die Phase der Übernahme der Macht eintreten...Denn all das hat keine Gültigkeit mehr...Die Industriekordons, nicht wahr? ... die entstehende Volksmacht geht darüber hinaus...die bestehende Ordnung hat für uns keinen Nutzen mehr, denn die vorhandenen Institutionen sind nicht mehr in der Lage, ihre Aufgaben zu erfüllen... Also geben wir Arbeiter uns eine neue Ordnung, weil der Regierungsapparat muss nun unserer Klasse dazu dienen, die andere Klasse zu zerschlagen, die uns immer unterdrückt hat... Damit sich zeigt, dass der Wind jetzt aus einer anderen Richtung weht. Fünf Bergarbeiter gehen und sprechen inmitten einer Staubwolke. Die tragen Atem-

schutzmasken und Helme.

ERZÄHLER

Eines der Schlüsselmerkmale der Volksmacht ist es, dass sie den Arbeitermassen einen neuen Horizont politischer Entwicklung eröffnet, was innerhalb der Linken Kontroversen und Kritik auslöst. Viele ahnen ein tragisches Ende voraus wegen der Unmöglichkeit, dass der Präsident Allende diesen Weg weiter vorangeht.

BETRIEBSLEITER

Sag mir eins, Genosse, was müssen wir tun?

BERGARBEITER

Sehen Sie, wir erleben schwierige Zeiten, die Situation, in der wir leben, ist schwierig. Wir müssen alles gründlich ausmisten, von oben bis unten!

Das Bild wird ein wenig klarer.

BERGARBEITER

Wenn die Regierung sich nicht von gewissen Verpflichtungen löst, dann ist sie erledigt…Es bleibt ihr nichts Anderes übrig… Es gibt nur eins, die Regierung muss die Zügel in die Hand nehmen … die Zügel in die Hand nehmen … die Regierung nimmt die Zügel in die Hand und reißt den Karren herum und räumt gründlich auf im Land. Das ist im Interesse des Vaterlands. Das Vaterland bleibt, wir sind vergänglich…Wir werden bald an einen Punkt kommen, da wird das hier mächtig krachen.

BETRIEBSLEITER

Sag mal, Genosse, glaubst du, dass man mit eiserner Hand durchgreifen sollte?

BERGARBEITER

Jetzt ist die Gelegenheit. Jetzt oder nie… Der Feind ist bestens gerüstet… Und der Feind lässt uns keine Atempause! Jetzt ist der Augenblick, es zu tun, wenn wir es jetzt nicht tun, tun wir es nie! Denn der Feind weiß, was auf ihn zukommt… Er weiß, dass er das, was er verloren hat, nie mehr zurückbekommt…Und das macht ihn teufelswild.

BETRIEBSLEITER

Wir machen uns auf den Weg, Genosse, wir sehen uns, Genosse. Wir sehen uns…

BERGARBEITER
Hoffentlich geht es voran mit uns, jetzt oder nie.

BETRIEBSLEITER
Wir machen uns auf den Weg, Genosse, wir sehen uns…

Kamerafahrt zurück in die Wüste. Die Bergwerksgebäude verschwinden am Horizont der Pampa. Der Schluss der Hymne *Venceremos* ist zu hören.

ENDE

Der erste Militärputsch fand am 29. Juli 1973 statt. Dieser Putsch scheiterte, weil nicht alle Militärs mitzogen. Allende hatte zu Anfang des Jahres die Wahl mit 44 Prozent der Stimmen erneut gewonnen. In der eskalierten politischen Situation wollte Allende erneut mit einem Plebiszit über seine Regierung entscheiden lassen.
Das Bild rechts ist die letzte Einstellung, bevor der Kameramann Leonardo Henrichsen während dieses Putschversuches durch einen Militär erschossen wird.

Gefangenenlager in Pucchuncavi in der Nähe von Valparaiso. Zur Regierungszeit von Allende war hier vom Zentralen Gewerkschaftsverband für die ärmere Bevölkerung der öf-

wurde an diesem Ort in der Zeit von Juli 1974 bis 1975 eines der vielen Gefangenenlager betrieben. Über 100 politische Gefangene traten hier in den Hungerstreik und machten trotz harter Repression weltweit eine Liste mit Namen von 119 Verschwundenen bekannt.

Filmografie

Patricio Guzmán ist in Santiago de Chile geboren. Von 1960 bis 1965 studiert er Theater, Geschichte und Philosophie an der Universität von Chile. 1966 reist er nach Spanien, um an der *Escuela Oficial de Cinematografía* in Madrid Filmregie zu studieren. Er widmet seine Karriere dem Dokumentarfilm. Seine Filme werden beständig auf internationalen Festivals ausgewählt und prämiert. Von 1972 bis 1979 arbeitet er an den Dreharbeiten und an der Montage der »Batalla de Chile«, eine fast 5-stündige Trilogie über die Regierung Allendes und ihren Sturz. Ende 1973 verlässt er Chile und lebt in Kuba, dann in Spanien und danach in Frankreich, wo er weitere Dokumentarfilme produziert: »En Nombre de Dios« (1985) über die Verteidigung der Menschenrechte der chilenischen Kirche gegen Pinochet. Die Dreharbeiten werden mit der Festnahme des Toningenieurs und des Regieassistenten durch das Militär beendet. Patricio Guzmán kehrt nach Madrid zurück, wo er den Film 1986 beendet. 1992 dreht er »La Cruz del Sur« über die volkstümliche Religiosität Lateinamerikas. 1997 kehrt er zum zweiten Male nach dem Militärputsch nach Chile zurück, um »La Memoria Obstinada« über die politische Amnesie seines Landes zu drehen. 2001 filmt er »El Caso Pinochet«, eine Dokumentation über den Prozess gegen den ehemaligen Diktator in London. 2002 dreht er »Madrid«, eine poetische Reise ins Herz der Stadt, 2004 ein sehr persönliches Portrait von »Salvador Allende«. 2005 filmt er »Mon Jules Verne«. Von 2006 bis 2010 arbeitet er am Filmbuch, der Entwicklung und den Dreharbeiten von »Nostalgie de la Lumière« und fünf Kurzfilmen in der Wüste Atacamas, in der er die historische Erinnerung mit der Archäologie und der Astronomie verknüpft. Patricio Guzmán unterrichtet Dokumentarfilm in seinen Seminaren in Europa und Lateinamerika und präsidiert das 1995 von ihm gegründete Dokumentarfilm Festival in Santiago de Chile (Fidocs).

Heute lebt er mit seiner Frau Renate Sachse, Mitarbeiterin und Produzentin seiner Filme, in Frankreich. Webseite von Patricio Guzmán: www.patricioguzman.com.

Filmografie (Auswahl):
 2010 Nostalgia de la Luz, 90 min
 2005 Mi Julio Verne, 58 min
 2004 Salvador Allende, 100 min
 2002 Madrid, 41 min
 2001 El Caso Pinochet, 108 min
 1999 Isla de Robinson Crusoe, 42 min
 1997 Chile, la Memoria Obstinada, 58 min
 1995 Pueblo en Vilo, 52 min
 1992 La Cruz del Sur, 75 min
 1987 En Nombre de Dios, 95 min
 1983 La Rosa de los Vientos, 90 min (1983)
 1972–79 La Batalla de Chile I-II-III, 272 min
 1972 El Primer Año, 90 min

Biografisches

Régis Debray, geb. 1940 in Paris, studierte Philosophie bei Louis Althusser und war 1967 Begleiter von Che Guevara im Guerilla-Krieg in Bolivien. Nach seiner Gefangennahme wurde er zu 30 Jahren Haft verurteilt. Nach 3 Jahren Haft kam er auf Druck der französischen Regierung frei. Während der Zeit der Allende-Regierung in Chile zählte Debray zum Freundes- und Beraterkreis des chilenischen Präsidenten Salvador Allende. In den achtziger Jahren zählte Debray zum Beraterkreis des französischen Präsidenten Francois Mitterand. Zahlreiche Veröffentlichungen. Darunter: *Revolution in der Revolution* (1967), *Kritik der Waffen* (1975), *Der chilenische Weg* (1972), *Ein Leben für ein Leben* (1979), *Jenseits der Bilder: Eine Geschichte der Bildbetrachtung im Abendland* (2007), *A un ami israélien* (2010).

Francisco Letelier, geboren 1959 in Chile, ist einer der Söhne von Orlando Letelier, der in der demokratisch gewählten Regierung Salvador Allendes nachfolgend Aussen-, Innen- und Verteidigungsminister war und 1976 durch eine Autobombe in Washington DC im Auftrag der Pinochet-Diktatur in Chile ermordet wurde. Francisco Letelier studierte Kunst am *California College of Arts and Crafts* in Oakland, erhielt einen Bachelor of Fine Arts an der Universität von Los Angeles und einen Master of Fine Arts an der Universität in Berkeley. Von seinen Arbeiten als Künstler sind besonders bekannt seine öffentlichen Wandbilder in Washington DC, New York, Nicaragua, Oregon und Los Angeles.

 **Thomás Moulian,** geb. 1939 in Santiago de Chile, studierte in Belgien und Frankreich Sozialwissenschaften und war Professor an der katholischen Universität in Chile. Zur Zeit ist er Direktor des *Instituts für Sozialpädagogik Paulo Freire*. Zahlreiche Bücher und Artikel zu Chile, darunter: *Demokratie und Sozialismus in Chile* (1983), *Chile Heute: Anatomie eines Mythos*, (1997,) *Sozialismus des 21. Jahrhunderts. Der fünfte Weg* (2003)

Übersetzungen
Nation ohne Grenzen: Daniel Fastner, Berlin
Schlacht um Chile, Teil 1: Renate Sachse, Paris
Schlacht um Chile, Teil 2 + 3: Mechthild Dortmund, Hannover

Danksagung
An einem solchen Buch und einem solchen Projekt wie der Bibliothek des Widerstands sind viele beteiligt, die im Hintergrund für ihr Gelingen tätig sind. Mit besonderem Dank für die hilfreiche Unterstützung von Paticio Guzmán und Renate Sachse und an Gabriele Rollnik für das unermüdliche Korrekturlesen und an alle UnterstützerInnen und SympathisantInnen aus unserem Freundeskreis.

Filmrechte:
Die Schlacht um Chile
Atacama Productions s.a.r.l., Paris (Patricio Guzmán, Renate Sachse)

Lizenznutzung der DVDs mit freundlicher Genehmigung von Cinemediafilm GmbH & Co. KG, Hamburg

Bildnachweis:
Seite 6/7; 52/53; 54/55; 102/103; 300/301: Getty Images, Seite 32/33; 34/35; 36/37: Fancisco Letilier, Seite 56/57; 64/65; 66/67; 156/157; 190/191; 204/205; 206/207; 244/245; 264/265; 276/277; 298/299; 308/309: Filmstills aus *Schlacht um Chile*, Seite 305-306: bei den Autoren, Seite 310/311: Sergio Marras

Bildtexte:
Karl-Heinz Dellwo

Impressum
Bibliothek des Widerstands // Band 7// Die Schlacht um Chile // 2. Auflage 2013// © für die deutschsprachige Ausgabe: LAIKAVerlag // Hamburg // Alle Rechte vorbehalten // www.laika-verlag.de // DVD-Layout: Martin Bergt, Hamburg // DVD-Authoring and Subtitling: B.O.A. VIDEOFILMKUNST München // Logo und Coverentwurf: Maja Bechert, Hamburg // Satz: Peter Bisping // Korrektur: Öznur Takil // Druck: Freiburger Graphische Betriebe // 2013 // ISBN: 978-3-942281-76-8

»Mit Sicherheit ist dies die letzte Gelegenheit, mich an Sie zu wenden. ... Mir bleibt nichts anderes, als den Arbeitern zu sagen: Ich werde nicht aufgeben! In diesem historischen Moment werde ich die Treue zum Volk mit meinem Leben bezahlen. ... Sie haben die Macht, sie können uns überwältigen, aber sie können die gesellschaftlichen Prozesse nicht durch Verbrechen und nicht durch Gewalt aufhalten. Die Geschichte gehört uns und sie wird durch die Völker geschrieben. Arbeiter meiner Heimat: Ich möchte Ihnen für Ihre Treue danken. ... Es lebe Chile! Es lebe das Volk! Es leben die Arbeiter! Dies sind meine letzten Worte und ich bin sicher, dass mein Opfer nicht umsonst sein wird, ich bin sicher, dass es wenigstens ein symbolisches Zeichen ist gegen den Betrug, die Feigheit und den Verrat.«

Salvator Allende

Salvator Allende 1973

Inhalt DVD

Die Schlacht um Chile

DVD 1
Teil 1 · Aufstand der Bourgeoisie
Chile - Kuba - Frankreich 1975 · 90 min

DVD 2
Teil 2 · Der Putsch
Chile - Kuba - Frankreich 1976 · 90 min

Teil 3 · Die Macht des Volkes
Chile - Kuba – Frankreich 1979 · 82 min

Regie: Patricio Guzmán.